O USO PAULINO DA EXPRESSÃO μὴ γένοιτο EM GÁLATAS

Dados Internacionais de Catalogação na Publicação (CIP)
(Câmara Brasileira do Livro, SP, Brasil)

Miguel, Marcelo Ferreira
  O uso paulino da expressão "de jeito nenhum" em Gálatas : estudo comparativo, retórico e intertextual / Marcelo Ferreira Miguel; sob coordenação de Waldecir Gonzaga – Petrópolis, RJ : Vozes : Editora PUC-Rio, 2021. – (Série teologia PUC-Rio)

  Bibliografia.

  ISBN 978-65-5713-129-9 (Vozes)
  ISBN 978-65-88831-25-0 (PUC-Rio)

  1. Análise do discurso 2. Bíblia – N.T. Epístolas de Paulo – Crítica e interpretação 3. Bíblia. N.T. Gálatas – Crítica e interpretação 4. Linguagem 5. Retórica antiga 6. Teologia I. Título. II. Série.

21-62688   CDD-227.06

Índices para catálogo sistemático:
1. Epístolas paulinas : Interpretação e crítica 227.06
2. Epístolas paulinas : Teologia 227.06

Cibele Maria Dias – Bibliotecária – CRB-8/9427

Marcelo Ferreira Miguel

O USO PAULINO DA EXPRESSÃO μὴ γένοιτο EM GÁLATAS

Estudo comparativo, retórico e intertextual

SÉRIE **TEOLOGIA PUC-RIO**

© 2021, Editora Vozes Ltda.
Rua Frei Luís, 100
25689-900 Petrópolis, RJ
www.vozes.com.br
Brasil

Todos os direitos reservados. Nenhuma parte desta obra poderá ser reproduzida ou transmitida por qualquer forma e/ou quaisquer meios (eletrônico ou mecânico, incluindo fotocópia e gravação) ou arquivada em qualquer sistema ou banco de dados sem permissão escrita da editora.

CONSELHO EDITORIAL

Diretor
Gilberto Gonçalves Garcia

Editores
Aline dos Santos Carneiro
Edrian Josué Pasini
Marilac Loraine Oleniki
Welder Lancieri Marchini

Conselheiros
Francisco Morás
Ludovico Garmus
Teobaldo Heidemann
Volney J. Berkenbrock

Secretário executivo
João Batista Kreuch

Coordenação da série: Waldecir Gonzaga
Editoração: Programa de pós-graduação em Teologia (PUC-Rio)
Diagramação: Raquel Nascimento
Revisão gráfica: Alessandra Karl
Capa: Editora Vozes

ISBN 978-65-5713-129-9 (Vozes)
ISBN 978-65-88831-25-0 (PUC- Rio)

©**Editora PUC-Rio**
Rua Marquês de S. Vicente, 225
Casa da Editora PUC-Rio
Gávea – Rio de Janeiro – RJ – CEP 22451-900
T 55 21 3527-1760/1838
edpucrio@puc-rio.br
www.puc-rio.br/editorapucrio

Reitor
Prof. Pe. Josafá Carlos de Siqueira SJ

Vice-Reitor
Prof. Pe. Anderson Antonio Pedroso SJ

Vice-Reitor para Assuntos Acadêmicos
Prof. José Ricardo Bergmann

Vice-Reitor para Assuntos Administrativos
Prof. Ricardo Tanscheit

Vice-Reitor para Assuntos Comunitários
Prof. Augusto Luiz Duarte Lopes Sampaio

Vice-Reitor para Assuntos de Desenvolvimento
Prof. Sergio Bruni

Decanos
Prof. Júlio Cesar Valladão Diniz (CTCH)
Prof. Luiz Roberto A. Cunha (CCS)
Prof. Sidnei Paciornik (CTC)
Prof. Hilton Augusto Koch (CCBS)

Conselho Gestor da Editora PUC-Rio
Augusto Sampaio, Danilo Marcondes, Felipe Gomberg, Hilton Augusto Koch, José Ricardo Bergmann, Júlio Cesar Valladão Diniz, Sidnei Paciornik, Luiz Roberto Cunha e Sergio Bruni.

Editado conforme o novo acordo ortográfico.

Este livro foi composto e impresso pela Editora Vozes Ltda.

Sumário

Prefácio, 11

Introdução, 17

Objeto da pesquisa, propósito e metodologia, 20

A κοινή διάλεκτος, 22

O verbo γίνομαι, 27

O optativo, 29

A expressão μὴ γένοιτο, 30

A diatribe, 31

Capítulo 1 | A Carta aos Gálatas, 34

1.1. Autoria, 34

1.2. Destinatários, 37

    1.2.1. Teoria da Galácia do Norte, 38

    1.2.2. Teoria da Galácia do Sul, 41

1.3. Datação relativa e local de redação, 44

1.4. Os rivais de Paulo, 47

1.5. Gênero literário e estrutura de Gálatas, 50

    1.5.1. Estrutura retórica grega/epistolografia greco-latina, 54

    1.5.2. Estrutura temático-literária, 64

    1.5.3. Estrutura retórica semítica, 66

Capítulo 2 | O uso de μὴ γένοιτο na literatura grega antiga, 70

2.1. O uso de μὴ γένοιτο no historiógrafo Heródoto, 70

2.2. O uso de μὴ γένοιτο na tragédia grega, 72

    2.2.1. Ésquilo, *Sete contra Tebas* v.1-9, 73

    2.2.2. Eurípides, *Íon* 725-734, 74

    2.2.3. Eurípides, *Heráclidas* 714, 75

2.3. O uso de μὴ γένοιτο na comédia grega, 75

    2.3.1. Aristófanes, *Lisístrata* v. 146-148, 76

    2.3.2. Aristófanes, *Tesmoforiantes* v. 714, 76

2.4. O uso de μὴ γένοιτο no geógrafo Pausânias, 77

2.5. O uso de μὴ γένοιτο na prosa filosófica, 78

    2.5.1. Platão, *Górgias* 458c, 78

    2.5.2. Platão, *República* 10.616a, 79

2.6. O uso de μὴ γένοιτο no mitógrafo Pseudo-Apolodoro, 79

2.7. O uso de μὴ γένοιτο nos logógrafos gregos, 80

    2.7.1. Demóstenes, *Sobre a liberdade dos Ródios* 15.21, 81

    2.7.2. Demóstenes, *Contra Afóbo I* 27.67, 82

    2.7.3. Demóstenes, *Contra Afóbo II* 28.21, 82

    2.7.4. Demóstenes, *Para Fórmio* 36.49, 83

    2.7.5. Demóstenes, *Sobre a falsa embaixada* 19.160, 83

    2.7.6. Demóstenes, *Contra Beócio* 40.56, 84

    2.7.7. Demóstenes, *Contra Aristogiton A* 25.30, 84

    2.7.8. Demóstenes, *Contra Aristogiton A* 25.32, 84

    2.7.9. Dinarco, *Contra Demóstenes* 1.66, 85

    2.7.10. Iseu, *Filoctemon* 6.7, 86

    2.7.11. Lísias, *Sobre a propriedade de Aristófanes* 19.38, 86

Capítulo 3 | O uso de μὴ γένοιτο na literatura extrabíblica entre os dois Testamentos, 88

3.1. O uso de μὴ γένοιτο nos pseudepígrafos do AT, 88

    3.1.1. *Testamento de Jó* 38.1, 88

    3.1.2. *Carta de Aristeas* 1.238, 89

    3.1.3. *José e Asenet* 25.7-8, 90

3.2. O uso de μὴ γένοιτο em Fílon de Alexandria, 91

    3.2.1. Fílon, *O Pior ataca o Melhor* 1.133, 91

    3.2.2. Fílon, *O Pior ataca o Melhor* 1.33, 92

    3.2.3. Fílon, *Sobre a confusão das línguas* 1.116, 93

    3.2.4. Fílon, *Sobre a mudança dos nomes* 1.73, 94

    3.2.5. Fílon, *Sobre as leis especiais* 4.136, 94

    3.2.6. Fílon, *Sobre as leis especiais* 1.211, 95

    3.2.7. Fílon, *Sobre a migração de Abraão* 1.224, 96

    3.2.8. Fílon, *Sobre Abraão* 1.215, 97

    3.2.9. Fílon, *Sobre Abraão* 1.249, 97

    3.2.10. Fílon, *Sobre Josefo* 1.175, 98

3.3. O uso de μὴ γένοιτο em Flávio Josefo, 99

    3.3.1. Josefo, *Antiguidades judaicas* 19.47, 99

    3.3.2. Josefo, *Guerra dos Judeus* 1.168, 100

    3.3.3. Josefo, *Guerra dos Judeus* 1.399, 100

    3.3.4. Josefo, *Guerra dos Judeus* 1.611, 101

    3.3.5. Josefo, *Guerra dos Judeus* 3.90, 101

3.4. O uso de μὴ γένοιτο no biógrafo Plutarco, 102

    3.4.1. Plutarco, *Licurgo* 20.6, 102

    3.4.2. Plutarco, *Pirro* 27.5, 103

3.5. O uso de μὴ γένοιτο no sátiro Luciano de Samósata, 103

      3.5.1. Luciano, *Contemplantes* 12, 104

      3.5.2. Luciano, *De Mercede conductis* 14, 104

      3.5.3. Luciano, *Pseudologista* 23, 105

      3.5.4. Luciano, *Abdicatus* 32, 105

      3.5.5. Luciano, *Saturnalia* 2.18, 106

      3.5.6. Luciano, *Diálogo dos deuses* 1.2, 106

3.6. O uso de μὴ γένοιτο na *Epístola de Barnabé*, 106

3.7. O uso de μὴ γένοιτο em Epíteto, 107

      3.7.1. Epíteto, *Discursos*, 1.10.7-13, 108

      3.7.2. Epíteto, *Discursos* 1.10-13, 108

      3.7.3. Epíteto, *Discursos*, 1.5.6-10, 109

      3.7.4. Epíteto, *Discursos*, 1.12.10-11, 110

      3.7.5. Epíteto, *Discursos*, 1,19.7-9, 110

      3.7.6. Epíteto, *Discursos*, 1.26.5-7, 111

      3.7.7. Epíteto, *Discursos*, 1.29.9, 111

      3.7.8. Epíteto, *Discursos*, 2.8.1-2, 112

      3.7.9. Epíteto, *Discursos*, 3.7.4, 112

      3.7.10. Epíteto, *Discursos*, 3.17.1-4, 113

Capítulo 4 | O uso de μὴ γένοιτο nas Sagradas Escrituras, 114

4.1. O uso de μὴ γένοιτο na Septuaginta, 114

      4.1.1. Gn 44,7.17, 115

      4.1.2. Js 22,29, 116

      4.1.3. Js 24,16, 118

      4.1.4. 1Rs 21,3, 118

      4.1.5. 1Mc 9,10, 119

      4.1.6. 1Mc 13,5, 120

4.2. O uso de *μή γένοιτο* no Novo Testamento, 120

    4.2.1. 1Cor 6,15, 121

    4.2.2. Rm 3,4.6.31, 123

    4.2.3. Rm 6,2.15, 127

    4.2.4. Rm 7,7.13, 129

    4.2.5. Rm 9,14, 131

    4.2.6. Rm 11,1.11, 132

    4.2.7. Lc 20,16, 135

Capítulo 5 | O uso de μὴ γένοιτο em Gálatas, 137

5.1. O uso de *μὴ γένοιτο* em Gl 2,17, 137

    5.1.1. Texto e contexto de Gl 2,17, 137

    5.1.2. Tradução de Gl 2,15-21, 139

    5.1.3. Análise Semântica de Gl 2,15-21, 140

    5.1.4. Síntese Teológica e o uso de μὴ γένοιτο em Gl 2,17, 146

5.2. O uso de *μὴ γένοιτο* em Gl 3,21, 149

    5.2.1. Texto e contexto de Gl 3,21, 149

    5.2.2. Tradução de Gl 3,19-22, 150

    5.2.3. Análise Semântica de Gl 3,19-22, 151

    5.2.4. Síntese Teológica e o uso de μὴ γένοιτο em Gl 3,21, 152

5.3. O uso de *μὴ γένοιτο* em Gl 6,14, 154

    5.3.1. Texto e contexto de Gl 6,14, 154

    5.3.2. Tradução de Gl 6,11-16, 154

    5.3.3. Análise Semântica de Gl 6,11-16, 155

    5.3.4. Síntese Teológica e o sentido de μὴ γένοιτο em Gl 6,14, 156

Conclusões, 159

Posfácio, 165

Referências bibliográficas, 167

Prefácio

Poder prefaciar e ver a publicação do texto da Dissertação de Mestrado de Marcelo Ferreira Miguel, apresentada no Programa de Pós-Graduação em Teologia da PUC-Rio, aos 27/02/2019, e agora premiada como a Dissertação de 2019 a ser publicada na Coleção *Série Teologia* PUC-Rio, sob o título "O uso paulino da expressão μὴ γένοιτο em Gálatas. Estudo comparativo, retórico e intertextual", enche meu coração de alegria e esperanças de ver sempre novas e boas produções bíblicas produzidas e publicadas no Brasil. Eu não apenas me rejubilo pelo trabalho realizado pelo autor, mas, muitos mais, eu posso atestar que este texto vem preencher uma lacuna nos estudos bíblicos acerca da origem do uso da expressão μὴ γένοιτο ("de jeito nenhum", "de forma alguma"), que muitos pensavam e defendiam como sendo uma expressão de origem ou dependência da diatribe de Epíteto, um filósofo nascido em 50 d.C. e morto em 135 d.C., portanto, com seu escrito bem posterior às Cartas de Paulo, que morre em 67 d.C., quando Epíteto era apenas um jovenzinho. Mais ainda, o texto do filósofo Epíteto que temos acesso é do séc. II d.C., transmitido sobretudo por seu discípulo Flávio Arriano.

Marcelo pegou como objeto formal para sua pesquisa o sentido da expressão μὴ γένοιτο em Paulo, e como objeto material ele tomou as passagens de Gl 2,17; 3,21 e 6,14, sendo o texto paulino mais antigo onde temos a ocorrência da referida expressão. Gálatas não é a carta paulina com maior concentração. Este posto é ocupado pela carta aos Romanos (Rm 3,4.6.31; 6,2.15; 7,7.13; 9,14; 11,1.11). Mas além de ter sido escrita antes da carta aos Romanos, a carta aos Gálatas concentra mais de uma aparição, sendo que a Primeira Carta aos Coríntios conta com apenas uma ocorrência da expressão (1Cor 6,15). Além disso, cada um dos versículos em que aparece é importante inclusive para a construção da teologia paulina. Sendo assim, compreender a expressão μὴ γένοιτο se torna algo fundamental também para se compreender o pensamento paulino. Ademais, fora do *corpus paulinum* a única ocorrência que temos no Novo Testamento é em Lc 20,16, totalizando 15 ocorrências. Isso, por si só, demonstra o quanto a expressão μὴ γένοιτο realmente é paulina e de uso muito raro no inteiro Novo Testamento. E, como observa o autor, "seu uso, normalmente, em sua forma cristalizada, é entendido como uma negação enfática".

A fim de atingir seu objetivo, que era de se ter uma maior clareza acerca de como Paulo utiliza a expressão μὴ γένοιτο na carta aos Gálatas, no que tange a seu uso linguístico, Marcelo faz uma investigação a partir da comparação com o uso da expressão na literatura grega, seja aquela bíblica (AT e NT), inclusive na deuterocanônica, seja aquela extrabíblica, a partir de textos da literatura religiosa (apócrifos e pseudepígrafos) e da literatura não religiosa, como a literatura grega antiga (historiografia, tragédia, comédia, prosa, poesia, geografia, biografia, sátira, mitografia e logografia, desde o séc. V a.C., como é o caso do historiador Heródoto e outros, até a época de Paulo Apóstolo), da literatura extrabíblica do período entre os dois testamentos (apócrifos do Antigo Testamento, Fílon de Alexandria, Flávio Josefo, Plutarco, Luciano e Epíteto, chegando ao séc. II d.C.).

Esta obra trabalha com maestria o uso e emprego da expressão μὴ γένοιτο na língua grega da LXX (*Septuaginta*) e seu correspondente na língua hebraica, a partir do termo grego γένοιτο, que geralmente traduz o אָמֵן ("verdadeiramente", como lemos em Nm 5,22; Dt 27,15.16.17.18.19.20.21.22.23.24.25.26; 1Rs 1.36; Sl 41,14; 72.19; 89,53; 106(105),48; Is 25,1; Jr 11,5; 28,6), sendo uma partícula adverbial hebraica, para se fazer uma afirmação enfática positiva. Por outro lado, ele demonstra que a expressão μὴ γένοιτο sempre traduz na LXX (Gn 44,7.17, Js 22,29; 24,16 e 1Rs 20,3) a interjeição hebraica חָלִילָה, derivada da raiz verbal חלל, cujo sentido principal é negativo: "profanar" ou "ser profanado", podendo, então, significar algo como: "abominável para mim", "profano", "reprovável", "longe de mim", "não permita Deus", "que tal não aconteça", "de jeito nenhum", "de forma alguma", "de maneira alguma" etc., caracterizando uma "exclamação de repulsa", sendo sempre um "marcador de discurso de ênfase adversativa", como ele observa.

Daquilo que tenho notícias, em português este é o único texto produzido e publicado até então no Brasil. Isso é de uma magnitude incalculável para a comunidade acadêmica e para a literatura bíblica, bem como para a linguística em geral. Temos outros textos produzidos em outros idiomas, mas sequer traduzidos para a língua portuguesa. Vale a pena lembrar a tese de R. Bultmann, que tratou da diatribe e Paulo (1910), texto usado pelos estudiosos para se comparar as semelhanças e as diferenças entre o Apóstolo e o filósofo Epíteto, que em relação ao estilo realmente não são poucas. De fato, há muitas semelhanças e diferenças no estilo de Epíteto e o dos textos do NT, especialmente nos textos paulinos. Outro texto é o de A. Malherbe, que fala de uma análise de Bultmann com "forte dependência de Epíteto" (1980). Mas o texto de Bultmann é a grande referência em que a maioria dos comentaristas se apoia até hoje, sobretudo por causa da valorização do texto de Epíteto e da Diatribe, enormemente enfocados por Bultmann. Interessante também é conferir a obra de D. S. Sharp, que faz um estudo comparativo das semelhanças e diferenças entre Epíteto e o Novo Testamento (2018); ou ainda as sobras de H. Schenkl (1916) e de P. O. García (1993), traduzindo e publicando as *Dissertações de Flávio Arriano*, aluno e discípulo do filósofo Epíteto, que escreveu os *Discursos* após a morte de seu mestre, entre os anos 130-160 d.C. Marcelo vai além disso, voltando no tempo e no espaço, pois sua abordagem se dá a partir de diferentes tipos de literatura, bíblica e extrabíblica, religiosa e não religiosa, de antes e após Paulo, inclusive examinando os textos da literatura de Epíteto.

Olhando para o Sumário da obra, nós nos deparamos com a riqueza e a grandeza de valor da mesma, em seus vários pontos e aspectos, ressaltando inclusive um didatismo muito grande na sequência e ordem de cada tópico abordado, visto que Marcelo procura seguir uma possível ordem cronológica, para nos dar uma ideia da origem e sequência no uso da expressão μὴ γένοιτο, desde a literatura grega antiga até Paulo, a saber: 1) *Introdução*, que ressalta o objeto da pesquisa, seu propósito e metodologia usada, o emprego do verbo γίνομαι, bem como o uso da expressão μὴ γένοιτο e a diabribe, entre outras coisas; 2) *A Carta aos Gálatas*, com seus dados introdutórios, como autoria indiscutível, data, local de escrita, destinatários, rivais de Paulo, gênero literário, estrutura temática-literária e retórica semítica; 3) *O uso de μὴ γένοιτο na literatura grega antiga*: Heródoto, Ésquilo, Eurípides, Aristófanes, Pausânias, Platão, Pseudo-Apolodoro, Demóstenes, Dinarco, Iseu e Lísias; 4) *O uso de μὴ γένοιτο na literatura extrabíblica entre os dois Testamentos*: Testamento de Jó, Carta de Aristeias, José e Asenet, Fílon de Alexandria, Flávio Josefo, Plutarco, Luciano e Epíteto; 5) *O uso de μὴ γένοιτο nas Sagradas Escrituras*: na *Septuaginta* (LXX) e no Novo Testamento (que conta com apenas 15 ocorrências, como acenamos acima); para se chegar, finalmente, ao capítulo 6) *O uso de μὴ γένοιτο em Gálatas*, onde se trabalha o uso da expressão nas três ocorrências paulinas tomadas por Marcelo como objeto material para sua pesquisa (Gl 2,17; 3,21 e 6,14), apresentando igualmente um estudo exegético de cada um dos versículos, considerando as conclusões obtidas ao longo de sua pesquisa e aqui abordadas; 7) Conclusões obtidas na pesquisa; e 8) Referências bibliográficas, com comentários, artigos e sites visitados.

Esta obra nos ajuda a entender que o uso da expressão μὴ γένοιτο é muito anterior a Paulo e tão pouco depende de Epíteto, que é posterior ao Apóstolo. Além disso, é preciso que tenhamos presente que seu uso e emprego não são reservados ao mundo bíblico. Pelo contrário, seu emprego se dá muito mais no mundo extrabíblico, seja ele religioso ou não, onde temos um vasto uso e de superlativa beleza e riqueza de sentidos. Aqui também foi possível entender que para se compreender bem o uso da expressão μὴ γένοιτο, em Paulo e fora dele, na literatura religiosa e não religiosa, não basta fazer apenas uma análise linguística lexical. Pelo contrário, é fundamental conferir e considerar o contexto amplo do escrito onde a expressão foi usada, para assim poder melhor entender as suas respectivas conexões, buscando ir melhor compreendendo o sentido da referida expressão, dentro de seu clímax.

Como bem observa o autor, "este estudo também nos ajuda a ver que o uso que Paulo faz da expressão μὴ γένοιτο não está restrito à forma em que acontece na diatribe, onde a expressão é amplamente utilizada, mas sim, é usada em um contexto discursivo em que há a necessidade de persuasão e convencimento. Ele nos recorda que é o ambiente da fala (ou da escrita que emula a fala), que é recorrente da oratória, daí viria o uso paulino".

Enfim, *alia iacta est!* Nossos votos são de que este trabalho possa contribuir com o avanço das pesquisas bíblicas no Brasil, seja pela relevância do tema que trata do uso da expressão μὴ γένοιτο em Gálatas e em outras literaturas, bíblicas e extrabíblicas, seja porque este trabalho não esgota os estudos nesta área. Pelo contrário, ele desperta mais e novas pesquisas. Neste sentido, desejamos a todos os que tiverem a felicidade de entrar em contato com esta obra, com seu estudo comparativo, para que tenham uma boa leitura e bons estudos, a partir de mais este texto oferecido em nossa Série Teologia PUC-Rio, que nasceu para compartilhar os resultados de anos de trabalho de nossos discentes e docentes, com a publicação de Dissertações e Teses.

Prof.-Dr. Pe. Waldecir Gonzaga[1]
Diretor e professor do Departamento de Teologia da PUC-Rio

---

1. Doutor em Teologia Bíblica pela Pontifícia Universidade Gregoriana, Roma, e Pós-Doutorado pela FAJE, Belo Horizonte. Diretor e Professor de Teologia Bíblica do Departamento de Teologia da PUC-Rio. E-mail: <waldecir@hotmail.com>, Currículo Lattes: http://lattes.cnpq.br/9171678019364477 e ORCID ID: https://orcid.org/0000-0001-5929-382X

γινώσκετε ἄρα ὅτι οἱ ἐκ πίστεως, οὗτοι υἱοί εἰσιν Ἀβραάμ. [...] οὐκ ἔνι Ἰουδαῖος οὐδὲ Ἕλλην, οὐκ ἔνι δοῦλος οὐδὲ ἐλεύθερος, οὐκ ἔνι ἄρσεν καὶ θῆλυ· πάντες γὰρ ὑμεῖς εἷς ἐστε ἐν Χριστῷ Ἰησοῦ. / *Sabeis, então, que pela fé estes são filhos de Abraão. [...] Não há judeu nem grego, não há escravo nem livre, não há homem e mulher, pois todos vós sois um em Cristos Jesus.*

(Gl 3,7.28)

Introdução

A Carta aos Gálatas é seguramente um dos principais textos de todo o Novo Testamento porque o desenvolvimento de sua temática coloca em destaque discussões sobre a relação entre o cristianismo e as suas origens judaicas. Tema que foi retomado na controvérsia marcionita,[2] no comentário de Agostinho de Hipona,[3] na Reforma Protestante[4] e na pesquisa crítica recente.[5] Em cada um destes

---

2. No estudo acerca do *Corpus Paulinum* dentro do cânon do Novo Testamento, Gonzaga observa que a maioria dos textos do NT são cartas (21 dos 27 escritos) e dentre estes, a maioria são Cartas de Paulo que foram aceitas desde o início pelos Padres da Igreja, diferentemente do que aconteceu com as Cartas Católicas, que encontraram dificuldades para entrarem no cânon (GONZAGA, W., O Corpus Paulinum no Cânon do Novo Testamento, p. 21). Sanders afirma que a rica diversidade teológica encontrada na forma final do Novo Testamento indica a legítima preocupação da igreja primitiva com o uso exclusivista e hegemônico de Paulo (SANDERS, J. A., Canon and Community, p. 37). Marcião funda uma espécie de cristianismo que usa as cartas paulinas, especialmente a carta aos Gálatas, como um "cânon dentro do cânon". Ele a considera como a carta paulina matriz para as demais (GONZAGA, W., O Evangelho da Ternura e a solidariedade de Gl 4,8-20, p. 64). Logo, Paulo e suas cartas foram objeto de considerável controvérsia no segundo século. De um lado, os judeus-cristãos rejeitavam Paulo por causa das suas visões a respeito da justificação e da lei judaica; de outro lado, no extremo oposto, Marcião entendia que todos os apóstolos tinham entendido mal a Jesus, exceto Paulo, o único verdadeiro apóstolo. Gálatas é a carta paulina que representa o ponto de divergência entre a aceitação tácita e radical do pensamento paulino pelos marcionitas e a sua completa rejeição pelos judeus-cristãos. (MEEKS, W. A.; FITZGERALD, J. T. (ed.), The Writings of St. Paul, p. 149-213; KNOX, J., Marcion and the New Testament, p. 46-53.

3. O comentário de Agostinho à Gálatas foi escrito em 394/395, pouco antes de sua ordenação episcopal, no norte da África. Esse comentário é o único escrito por Agostinho sobre um livro completo da Bíblia, caso não se considere a sua obra sobre os Salmos um comentário bíblico. (AGOSTINHO, Santo, Explicação de algumas proposições da carta aos Romanos; Explicação da carta aos Gálatas, p. 14-15).

4. Martinho Lutero considera Gálatas a sua "amada" (GONZAGA, W., O Evangelho da Ternura e a solidariedade de Gl 4,8-20, p. 64. As suas preleções sobre a Carta foram o fruto de sua luta para compreender essa carta na primeira metade do século XVI. Lutero expôs a carta aos Gálatas em Wittenberg nos anos de 1516 e 1517, e essas preleções foram publicadas em 1519. Depois, Lutero fez novas exposições da carta em 1531, exposições revisadas e publicadas em 1535. A leitura que Lutero faz da carta aos Gálatas move-o a estabelecer uma antítese entre a lei e o evangelho. (LUTHER, M., A Commentary on St. Paul's Epistle to the Galatians). Calvino, por sua vez, entende ser a carta aos Gálatas uma epístola problemática, uma vez que ele reage contra a disjunção aguda que Lutero faz entre o evangelho e a lei. Calvino entende que Paulo, em Gálatas, é um testemunho da disputa entre Paulo e os judaizantes, divergência que se baseia nas perspectivas distintas em relação às leis cerimoniais, não sobre a lei de Deus propriamente dita. Calvino utiliza Gálatas para fazer o seu próprio protesto contra o uso da religião para prender e aprisionar. OBERMAN, H., Initia Calvini: The Matrix of Calvin's Reformation, p. 113-154.

5. Na segunda parte de sua tese doutoral Gonzaga faz uma extensa e profunda apresentação da história da pesquisa (*status quaestionis*) da perícope de Gl 2,1-21 desde o Concílio Vaticano II apresentando de forma

momentos importantes da História da Igreja, a carta aos Gálatas foi incansavelmente relida e reinterpretada no desejo de se mergulhar ainda mais na compreensão deste texto genuinamente paulino.[6]

Uma primeira leitura da Carta aos Gálatas revela a situação que motiva o seu envio: a crise na Galácia, motivada pela presença e interferência dos rivais[7] de Paulo nessas comunidades. Na carta, Paulo acusa os rivais de tentarem conduzir as comunidades gálatas εἰς ἕτερον εὐαγγέλιον (Gl 1,6: "para um outro evangelho"). A carta é escrita com uma finalidade: ἵνα ἡ ἀλήθεια τοῦ εὐαγγελίου διαμείνῃ (Gl 2,5: "para que a verdade do evangelho permaneça"),[8] verdade que corresponde àquilo que o próprio Paulo outrora anunciara aos cristãos gálatas (Gl 1,11): o evangelho revelado pelo próprio Cristo (Gl 1,12).

Paulo entende que a sua intervenção é urgente, uma vez que as mudanças provocadas pela atuação dos rivais eram rapidamente aceitas pelos cristãos gálatas (Gl 1,6). Esses rivais, οἱ ταράσσοντες (Gl 1,7: "perturbadores") e os ψευδάδελφοι (Gl 2,4: "falsos irmãos") influenciaram as comunidades cristãs a práticas judaicas como a circuncisão (Gl 2,3; 6,13), a observância de dias santos para o judaísmo (Gl 4,10), o cultivo de hábitos de restrição alimentar motivados por leis de pureza, e a restrição ao compartilhamento de refeições (comunhão) com os gentios (Gl 2,12).[9]

---

sistemática entre monografias, artigos ou ensaios e comentários. A partir deste texto podemos ter acesso aos principais autores recentes que trabalharam sobre a carta de Gálatas (GONZAGA, W., A Verdade do Evangelho (Gl 2,5.14) p. 101-249).

6. Desde o início da carta, Paulo faz questão de defender a autenticidade do seu apostolado (Gl 1,1; 1,11ss). Esta era uma questão importante como argumentação para defesa da "Verdade do Evangelho". Até no fim da carta, Paulo diz ter escrito de próprio punho como forma de certificar que ele mesmo tinha escrito a Carta. Sendo assim, no que se refere à questão da autoria Paulina, podemos identificar nesta carta elementos internos importantes para corroborar esta posição. GONZAGA, W., A Verdade do Evangelho (Gl 2,5.14), p. 33-38.; GONZAGA, W., O Evangelho da Ternura e a solidariedade de Gl 4,8-20, p. 61: "A Carta aos Gálatas é tida como a *Magna Carta da Liberdade Cristã*. Ela sempre foi objeto de muitos comentários e tida como uma das cartas paulinas mais bem aceitas [...] Ela é aceita entre os católicos, ortodoxos e protestantes como autenticamente paulina".

7. A crise na Galácia é promovida por pessoas vindas de fora da comunidade. Não é uma questão interna. GONZAGA, W., A Verdade do Evangelho (Gl 2,5.14), p. 46.

8. O que motiva Paulo a escrever aos Gálatas é o risco que corre a Igreja e a Evangelização e não o risco que sua imagem corria por aquilo que seus adversários falavam acerca dele. GONZAGA, W., A Verdade do Evangelho (Gl 2,5.14, p. 285-286: "Essa defesa da 'verdade do Evangelho', que temos aqui no v.5 e novamente no v.14, e que tem seu equivalente no v.4, o qual fala de ἡ ἐλευθερίαν ἡμῶν ἣν ἔχομεν ἐν Χριστῷ Ἰησοῦ, nos indica que para Paulo 'a liberdade de Cristo' e 'a verdade do Evangelho' caminham juntas. [...] Paulo não duvida nem nega a primogenitura de Israel no chamado à salvação, como que para ser um sinal para os demais povos. Mas tampouco nega a chamada dos gentios pela graça de Cristo. Pelo contrário, na perspectiva do messianismo e em coerência com a comunidade cristã helenística, Paulo acreditava e esperava na entrada dos pagãos no Povo de Deus. Para o Apóstolo todos indistintamente são chamados à salvação 'pela fé em Cristo Jesus' e não pelas leis judaicas, que nada contam para a salvação. É o 'Evangelho mesmo' que deve ser a Boa-nova e não a 'lei mosaica'".

9. Segundo Dunn, "a frase τά ἔργα του νόμου pertence a um complexo de ideias em que a função social da lei é proeminente. A lei serve tanto para identificar Israel como o povo do pacto como para distingui-lo

Parece que o apelo dos "perturbadores"[10] é no sentido de afirmar que somente cumprindo as ἔργα νόμου (Gl 2,16: "obras da lei") é que os cristãos poderiam fazer parte da Aliança, como Ἀβραὰμ σπέρμα (Gl 3,29: "semente de Abraão"). A tese da carta aos Gálatas, entretanto, é de que οἱ ἐκ πίστεως, οὗτοι υἱοί εἰσιν Ἀβραάμ (Gl 3,7: "os que são provenientes de fé, esses são filhos de Abraão") e que todos os que têm fé em Jesus Cristo, independente de etnia ou da obediência à lei, são filhos de Deus (Gl 3,26). Segundo a carta aos Gálatas, as exigências para o cumprimento das prescrições judaicas são uma tentativa de μεταστρέψαι τὸ εὐαγγέλιον (Gl 1,7: "perverter/mudar o Evangelho") que é ἀνάθεμα (Gl 1,9: "maldição"), que causa tribulação no autor, que pede: κόπους μοι μηδεὶς παρεχέτω (Gl 6,17: "não me cause tribulação"). As ideias dos rivais, caso fossem aceitas, se tornariam obstáculos à obediência (Gl 5,7). Aceitá-las significaria ἐπιστρέφω (Gl 4,9: "retroceder") e, acima de tudo, desligar-se de Cristo (Gl 5,4: verbo καταργέω).

Como vimos em Gálatas, Paulo está em defesa da "Verdade do Evangelho" (Gl 2,5.14) e luta contra o trabalho dos missionários rivais. Em seu texto utiliza diversas estratégias retóricas com a finalidade de persuadir e fundamentar sua posição, a de que tanto judeus quanto gentios são alcançados pelas promessas de Deus a Abraão exclusivamente pela fé em Cristo (Gl 3,7).

Paulo era ciente de que muitos dos seus argumentos e proposições poderiam levar a conclusões falsas ou mal-entendidos. Para não deixar dúvidas e convencer seus leitores acerca da Verdade, um dos recursos que Paulo usa é criar

---

das (outras) nações. 'Obras da lei' denotam tudo o que a lei exige do judeu devoto, mas precisamente porque é a lei como identidade e marcador de limite que está em vista, a lei como a lei israelita concentra-se nesses ritos que expressam a distinção judaica mais claramente." (DUNN, J. D. G., The New Perspective on Paul, p. 130). Essas atitudes distintivas, definidoras da identidade judaica, são o resultado das reformas de Esdras no período pós-exílico, com sua política deliberada de segregação nacional e cultual conforme ditada pela lei (Esd 9-10). Essa tendência foi reforçada pela crise dos Macabeus (1Mc 1,57; 2,27.50; 2Mc 1,2-4; 2,21-22; 5,15; 13,14), em que o "zelo pela lei" se tornou o lema da resistência nacional (1Mc 2,26-27.50.58; 2Mc 4,2; 7,2.9.11.37; 8,21; 13,14). Após a crise dos Macabeus, a ligação entre a eleição, pacto e lei se torna um tema fundamental e persistente da autocompreensão judaica. Posteriormente, a comunidade de Qumran definiu a adesão ao pacto da graça em termos de observância dos preceitos de Deus, adesão aos mandamentos (1QS 1,7-8; 5,1-3), e compromisso com a lei, sendo a desobediência à lei severamente punida (1QS 5,24; 8,16-9,2). Os fariseus eram reconhecidos por seu rigor em observar a lei e por sua preocupação em manter um nível de pureza. AMIR, Y., The Term Ioudaismos, p. 34-41: a distinção entre judeus e não judeus, portanto, dar-se-ia tanto pela separação dos povos estrangeiros, quanto por práticas ritualísticas: calendários, leis dietéticas e circuncisão.

10. Para a maioria dos estudiosos, estes perturbadores eram cristãos convertidos do judaísmo, os quais consideravam impossível viver a fé cristã sem se submeter aos ritos judaicos, especialmente a circuncisão, por ser a marca da Aliança. Vale destacar que enquanto a fé cristã estava apenas no âmbito judaíta isto não era uma questão, porém, à medida que o evangelho avança entre os gentios, principalmente através do trabalho missionário de Paulo, esta crise ética passa a existir, e Gálatas é um especial testemunho desse momento importante do cristianismo primitivo. Para um resumo da problemática GONZAGA, W., A Verdade do Evangelho (Gl 2,5.14), p. 46-52.

perguntas e respondê-las. Nestes "diálogos", Paulo busca se antecipar às falsas conclusões que seus destinatários (ou seus opositores) poderiam tirar de suas proposições. Estas perguntas do interlocutor hipotético, geralmente consideradas absurdas, são respondidas com um veemente "de jeito nenhum!" (μὴ γένοιτο). Em Gálatas, Paulo utiliza esta expressão três vezes (Gl 2,17; 3,21; 6,14), sendo as duas primeiras como resposta a perguntas hipotéticas e a terceira não.

Objeto da pesquisa, propósito e metodologia

O objeto formal de nossa pesquisa é o sentido da expressão μὴ γένοιτο em Paulo, e o objeto material são as passagens Gl 2,17; 3,21 e 6,14. Apesar de a carta aos Romanos concentrar a maioria das ocorrências de μὴ γένοιτο, escolhemos Gálatas para nossa pesquisa uma vez que, além de ter sido escrita antes de Romanos, concentra mais de uma aparição (ao passo que em 1Coríntios aparece apenas uma vez). Além disso, cada um dos versículos em que aparece são imporantes para a construção da teologia paulina, sendo assim, compreender a expressão μὴ γένοιτο se torna algo fundamental.

O objetivo deste estudo é termos uma maior clareza acerca de como Paulo utiliza esta expressão em Gálatas, o que ajudará a entender o seu sentido. Para tal, propomos uma investigação a partir da comparação com o uso da expressão na literatura grega (bíblica e extrabíblica).

Desde a tese de Bultmann, que pôs lado a lado "o sermão paulino e a diatribe cínico-estóica",[11] os estudiosos têm se ocupado em comparar as semelhanças e as diferenças entre o Apóstolo e o filósofo Epíteto. De fato, há muitas semelhanças (e diferenças) no estilo de Epíteto e o dos textos do NT, especialmente Paulo.[12] Bultmann, portanto, empreende o trabalho de interpretar a diatribe em Paulo, mas, como observa Malherbe, ele o faz em uma "forte dependência de Epíteto".[13] Em seu trabalho, Bultmann se concentra no elemento dialógico da diatribe e faz observações acerca do uso de μὴ γένοιτο, nas quais a maioria dos comentaristas se apoiam até hoje.[14] Epíteto e a diatribe, portanto, têm sido a base para o estudo da expressão μὴ γένοιτο (vide o trabalho de Malherbe citado acima).

---

11. BULTMANN, R., Der Stil der paulinischen Predigt und die kynisch-stoische Diatribe.

12. Para um estudo comparativo das semelhanças e diferenças entre Epíteto e o NT. SHARP, D. S., Epictetus and the New Testament.

13. MALHERBE, A., MH ΓΕΝΟΙΤΟ in the Diatribe and Paul (1980), p. 231-240; igual a MALHERBE, A., MH ΓΕΝΟΙΤΟ in the Diatribe and Paul. In: C. R. HOLLADAY et. al. (Ed.), Light from the Gentiles (2014), p. 232.

14. MALHERBE, A., MH ΓΕΝΟΙΤΟ in the Diatribe and Paul, p. 237.

Esta é uma expressão de uso raro no Novo Testamento. Geralmente, em sua forma cristalizada, é entendida como uma negação enfática. Além das três ocorrências em Gálatas, aparece apenas em duas outras cartas autênticas de Paulo: Romanos (Rm 3,4.6.31; 6,2.15; 7,7.13; 9,14; 11,1.11) e 1Coríntios (1Cor 6,15). Fora do *corpus paulinum* aparece somente no evangelho de Lucas (Lc 20,16) totalizando quinze aparições.

Como observa Lima, "o significado de palavras, expressões e frases depende do contexto em que se encontram",[15] ou seja, o sentido de uma expressão deve ser percebido em relação com os demais elementos do texto. Portanto, para entendermos o uso da expressão μὴ γένοιτο, não basta apenas uma análise lexical. Devemos também aferir onde tal expressão foi usada, ou seja, considerar o contexto amplo do escrito para assim começarmos a entender as suas respectivas conexões, prosseguindo no caminho de determinarmos o sentido da expressão.

Desta forma, propomos não apenas analisar o termo no contexto do estilo diatríbico, mas fazer uma análise ampla do uso da expressão: investigamos seu uso na narrativa historiográfica, na tragédia, na comédia, na geografia, na prosa filosófica, na mitografia, na biografia, na sátira, na logografia, na Septuaginta (LXX), em Fílon, Flávio Josefo, nos apócrifos e pseudepígrafos, nos demais textos paulinos e de Lucas e, também, nos próprios textos de Epíteto.

A hipótese com a qual trabalhamos é a de que o uso que Paulo faz da expressão não está restrito à forma em que acontece na diatribe, onde μὴ γένοιτο é amplamente utilizada, nem que é um tipo de uso exclusivamente paulino, como sugere Malherbe. Acreditamos, e tentaremos assim demonstrar, que μὴ γένοιτο é usada em um contexto discursivo em que há a necessidade de persuasão e convencimento. É o ambiente da fala (ou da escrita que emula a fala), que é recorrente da oratória, daí viria o uso paulino.

No Capítulo 1 – *Introdução*, apresentamos a fundamentação teórica de conceitos básicos que para nós são importantes e servem de base para a pesquisa.

No Capítulo 2 – *A Carta aos Gálatas*, fazemos uma introdução a esta carta tão importante para a Igreja e para o estudo da Teologia Paulina. Apresentamos o debate acerca da autoria, destinatários, data provável de escritura, bem como a problemática que havia na comunidade que acabou por ser o motivo da escrita da Carta por parte do Apóstolo. Concluímos este capítulo apresentando diversas propostas de estruturação da mesma: estrutura pela análise retórica grega, retórica semítica e estrutura temático-literária.

---

15. LIMA, M. L. C., Exegese Bíblica: teoria e prática, p. 85.

Nos Capítulos 3 - *O uso de μὴ γένοιτο na literatura grega antiga* e 4 - *O uso de μὴ γένοιτο na literatura extrabíblica entre os dois Testamentos*, passamos à análise da expressão em diversos *corpora* de literatura extrabíblica. Consultamos a expressão μὴ γένοιτο na base de dados *Perseus*,[16] que concentra uma extensa base de dados de literatura grega, e no software *Bible Works v.10*, para os textos apócrifos, pseudepígrafos e Fílon. Cada um dos fragmentos textuais foi traduzido e o uso de μὴ γένοιτο foi analisado.

No Capítulo 5 - *O uso de μὴ γένοιτο nas Sagradas Escrituras*, passamos a analisar nas Sagradas Escrituras as ocorrências da expressão μὴ γένοιτο. Primeiramente analisamos os textos da Septuaginta, onde μὴ γένοιτο é sempre tradução da interjeição hebraica חָלִילָה (exceto para 1Macabeus que não tem origem do texto hebraico), e em seguida analisamos os textos do NT, exceto Gálatas.

Os textos Gl 2,17; 3,21; 6,14 são analisados no Capítulo 6 - *O uso de μὴ γένοιτο em Gálatas*, onde aprofundamos mais o tema e a aplicação da expressão nesta Carta. Buscamos apresentar um estudo exegético resumido de cada um dos versículos considerando as conclusões que tiramos ao longo da pesquisa.

Esperamos que este trabalho possa contribuir com o avanço da pesquisa bíblica no Brasil. Cremos que este tema seja relevante uma vez que quase não há bibliografia específica a respeito do uso da expressão μὴ γένοιτο. A pesquisa que existe se restringe majoritariamente ao contexto da diatribe/Epíteto e está em língua estrangeira. Acreditamos também que este estudo servirá para dar início a novas pesquisas, uma vez que este trabalho não esgota o tema.

Gostaríamos, neste momento, de situar o nosso objeto de pesquisa do ponto de vista linguístico. Apresentaremos uma discussão acerca do texto grego do NT, em seguida falaremos sobre o verbo γίνομαι. Mais adiante tratamos das formas do modo optativo e, por fim, apresentaremos a expressão μὴ γένοιτο que é formada da partícula de negação mais a forma de γίνομαι no optativo.

A κοινή διάλεκτος

Apesar de os gregos se considerarem um povo autóctone, todos eles foram fruto de um processo de miscigenação que durou séculos, em que populações advindas tanto do Oriente Próximo quanto da Anatólia (ca. 3º milênio a.C.) mudaram completamente a civilização que habitava nas ilhas de Creta, do mar Egeu e também na região continental que posteriormente seria a Grécia.[17]

---

16. http://www.perseus.tufts.edu/hopper/

17. HORTA, G. N. B. P., Os Gregos e seu idioma, p. 29.

Naturalmente a língua dos habitantes desta região também passou por um longo processo de mudança. A origem da língua grega remonta ao hipotético e controvertido idioma primitivo "indo-europeu",[18] que teria sido falado pelas primeiras tribos que invadiram o continente europeu. Mas logo este idioma teria sofrido uma "fragmentação linguística", devido a condições tanto geográficas quanto políticas, dando origem aos diversos dialetos literários gregos de que temos ciência.[19]

São quatro os grupos dialetais do grego: o Ático-Jônico (posteriormente desmembrado entre o Ático e o Jônico), o Eólico, o Dórico e o Ácade-Cíprio. Os poemas homéricos, primeiros monumentos literários da cultura grega foram expressos no dialeto Jônico, mais tarde, no chamado período clássico (ca. séculos V e IV), o Ático é que desponta como o idioma por excelência da cultura grega.[20]

Horta afirma que "a história da evolução da língua grega antiga apresenta-se bipartida, nitidamente, em períodos bastante diferenciados: o dos dialetos antigos e o da "koiné diálektos"[21] (língua comum, isto é, vulgar)"[22]. Para efeito da nossa pesquisa é importante compreender de forma mais adequada este movimento de formação da Koiné, pois, tanto a Septuaginta quanto o Novo Testamento são expressões literárias deste dialeto, que muitas vezes é mal compreendido como sendo o "grego bíblico".

Os diversos dialetos gregos se expandiram e hoje são conhecidos especialmente pela epigrafia (inscrições em madeira, rocha, metal, ossos etc.) e pelas obras literárias. Observa-se que para cada gênero literário grego formou-se uma língua própria, ou seja, nem sempre o dialeto empregado em uma obra dependia da região de origem do autor, mas sim do conteúdo da obra.

---

18. HORTA, G. N. B. P., Os Gregos e seu idioma, p. 18-22: a língua grega, bem como a maioria dos idiomas europeus, é considerada um idioma oriundo da família linguística do indo-europeu, que seria um idioma pré-histórico falado numa enorme extensão territorial que iria desde a Índia até a península ibérica pelo grupo étnico dos arianos, que teria se expandido por vários influxos migratórios por toda a Europa. No entanto, não há evidência real da existência deste idioma, esta seria uma hipótese criada a partir da observação (gramática comparada) dos diversos idiomas europeus que, por terem traços comuns, teriam advindo deste idioma primitivo. Vale destacar que esta hipótese foi muito debatida: entre 1921 a 1937 Germano Hirt chegou a publicar uma gramática do indo-europeu em cinco volumes, por outro lado, em 1939 Trubetzkoy negou formalmente a existência deste idioma e no mesmo ano, Victor Pisani opinou que não deveria ter havido este idioma comum, mas apenas dialetos que tinham os mesmos traços comuns, em 1951 Altheim propôs uma união de línguas em "constante transformação" e em 1953 W. S. Allen além de negar a existência desta língua negava o valor científico do estudo linguístico comparativo.

19. HORTA, G. N. B. P., Os Gregos e seu idioma, p. 27.

20. HORTA, G. N. B. P., Os Gregos e seu idioma, p. 27-28.

21. Estamos transliterando do grego κοινή διάλεκτος, usaremos sempre no feminino uma vez que no grego a palavra διάλεκτος é feminina. BAILLY, A., Dictionaire Grec-Français, p. 477.

22. HORTA, G. N. B. P., Os Gregos e seu idioma, p. 52.

A língua homérica, por exemplo, é tida como uma língua artificial, pois é uma mescla de jônio, eólico e arcaísmos diversos, foi a primeira a figurar nos monumentos da história da cultura helênica. Há também a lírica coral cuja base é o dialeto dórico, mas que também se mistura com o eólico e apresenta diversas expressões épicas. Existem as expressões literárias vinculadas às suas regiões geográficas de origem, como exemplo o jônio, que foi utilizado para a prosa arcaica e o ático para a filosofia e a retórica do período clássico, que veio, posteriormente se tornar o mais importante dialeto da Grécia Antiga (séc. IV-V a.C.).[23]

Entre os séculos VII e V a.C. já surge um sentimento de unidade, um helenismo, mas há ainda uma fragmentação linguística: se por um lado existem gregos vivendo isolados em suas cidades ou confederações de cidades, ficando restritos, portanto, a falar seu próprio dialeto regional, por outro, as rotas comerciais estão em expansão, ligando gregos de diferentes dialetos entre si e também com povos estrangeiros. Duas tendências surgem, em tensão dialética: a diversificação e a unificação do idioma. A *koiné*, portanto é o resultado da ex-

---

23. HORTA, G. N. B. P., Os Gregos e seu idioma, p. 55-57. Acreditamos também ser válido apresentar aqui o resumo feito por Horta acerca dos dialetos que foram escritas as principais expressões da literatura grega, o que nos servirá de referência nas próximas seções: "1 – *Em Jônico*: basicamente os *poemas homéricos* (*Ilíada* e *Odisseia*), diversos *hinos religiosos* impropriamente atribuídos a Homero, alguns deles antiquíssimos, contemporâneos das epopeias (séc. IV-VIII a.C.); a *poesia didática* de Hesíodo (VIII a.C); os *poemas elegíacos e os iâmbicos* (satíricos) da lírica de Calino de Éfeso, Mimnermo de Colofônio, Arquíloco de Paros e Semônides de Amorgos, entre outros (nos sécs. VII-VI a.C.); as *odes* de Anacreonte de Téos (VI-V a.C.), os hinos de Calímaco de Cirene (III a.C.), os minos de Herondas (III a.C.); a *prosa historiográfica e dos cronistas de viagens* (logógrafos, geógrafos), como a de Hecateu de Mileto e a de Heródoto (V séc. a.C.); o *Corpus Hippocraticum*, conjunto de tratados e obras de autores diversos, de divulgação da medicina, cuja renovação se deve ao grande Hipócrates de Cós e a seus discípulos (VI-V a.C); certas *obras fragmentárias e filósofos pré-socráticos*, como as de Xenófanes, Parmênides, Empédocles, Heráclito (VI-V a.C.) e numerosos autores da era cristã que lhes seguiram as pegadas. 2 – *Em ático*: toda a grande *prosa clássica da história*, com Xenofonte e Tucídides, toda a obra filosófica de Platão e de Aristóteles, com seus mais próximos discípulos e seguidores, todas as *peças oratórias* dos insignes rétores áticos, tais como Antífonte, Górgias, Lísias, Isócrates, Hipérides, Ésquines e Demóstenes, entre outros (V-IV a.C.). Também o *drama ático*, na *tragédia* de Ésquilo, Sófocles e Eurípides (as partes dialogadas das peças) e na *comédia* de Aristófanes (comédia antiga) e Menandro (comédia nova), é vazado em ático, nos séculos V-IV a.C., período clássico por excelência da literatura grega (com exceção do último autor, que já está na transição para a fase helenística IV-III a.C.). 3 – *Em Eólico*: As *odes* ou *canções* da lírica monódica de Lesbos, portanto a obra de Alceu e de Safo (VII-VI a.C.) e a da poetisa Corina de Tânagra, na Beócia (IV-III a.C.). O siracusano Teócrito (III a.C.) imitou o dialeto lésbico em alguns de seus Idílios. 4 – *Em dórico*: toda a *lírica coral*, portanto: os partênios de Alcman de Sardes; os *poemetos lendários* de Estesíroco, lírico dos mais originais, que exerceu influência até sobre a tragédia ática, em suas partes corais a obra de Íbico de Régio, que imitou Estesícoro em seus *coros* e imitou os lésbicos em *canções eróticas* (VII-VI a.C.); e os *poemas* dos maiores representantes do lirismo coral, isto é, Simônides de Céos, seu sobrinho Baquílides e, principalmente, Píndaro de Cinocéfalos (V a.C.), de quem nos restam quatro coletâneas de *epinícios* (cantos triunfais em louvor dos vencedores dos jogos pan-helênicos), as chamadas odes "Olímpicas", "Píticas", "Nemeias" e "Ístmicas", além de numerosos fragmentos de outros tipos de coros. Finalmente, também foram escritos em *dialeto dórico*, em virtude das longínquas origens corais do gênero, os *coros líricos das tragédias clássicas áticas*!".

pressão desta civilização grega, uma língua comum, "unificada, embora não uniforme".[24]

Este movimento começa antes mesmo da expansão da cultura grega através das conquistas do macedônio Alexandre Magno. Por volta do século V, Atenas se torna a capital intelectual e política da Hélade. Com isso o dialeto ático passou a ser falado não apenas em Atenas, mas em toda a confederação ateniense e também nas cidades jônicas do Egeu.[25] Conforme observam Blass e Debrunner:[26]

> As vigorosas relações políticas e comerciais de Atenas nos séculos V e IV a.C. já haviam obtido para o dialeto ático uma certa difusão nas fronteiras áticas, como a linguagem da diplomacia e do comércio. Mas não tanto quanto o conquistador macedônio ter pressionado os gregos com mão pesada rumo à unidade e, com isso, levado o vernáculo ático junto com os caminhos gregos para as terras "bárbaras" do leste, foram estas as condições providas para uma cultura grega comum e um vernáculo grego universal, uma língua helenística. Os antigos dialetos gregos não se renderam incondicionalmente, porém, ao idioma ático. Nos lábios de outros gregos, o ático gradualmente perdeu as peculiaridades que o diferenciava de todos ou da maioria dos outros dialetos.

O Ático se misturou mais intensamente com o jônico, que era um dialeto mais ligado diretamente ao primeiro. Por isso é possível notar, em termos de fonologia, aquilo que se chama de jonicismo ou ionicismo.[27] Além desta mistura com o jônico percebe-se também o que se chama de "vulgarismos", que é a assimilação de termos da linguagem corrente. De forma resumida, assim teria se formado a língua grega que se tornou a língua internacional dos centros urbanos helenizados, tanto do norte da África quanto do Oriente.[28]

> E todos os prosadores, mesmo os não áticos e até os não helenos, mas de cultura helenística, passaram a escrever em "koiné", a partir do período que chamamos "alexandrino" (ou helenístico) na literatura grega (III-I a.C.) porque essa unificação linguística não foi mero fenômeno literário, mas uma realidade viva. Com o correr do tempo, a *koiné* veio a substituir todos

---

24. HORTA, G. N. B. P., Os Gregos e seu idioma, p. 58.
25. HORTA, G. N. B. P., Os Gregos e seu idioma, p. 58-59.
26. BLASS, F.; DEBRUNNER, A., A Greek Grammar of the New Testament and Other Early Christian Literature.
27. BLASS, F.; DEBRUNNER, A., A Greek Grammar of the New Testament, p. 2.
28. HORTA, G. N. B. P., Os Gregos e seu idioma, p. 59.

os dialetos antigos, evoluindo e afirmando-se cada vez mais no Império Romano do Oriente, até tornar-se a única modalidade do grego falado e escrito durante o subsequente *período bizantino* (do V ao XV séc. d.C.).[29]

Horta observa que as principais fontes de conhecimento da *koiné*, são as inscrições, os papiros, os textos bíblicos (Septuaginta e o Novo Testamento – além das obras dos primeiros cristãos), o testemunho dos gramáticos, os textos literários e o grego moderno, mas entre estes, os que mais se destacam são os textos bíblicos uma vez que, pela sua intenção de alcançar o povo, deve ter sido escrito em sua linguagem, e portanto, faz "muitas concessões ao vulgar, e não tende ao aticismo".[30]

De modo geral, pode-se dizer que a linguagem dos autores do NT está mais próxima da linguagem simples popular, como encontrada – à parte da LXX e da literatura cristã primitiva – nos papiros não literários e talvez Epíteto, do que na refinada linguagem literária.[31]

No entanto, Blass e Debrunner destacam que não se pode generalizar todos os textos do NT. Eles observam, por exemplo, que o autor do Apocalipse se utiliza de um estilo mais coloquial, enquanto Lucas,[32] Paulo e o autor de Hebreus apresentam um estilo mais elegante do vulgar, apesar de não chegarem a demonstrar uma "educação clássica": suas formas, construções e a utilização de muitas pala-

---

29. HORTA, G. N. B. P., Os Gregos e seu idioma, p. 59.

30. HORTA, G. N. B. P., Os Gregos e seu idioma, p. 61-62. BLASS, F.; DEBRUNNER, A., A Greek Grammar of the New Testament, p. 2.: Aticismo foi um movimento artificial de retorno ao Ático como se esse fosse o grego ideal dos "instruídos".

31. BLASS, F.; DEBRUNNER, A., A Greek Grammar of the New Testament, p. 2.

32. Para uma análise do texto grego de Lucas em comparação ao idioma falado, sugerimos a leitura do artigo HOGETERP, A. L. A., New Testament Greek as Popular Speech, p. 178-200. Aqui o autor reavalia as suposições de A. Deissmann, que após análises filológicas de inscrições e papiros chega à conclusão de que o "grego bíblico" constitui-se parte da koiné do período helenístico e romano. Hogeterp propõe uma releitura do trabalho de Deissmann devido a quatro fatores: 1) novos dados filológicos; 2) a conceitualização da koiné como uma língua viva e não como um único idioma falado internacionalmente; 3) Os textos em hebraico e aramaico do deserto da Judeia fornecem um melhor ponto de vista para avaliar o "vernáculo palestinense" por trás de ditos de Jesus do que nos dias de Deissmann; e 4) apesar de um cenário filológico mais amplo para a análise comparativa do grego nos períodos helenístico e romanos antigos, uma diferenciação de "Grego bíblico" recuperou força nos últimos anos. O autor conclui da seguinte forma: "No que diz respeito a um tom popular nos Evangelhos Sinópticos, observado por Deissmann, o grego de Lucas não é a exceção literária, nem os seus semitismos são limitados aos septuagintismos. Um contexto sócio-linguístico mais amplo precisa ser levado em conta. Em termos linguísticos, meu estudo de caso argumenta que o grego de Lucas deveria ser considerado um 'corpus mixtum'. Lucas dirigiu-se a uma audiência não apenas de leitura em grego κοινή padrão, mas também incluiu uma variedade de grego semitizado que provavelmente foi mais bem transmitida por fatores de estilo da tradução e revisão da Bíblia grega antiga e de situações de língua semítica e greco-semítica previamente assumidas". HOGETERP, A. L. A., New Testament Greek as Popular Speech, p. 200.

vras da língua literária demonstram que eles devem ter tido algum tipo de educação gramatical e retórica. Por outro lado, deve-se ter em mente também o problema da transmissão dos textos, uma vez que é possível observar que alguns manuscritos e recensões foram submetidos a Aticismos.[33]

O verbo γίνομαι

Γίνομαι conserva, etimologicamente, relação com o substantivo γένος ("ancestralidade", "posteridade", "família", "nação") e com o substantivo γόνος ("criança", "aquele que é gerado", "prole", "descendência").[34]

É importante destacar, ainda consoante à morfologia e às relações dessa com a semântica, que γίνομαι é um verbo com terminação primária média, ainda que seu sentido seja ativo. Ele faz parte de um conjunto de verbos cuja ação é exercida em favor de si mesmo e por si mesmo, chamados de verbos depoentes.[35]

O sentido semântico básico do verbo γίνομαι é "tornar-se", "vir a ser", "originar", sendo possível distinguir os sentidos no contexto.[36] A partir do sentido básico, tais contextos ajudam a definir as extensões dos sentidos semânticos do termo. No Novo Testamento, podemos observar que em relação a pessoas, γίνομαι significa "nascer"[37] ou "aparecer".[38] Relacionado a frutos e árvores, γίνομαι significa "dar frutos" ou "produzir".[39] Em relação a eventos, o verbo significa geralmente "acontecer" ou "ter lugar".[40] Quanto à divisão dos dias, γίνομαι pode significar

---

33. BLASS, F.; DEBRUNNER, A., A Greek Grammar of the New Testament, p. 2-3. Estes autores também chamam a atenção para os semitismos e os latinismos no texto do Novo Testamento, devendo-se considerar que um idioma "vulgar" está mais suscetível a influências estrangeiras BLASS, F.; DEBRUNNER, A., A Greek Grammar of the New Testament, p. 3-6.

34. CHANTRAINE, P., Dictionnaire étymologique de la langue grecque, p. 222-223.

35. BLASS, F.; DEBRUNNER, A., A Greek Grammar of the New Testament, p. 165-166. Recomendamos também a obra S. KEMMER, The middle voice. Amsterdã/Filadélfia: John Benjamins, 1993.

36. LIDDELL, H. G.; SCOTT, R., A Greek–English Lexicon, p. 349.

37. Gl 4,4: "ὅτε δὲ ἦλθεν τὸ πλήρωμα τοῦ χρόνου, ἐξαπέστειλεν ὁ θεὸς τὸν υἱὸν αὐτοῦ, **γενόμενον** ἐκ γυναικός, **γενόμενον** ὑπὸ νόμον: quando veio a plenitude do tempo, Deus enviou o seu filho, **nascido** de mulher, **nascido** sob lei."

38. Rm 1,3: περὶ τοῦ υἱοῦ αὐτοῦ τοῦ **γενομένου** ἐκ σπέρματος Δαυὶδ κατὰ σάρκα: acerca do seu filho que **apareceu** proveniente da semente de Davi segundo a carne."

39. Mt 21,19: "καὶ ἰδὼν συκῆν μίαν ἐπὶ τῆς ὁδοῦ ἦλθεν ἐπ' αὐτὴν καὶ οὐδὲν εὗρεν ἐν αὐτῇ εἰ μὴ φύλλα μόνον, καὶ λέγει αὐτῇ· μηκέτι ἐκ σοῦ καρπὸς **γένηται** εἰς τὸν αἰῶνα. καὶ ἐξηράνθη παραχρῆμα ἡ συκῆ: e vendo uma figueira na estrada foi para ela e não encontrou nela senão apenas folhas, e disse para ela: que tu jamais **dê** fruto pela eternidade. E a figueira foi seca imediatamente".

40. Mc 4,37: "καὶ **γίνεται** λαῖλαψ μεγάλη ἀνέμου καὶ τὰ κύματα ἐπέβαλλεν εἰς τὸ πλοῖον, ὥστε ἤδη γεμίζεσθαι τὸ πλοῖον: e **aconteceu** que uma grande tempestade de vento e as ondas subiam no navio, de modo que esse foi cheio de água".

"vir" ou "chegar".⁴¹ Ao se tratar daquilo que é criado, o verbo significa "ser feito", "estar pronto" ou "ser trazido à existência".⁴² Quando relacionado aos milagres, γίνομαι significa "ter lugar" ou "ser feito".⁴³ Por sua vez, em relação às ordens e deliberações, significa "ser cumprido" ou "ser feito";⁴⁴ e em relação às instituições, γίνομαι pode ser traduzido como "ser estabelecido".⁴⁵

Os limites semânticos do verbo γίνομαι se ampliam quando a situação indicada na comunicação é a mudança de lugar, sendo o verbo traduzido pelos termos "vir", "ir", "chegar" e "estar", aproximando-se ao sentido do verbo ἔρχομαι ("ir/vir").⁴⁶ Ao expressar uma característica de alguém significa "ser", aproximando-se do verbo εἰμί ("ser").⁴⁷ Quando o verbo aparece com o genitivo de posse ou dativo de pessoa, significa "pertencer a", aproximando-se dos verbos εἰμί, ἀποδίδωμι ou λαμβάνω.⁴⁸

Antes de Aristóteles, prevalece a forma γίγνομαι. No Novo Testamento temos γίνομαι que é a forma jônica ou helenística.⁴⁹ Morfologicamente, o referido verbo apresenta o redobro (repetição da primeira consoante da raiz do verbo, seguida da vogal "ι") em sua forma indicativa no presente, indicando semanticamente uma ação que perdura.

---

41. Lc 4,42: "**Γενομένης** δὲ ἡμέρας ἐξελθὼν ἐπορεύθη εἰς ἔρημον τόπον· καὶ οἱ ὄχλοι ἐπεζήτουν αὐτὸν καὶ ἦλθον ἕως αὐτοῦ καὶ κατεῖχον αὐτὸν τοῦ μὴ πορεύεσθαι ἀπ᾽ αὐτῶν: **Chegando** o dia, saiu, sendo conduzido para um lugar deserto e as multidões procuraram-no e foram até ele e seguraram-no para que não fosse levado para longe deles."

42. Jo 1,3: "πάντα δι᾽ αὐτοῦ **ἐγένετο**, καὶ χωρὶς αὐτοῦ **ἐγένετο** οὐδὲ ἕν. ὃ γέγονεν: todas as coisas através dele **foram trazidas à existência**, e a parte dele nenhuma das coisas existentes **foram trazidas à existência**".

43. At 4,22: "ἐτῶν γὰρ ἦν πλειόνων τεσσεράκοντα ὁ ἄνθρωπος ἐφ᾽ ὃν **γεγόνει** τὸ σημεῖον τοῦτο τῆς ἰάσεως: pois tinha mais de quarenta anos o homem sobre quem **foi feito** esse sinal de cura".

44. Mt 6,10: "ἐλθέτω ἡ βασιλεία σου· **γενηθήτω** τὸ θέλημά σου, ὡς ἐν οὐρανῷ καὶ ἐπὶ γῆς: venha o teu reino, **seja feita** a tua vontade como no céu e sobre a terra".

45. Mc 2,27: "Καὶ ἔλεγεν αὐτοῖς· τὸ σάββατον διὰ τὸν ἄνθρωπον **ἐγένετο** καὶ οὐχ ὁ ἄνθρωπος διὰ τὸ σάββατον: E disse para eles que o sábado por causa do homem **foi estabelecido** e não o homem por causa do sábado".

46. At 20,16: "κεκρίκει γὰρ ὁ Παῦλος παραπλεῦσαι τὴν Ἔφεσον, ὅπως μὴ **γένηται** αὐτῷ χρονοτριβῆσαι ἐν τῇ Ἀσίᾳ· ἔσπευδεν γὰρ εἰ δυνατὸν εἴη αὐτῷ τὴν ἡμέραν τῆς πεντηκοστῆς **γενέσθαι** εἰς Ἱεροσόλυμα: Pois julgou Paulo embarcar para Éfeso, de modo que não **ia** gastar tempo na Ásia, pois se apressava para **ir** no dia de Pentecostes para Jerusalém, se fosse possível".

47. 1Cor 16,10: "Ἐὰν δὲ ἔλθῃ Τιμόθεος, βλέπετε, ἵνα ἀφόβως **γένηται** πρὸς ὑμᾶς· τὸ γὰρ ἔργον κυρίου ἐργάζεται ὡς κἀγώ: Mas se Timóteo for, vede, para que **esteja** sem medo diante de vós, pois ele faz a obra do Senhor como eu".

48. Rm 7,3: ἄρα οὖν ζῶντος τοῦ ἀνδρὸς μοιχαλὶς χρηματίσει ἐὰν **γένηται** ἀνδρὶ ἑτέρῳ ἐὰν δὲ ἀποθάνῃ ὁ ἀνήρ, ἐλευθέρα ἐστὶν ἀπὸ τοῦ νόμου, τοῦ μὴ εἶναι αὐτὴν μοιχαλίδα γενομένην ἀνδρὶ ἑτέρῳ.: em efeito, vivendo com o marido, a adúltera responderá se pertencer a outro homem; se morrer o homem, livre está da lei, de ser considerada adúltera com outro homem".

49. BÜCHSEL, F., "γίγνομαι", p. 681. CHANTRAINE, P., Dictionnaire étymologique de la langue grecque, p. 221.

O optativo

O sentido básico do modo optativo é a expressão de possibilidade ou desejo (desiderativo). O uso do optativo é raro no NT. Blass e Debrunner, observam que uma das principais diferenças em termos do sistema conjugacional do NT comparado às formas anteriores (formas clássicas) é o optativo, que, se por um lado é tão utilizado no Ático, no NT temos apenas vestígios. Só em Lucas aparece com certa frequência, herdando a influência da linguagem literária, em Paulo há 31 ocorrências, das quais 14 são γένοιτο (antecedidas da partícula μή).[50]

Segundo Horta, há uma sintaxe para o modo optativo. Seu emprego muda, variando de acordo com a partícula que o precede e com a função exercida por ele na oração. Abaixo apresentamos em forma de quadro um resumo do "Lembrete Sintático n. 15: Sintaxe dos Modos – Optativo" do seu livro.[51]

a) Optativo precedido de conjunção ou partícula:	
1 – *valor potencial*	*Indica que a ação é possível*
	Vem precedido da partícula ἄν.
	Mantém o valor tanto nas orações independentes quanto nas principais e nas subordinadas.
2 – *valor hipotético*	*Indica uma ação puramente hipotética*
	No período composto, ἄν aparece na oração principal e a subordinada condicional vem introduzida pela conjunção εἰ (se).
	A negação da principal é sempre οὐκ.
	A negação da condicional é sempre μή.
3 – *valor desiderativo*	*Expressa desejo, ou voto realizável*
	Vem introduzido por εἴθε, εἰ γάρ, ὡς (oxalá; tomara; ah! como...).
b) Optativo desprovido de partícula:	
1 – *numa oração condicional, temporal ou relativa*	
	Exprime a repetição no passado, ou um fato geral (optativo eventual).
	A subordinada é construída com o optativo, correspondendo a um tempo secundário na principal.

---

50. BLASS, F.; DEBRUNNER, A., A, A Greek Grammar of the New Testament and Other Early Christian Literature, p. 36, §65(2).

51. HORTA, G. N. B. P., Os Gregos e seu idioma, p. 284-285.

2 – em orações subordinadas integrantes ou circunstanciais	
	Estas orações devem depender de um verbo em tempo histórico na oração principal.
	O optativo pode vir em lugar, seja do indicativo, seja do subjuntivo, sem acompanhamento de partícula.
	Optativo oblíquo.

Blass e Debrunner identificam três formas de optativo no NT: o optativo próprio, o optativo potencial e o optativo oblíquo. O optativo próprio é aquele usado para expressar um desejo atingível. Os autores destacam que, apesar de ainda ser usado tanto no NT quanto na LXX, há uma tendência de substituir seu uso pelo imperativo e não só para pedidos, mas também para imprecações, ex. ἀνάθεμα ἔστω. ("seja anátema"; Gl 1,8). No NT não há vestígios do uso de εἴθε e εἰ γάρ para introduzir um desejo, como no ático. É usado ὄφελον com futuro, ex: ὄφελον καὶ ἀποκόψονται ("tomara até se mutilem"; Gl 5,12) para expressar desejo.[52]

O optativo potencial, aquele com ἄν na oração principal denotando o que simplesmente se pensa desapareceu do vernáculo, seu uso é raro no NT ficando restrito a poucos exemplos na obra lucana (ex: At 26,29). Onde no ático se usaria o optativo potencial, no NT se utiliza o futuro do indicativo, ex: ἐπεὶ πῶς κρινεῖ ὁ θεὸς τὸν κόσμον; ("como, pois, Deus poderia julgar o mundo?"; Rm 3,6).[53]

Por fim, o optativo oblíquo, aquele em discursos indiretos após tempos secundários, corresponde ao indicativo ou ao subjuntivo no discurso direto, uso preferido dos autores do NT. Há alguns exemplos, a saber: At 17,27; 25,16; Lc 3,15.[54]

A expressão μὴ γένοιτο

A expressão "μὴ γένοιτο" é construída pela partícula de negação para os modos fora do indicativo (μή) e pela terceira pessoa do singular do optativo do verbo γίνομαι (γένοιτο). Em sua forma de optativo, "μὴ γένοιτο" é comumente considerada uma expressão idiomática, geralmente significando: "de jeito nenhum", "longe disso", "Deus me livre", "que não seja", "que não aconteça", "profano",

---

52. BLASS, F.; A. DEBRUNNER, A Greek Grammar of the New Testament, p. 181 §359; p. 194 §384.
53. BLASS, F.; A. DEBRUNNER, A Greek Grammar of the New Testament, p. 194 §385.
54. BLASS, F.; A. DEBRUNNER, A Greek Grammar of the New Testament, p. 194 §386.

"longe de ser"⁵⁵. Pode ser traduzida também por "que não possa acontecer", uma forma mais literal que expressa o uso do optativo.

Como veremos mais adiante, a expressão tem o sentido de uma veemente negação em Paulo (na maioria das ocorrências) mas assume também um sentido do optativo próprio ou desiderativo, expressando o desejo de que algo não possa acontecer (de forma alguma!).⁵⁶ Blass e Debrunner notam que Paulo usa sempre como resposta as perguntas retóricas e às vezes como na LXX (חָלִילָה).

A diatribe

O estilo diatríbico, basicamente, seria aquele em que o autor constrói um diálogo imaginário. Paulo estaria dialogando com o ouvinte/leitor de sua carta.⁵⁷ Ele formula perguntas retóricas cujas respostas são baseadas no senso-comum da vida cristã e humana em geral.⁵⁸

Diatribe pode ser entendida como um método, ou modo de ensinar e exortar utilizado nas antigas escolas de filosofia. O professor, através de um diálogo com perguntas e respostas conduzia o aluno do erro à verdade. A diatribe era uma faceta do método socrático de ensino e tem sua origem tanto nos círculos filosóficos quanto nas escolas retóricas de sofistas, e era utilizada por filósofos itinerantes que levavam a filosofia às massas. Por um tempo pensou-se que a Diatribe fizesse parte do "currículo escolar". Atualmente entende-se que não se trata de um gênero literário, mas um método de ensino que pode ser incorporado à literatura.⁵⁹

A diatribe alcançou proeminência a partir dos discípulos do filósofo cínico Bion de Boristene. Foram estes que conferiram à diatribe suas principais características. No entanto, a diatribe teve mais destaque a partir dos trabalhos dos estoicos. Por sua suposta origem entre os cínicos e seu desenvolvimento entre os estoicos passou a ser chamada de diatribe cínico-estoica.⁶⁰

O modo diatríbico tem algumas características, que não são rígidas, pois dependem, na verdade, do autor e do contexto da audiência. As principais características da diatribe são: 1) natureza dialógica; 2) interlocutor imaginário; 3) ob-

---

55. ARNDT, W.; DANKER, F. W.; BAUER, W., A Greek-English lexicon of the New Testament and other early Christian literature: "γίνομαι"; BLASS, F.; DEBRUNNER, A., A Greek Grammar of the New Testament, p. 71. E também BAILLY, A., Dictionnaire Grec-Français: "γίνομαι".

56. BLASS, F.; A. DEBRUNNER, A Greek Grammar of the New Testament, p. 194 §384 (nota).

57. HAYS, R. B., First Corinthians, p. 101.

58. FITZMYER, J. A., First Corinthians, p. 261.

59. WATSON, D. F., "Diatribe", p. 213.

60. WATSON, D. F., "Diatribe", p. 213.

jeções hipotéticas e conclusões falsas que são geralmente atribuídas ao interlocutor; 4) uma série de perguntas e respostas entre o autor e o interlocutor em que o autor introduz e esclarece as objeções ou possíveis equívocos; 5) essas objeções falsas são muitas vezes rejeitadas com uma expressão enfática como μὴ γένοιτο.[61]

Como vimos acima, no início do séc. XX, Bultmann escreveu sua tese, "O estilo do sermão paulino e a diatribe cínico-estóica".[62] Foi Bultmann quem plenamente reconheceu o uso da diatribe por Paulo.[63] Apesar disso, é importante dizer que não há um livro do NT que seja uma diatribe, mas, de fato, alguns livros apresentam, em algumas partes, características diatríbicas.[64] Como dito anteriormente, a diatribe tem uma função didática. Assim, Paulo teria se utilizado dela, com criatividade, adaptando suas características ao propósito do seu evangelho.[65]

No que se refere ao uso de μὴ γένοιτο na diatribe, temos a discussão colocada por Malherbe[66] que faz uma análise do trabalho de Bultmann e do uso da expressão em Epíteto (50-135 d.C.). Vale a pena colocarmos aqui as conclusões deste autor, uma vez que o uso de μὴ γένοιτο em Paulo geralmente é comparado com o deste filósofo estóico.

Malherbe percebe que a forma como μὴ γένοιτο é usada, como resposta em um diálogo sem ser parte de uma sentença maior, só aparece em Epíteto e Paulo.[67] Ele fica atento também à posição relativa de μὴ γένοιτο na argumentação, seja em relação à introdução da objeção, à objeção em si, à sentença que segue μὴ γένοιτο e à relação desta com a argumentação seguinte:

> Em Paulo [μὴ γένοιτο] geralmente começa uma nova etapa em um argumento (Rm 3,4.6; 6,2.15; 7,7.13; 11,1.11; 1Cor 6,15), embora apareça uma vez (Rm 3,31) no final para fortalecer uma afirmação.[68]

Malherbe chega a algumas conclusões ao final do seu artigo:[69] 1) o uso que Paulo faz de μὴ γένοιτο não tem uma contrapartida na diatribe pagã em geral,

---

61. WATSON, D. F., "Diatribe", p. 213-214.
62. BULTMANN, R., Der Stil der paulinischen Predigt und die kynisch-stoische Diatribe, FRLANT, p. 13.
63. WATSON, D. F., "Diatribe", p. 213.
64. 1Cor 6,12-20; 15,29-41; Gal 3,1-9;19-22 e seu uso extensivo em Romanos. Conferir especialmente o trabalho STOWERS, S. K., The Diatribe and Paul's letter to the Romans. Scholar Press, 1981.
65. WATSON, D. F., "Diatribe", p. 214.
66. MALHERBE, A., MH ΓENOITO in the Diatribe and Paul, Harvard Theological Review 73(2) (1980), p. 231-240, texto igual em MALHERBE, A., MH ΓENOITO in the Diatribe and Paul.
67. MALHERBE, A., MH ΓENOITO in the Diatribe and Paul, p. 231.
68. MALHERBE, A., MH ΓENOITO in the Diatribe and Paul, p. 232.
69. MALHERBE, A., MH ΓENOITO in the Diatribe and Paul, p. 240.

mas em Epíteto; 2) Paulo deve ter assumido uma maneira de usar μή γένοιτο e passou a utilizar esta forma exclusivamente em sua argumentação; 3) De forma mais consistente que Epíteto, Paulo usa μή γένοιτο como uma transição na argumentação e não seu término; 4) quanto às objeções do interlocutor, em Paulo, gramaticalmente é sempre claro que são falsas conclusões; em Epíteto isso acontece de vez em quando; 5) Paulo sempre fornece uma razão para sua rejeição da conclusão falsa, enquanto Epíteto o faz apenas algumas vezes.

Queremos demonstrar nesta seção que a diatribe não pode ser entendida como um gênero literário com uma estrutura formal definida, e sim como um modo de argumentar, principalmente voltado para o ensino. Além disso, é importante ter em mente que não podemos limitar a comparação do que Paulo faz da "diatribe" apenas com Epíteto e os filósofos gregos cínico-estoicos, pois, como demonstrou Malherbe, Paulo parece fazer um uso mais livre e próprio deste método de argumentação. Destacamos também que tanto o trabalho de Bultmann quanto o de Malherbe parecem se preocupar com a posição em que μή γένοιτο se encontra no fluxo da argumentação: na opinão de Bultmann, μή γένοιτο marca o fim da mesma, enquanto que para Malherbe a expressão funciona como uma transição, que passa a abrir a discussão de temas importantes para Paulo.[70]

---

70. MALHERBE, A., MH ΓENOITO in the Diatribe and Paul, p. 237-238; 240.

Capítulo 1 | A Carta aos Gálatas

Neste capítulo apresentaremos a discussão dos principais temas que perpassam uma introdução a Gálatas: 1) autoria, considerada pela maioria absoluta dos estudiosos uma carta autêntica de Paulo; 2) destinatários, a problemática da Galácia do Norte e Galácia do Sul; 3) a provável data de redação e o respectivo local da redação; 4) quem seriam os rivais de Paulo, que estavam incitando os gálatas a abandonarem a "Verdade do Evangelho", e, por fim; 5) uma discussão acerca do gênero literário da Carta e diversas propostas de sua estrutura literária.

1.1. Autoria

Há no Novo Testamento treze cartas nas quais o prólogo afirma ser Paulo o autor. A tradição da Igreja Antiga, inclusive neotestamentária, atesta que Paulo foi autor de algumas cartas: 1Clemente 47,1-3 afirma ser Paulo o autor de uma carta aos Coríntios; Inácio faz alusão a cartas enviadas por Paulo aos cristãos efésios (Inácio aos Efésios 12,2);[71] 2Pd 3,16 afirma que Paulo escreveu cartas; e Policarpo fala aos filipenses que Paulo lhes escreveu cartas que eles deveriam estudar para progredir na fé (Policarpo aos Filipenses 3,2).

Para classificar as cartas paulinas quanto à autoria, Baur[72] utiliza os termos usados por Eusébio,[73] que no século IV indicou os escritos cristãos que seriam

---

71. Para acesso aos textos dos Padres Apostólicos citados VVAA., Padres Apostólicos.

72. BAUR, F. C., Paul the Apostle of Jesus Christ.

73. Em seu sumário dos livros do Novo Testamento, Eusébio apresenta uma classificação dos mesmos. A primeira lista é dos livros "reconhecidos" (*homologoumena*): "o santo quarteto dos Evangelhos", Atos dos Apóstolos, as epístolas de Paulo (sem listar nem ao menos mencionar a quantidade), a "reconhecida primeira epístola de João" e também a "primeira de Pedro" e depois Apocalipse que ele afirma haver diferentes opiniões a respeito; a segunda lista é dos livros disputados (*antilegomena*), a saber: Tiago, Judas, também a Segunda de Pedro e as chamadas de Segunda e Terceira de João; a terceira lista é a dos livros "espúrios", ou não genuínos (*nota*): Atos de Paulo, Pastor (de Hermas?), Apocalipse de Pedro, Epístola de Barnabé e As Instruções dos Apóstolos (Didaquê). EUSEBIUS PAMPHILUS, An Ecclesiastical History to the twentieth year of the reign of Constantine, beign the 324th of the Christian aera, p. 135.

normativos. A primeira classe, chamada *homologoumena*[74] ("reconhecidos"), seria a das cartas paulinas de autoria incontestável, a saber: Romanos, 1 e 2 Coríntios e Gálatas. As cartas chamadas *antilegomena* ("disputadas"), a saber, todas as nove demais, cartas paulinas (Efésios, Colossenses, Filipenses, 1 e 2 Tessalonicenses, Filemom e as três Pastorais, 1 e 2 Timóteo e Tito), tinham a sua autenticidade questionada.[75] O termo *nota* ("espúrios" ou "não genuínas"), foi utilizado por Baur para se referir às três cartas pastorais, às quais, para ele, têm mais probabilidade de serem não autênticas do que as demais.[76]

Paulo é considerado pela maioria absoluta dos estudiosos o autor de Gálatas.[77] Como observa Betz,[78] essa questão não apresenta muitas dificuldades, e nos propõe alguns motivos pelos quais a carta tem sido aceita como paulina: 1) o prefácio da carta apresenta Paulo como autor; 2) a autoria paulina teve aceitação inquestionável na Antiguidade;[79] 3) estilo: a comparação com outras Cartas de Paulo demonstra que ela é autêntica e 4) os argumentos teológicos em Gálatas possuem características paulinas tanto no método quanto no conteúdo.[80]

Pode-se afirmar juntamente com Guthrie[81] que "mais do que qualquer outra das epístolas paulinas, Gálatas leva as marcas profundas da personalidade do autor". Na mesma linha argumentativa, Gonzaga expõe que:

> já em seu primeiro capítulo, poderemos fazer uma radiografia sobre a vida deste Apóstolo, como, por exemplo, que Paulo era adepto do Judaís-

---

74. Para Eusebio, como destacado na nota acima, todas as Cartas de Paulo (que ele não enumera) são *homologoumena*.

75. Conforme observa Vielhauer, na Antiguidade era comum a escrita de cartas pseudônimas ou heterônimas, que são aquelas em que o autor finge ser um homem renomado. Naquele tempo isto não era considerado uma falsificação, mas uma homenagem e configurava numa "convenção literária". VIELHAUER, P., História da Literatura Cristã Primitiva, p. 89.

76. BAUR, F. C., Paul the Apostle of Jesus Christ, p. 245-249.

77. GONZAGA, W., Os Conflitos na Igreja Primitiva entre judaizantes e Gentios em Gl 2, p. 27: "Foram poucos os autores que, no passado, colocaram em dúvida a autenticidade desta carta paulina; mas hoje eles são unânimes em afirmar a veracidade da mesma, visto que ela constitui real e genuinamente uma carta paulina. Ela está presente na maioria dos *Manuscritos* antigos, inclusive no Papiro 46. É tida como autêntica inclusive pela escola de Tubinga".

78. BETZ, H. D., Galatians: A Commentary on Paul's Letter to the Churches in Galatia.

79. LONGENECKER, R. N., Galatians, p. lvii: "Se Gálatas não é de Paulo, nenhuma carta do NT é dele, pois nenhuma tem melhor reivindicação. Marcião, os gnósticos, os pais da igreja alexandrina, os pais da igreja antioquena, os reformadores protestantes e quase todos os estudiosos desde então aceitaram a autoria de Paulo sem questionar, com muitos vendo Gálatas como a base programática para todo pensamento paulino e a pedra de toque para toda teologia cristã. Não há, de fato, nenhuma oposição registrada à autoria de Gálatas por parte de Paulo até o século XIX.

80. BETZ, H. D., Galatians, p. 1.

81. GUTHRIE, G., Gálatas: Introdução e Comentário, p. 3.

mo (1,13), que era ambicioso e tinha enorme zelo pelas tradições paternas (1,14), que era um verdadeiro judeu e de um passado glorioso (1,14), que foi chamado e separado por Deus desde o seio materno (1,15-16), que antes de sua conversão ele perseguia a Igreja de Deus (1,23) [...][82]

Tanto Betz[83] quanto Guthrie[84] destacam que na exegese crítica do século XIX alguns autores foram contra a autoria paulina de Gálatas. Longenecker[85] nos apresenta uma lista com alguns autores que nos séculos XIX e XX tentaram negar a autoria paulina, o que no entanto, no curso dos estudos do Novo Testamento, e atualmente, é amplamente desconsiderado.

A afirmação de Gl 6,11, por outro lado, levanta a questão: foi o próprio Paulo quem escreveu a carta ou ele teria contratado um amanuense, ou seja, um secretário?[86] Conforme observa Betz[87], se optarmos pela hipótese de um amanuense resta saber se este fora apenas um secretário ou se teria influenciado na composição da carta. Devido ao fato de a carta não se conformar a um modelo epistolar, a opinião de Betz é de que ela deve mesmo ser atribuída a Paulo, mas alerta que se for considerada a informação de que há múltiplos remetentes (Gl 1,2), as possibilidades de autoria se diversificam proporcionalmente à amplitude de distribuição e de disponibilização de cópias da carta, tornando a questão mais complexa.

Longenecker concorda que é bem provável que Paulo tenha utilizado um amanuense, o que era muito comum antes, durante e depois do primeiro século e destaca que este tipo de profissional poderia ser contratado com diversas finalidades:[88]

---

82. GONZAGA, W., A Verdade do Evangelho (Gl 2,5.14), p. 35.

83. BETZ, H. D., Galatians, p. 1.

84. GUTHRIE, G., Gálatas, p. 3.

85. LONGENECKER, R. N., Galatians, p. lviii: "No século XIX, Bruno Bauer superou F. C. Baur na aplicação da "Tendency Criticism" e até negou que o Hauptbriefe fosse escrito no primeiro século (Kritik der paulinischen Briefe [Berlin: Hempel, 1852]). Ele argumentou que, como Gálatas é tão cheia de obscuridades, contradições, improbabilidades e não sequências, que dificilmente poderia ter sido escrita por Paulo. Outros contemporâneos o seguiram, entre os quais estavam A. D. Loman, A. Pierson, S. A. Naber, Rudolf Steck, Daniel Volter, W. C. van Manen, C. H. Weisse e Jacob Cramer (para diversas discussões sobre aqueles que negam autenticidade, ver E. D. W. Burton, Galatians, lxix-lxxi; J. C. O'Neill, Recovery, 3-10). O século XX também testemunhou negações semelhantes (por exemplo, LG Rylands, Uma Análise Crítica das Quatro Epístolas Paulinas Principais [London: Watts, 1929]; F. R. McGuire, "Paulo Escreveu Gálatas?" HibJ 66 [1967–68] 52– 57). Mas tais negações são amplamente consideradas hoje como aberrações na história do estudo do NT, e com razão."

86. Apesar de ser considerada deuteropaulina, 2Ts 3,17 apresenta a mesma conclusão que Gl 6,11.

87. BETZ, H. D., Galatians, p. 1.

88. LONGENECKER, R. N., Galatians, p. lix: "Os papiros gregos não literários existentes, a maior parte dos quais (cerca de 40.000 a 60.000) foram encontrados durante a década de 1890 no Faium, no Egito, indicam

Os amanuenses podem ter escrito as mensagens dos seus clientes palavra por palavra ou até sílaba por sílaba; eles podem ter recebido o sentido de uma mensagem e deixado para elaborar o próprio texto; ou eles podem ter sido solicitados a escrever sobre um determinado assunto em nome de um remetente sem receber instruções explícitas sobre como desenvolver o tópico, especialmente se o remetente sentiu que seu amanuense já conhecia sua mente sobre o assunto.[89]

Mesmo que Paulo tenha se utilizado de um amanuense para escrever Gálatas, não há como negar, como vimos, tanto por elementos internos quanto externos (testemunhos), que Gálatas é uma carta autenticamente paulina. Até mesmo um leitor desatento irá perceber que a questão da autoria paulina é crucial na carta aos Gálatas. Paulo está defendendo a "verdade do evangelho"[90] (Gl 2,5.14) e parece estar sofrendo ataques no que se refere à legitimidade do seu apostolado, por isso é importante sua autoapresentação como apóstolo logo na introdução da carta (Gl 1,1), bem como ao longo de todo o capítulo 1, a defesa do seu apostolado por ter recebido o evangelho, por revelação, diretamente de Jesus Cristo (Gl 1,12); e, ao término, chamar atenção para o fato de que ele mesmo escreve aos gálatas, de próprio punho (Gl 6,11).[91]

1.2. Destinatários

Passaremos agora a apresentar a discussão acerca daqueles aos quais Paulo se dirige em sua carta (Gl 1,2) através do vocativo[92] Ὦ ἀνόητοι Γαλάται (Gl 3,1: "Ó Gálatas insensatos").

Esta carta levanta uma grande discussão acerca de seus destinatários porque, ao usar o termo "gálatas" (Gl 1,2; 1Cor 16,1), Paulo não deixa claro se ele está

---

claramente que um amanuense ou secretário era frequentemente, se não comumente, usado na escrita de cartas no Egito. Anos antes, durante e depois do primeiro século cristão".

89. LONGENECKER, R. N., Galatians, p. lix.

90. Para um estudo aprofundado da exegese do termo "a verdade do Evangelho" GONZAGA, W., A Verdade do Evangelho (Gl 2,5.14), especialmente as páginas 275-286 e 318-359. Conforme destaca Gonzaga, o que está em jogo na luta de Paulo pela "verdade do Evangelho" não é simplesmente uma luta contra a circuncisão, o Evangelho é agora o valor maior para o cristão, está em risco o futuro da Igreja que para se manter unida deve prevalecer no amor e na mútua compreensão. GONZAGA, W., A Verdade do Evangelho (Gl 2,5.14), p. 283.

91. GONZAGA, W., Os Conflitos na Igreja Primitiva entre judaizantes e Gentios em Gl 2, p. 26.

92. No NT geralmente ὦ é omitido antes do vocativo, e sempre antes da invocação a Deus, por outro lado é regularmente usado no Ático. O uso no estilo Ático fica restrito aos Atos, um uso "sem emoção". Por outro lado, ὦ é usado para expressar emoção, seja em maior grau como em Mt 15.28, seja em menor grau como em Rm 2,1;3. BLASS, F.; DEBRUNNER, A, A Greek Grammar of the New Testament, p. 81, §146.

se referindo aos gálatas étnicos, descendentes de tribos guerreiras que haviam emigrado para a região da Ásia menor, ou se está se referindo à província romana da Galácia.

No século III a.C. tribos guerreiras celtas emigraram para a região central da Ásia Menor (Anatólia), atual Turquia, bem como a oeste até a Gália, atual França, Bélgica e Grã-Bretanha. Esses povos tiveram seu território reduzido à região banhada pelos rios Halis e Sangário em 240 a.C. pelo rei Atálio de Pérgamo.[93] Pertenciam a essa região as cidades de Ancira, Pessinonte, Távium, entre outras.[94]

No ano 25 a.C. os romanos tomaram a região dos gálatas étnicos, bem como várias regiões vizinhas e transformaram-nas na província romana da Galácia, cuja capital era Ancira. Quem nos dá testemunho disso é Díon Cássio[95] afirmando que após a morte de Amintas,[96] último dos soberanos celtas, Augusto tomou seu reino e, junto com a Licaônia, deu para serem governados por um romano formando assim a província da Galácia.[97]

Conforme observa Matera,[98] o problema acerca de quem são os destinatários surge, justamente, por isso: originalmente, a Galácia era o território dos migrantes celtas na Ásia Menor, e posteriormente se tornou um território maior, incluindo territórios da Licaônia, Pisídia e Frígia, sendo assim, a Galácia romana inclui também as cidades de Antioquia da Pisídia, Listra, Icônio e Derbe, onde Paulo fundou comunidades, conforme At 13-14 em sua primeira viagem missionária, de acordo com a narrativa de Atos dos Apóstolos. Surgiram, portanto, duas hipóteses sobre quem seriam os destinatários da Carta aos Gálatas, a saber: a "Teoria da Galácia do Norte" (gálatas étnicos) e a "Teoria da Galácia do Sul" (província romana).

1.2.1. Teoria da Galácia do Norte

A Teoria da Galácia do Norte é a hipótese do território, ou seja, a que supõe que os destinatários são os habitantes do território dos gálatas étnicos, e não os de

---

93. KÜMMEL, W. G., Introdução ao Novo Testamento, p. 382-383.

94. VOUGA, F., A Epístola aos Gálatas, p. 284.

95. DÍON CÁSSIO, História 53,26, Apud MURPHY-O'CONNOR, J., Paulo, p. 170.

96. GUTHRIE, G., Gálatas, p. 26-27: "Nos tempos do apóstolo Paulo, a galácia era um distrito provincial que fazia parte da organização do império romano [...]. Foi estabelecida como província em 25 a.C. por ocasião da morte do rei Amintas, que reinara sobre os territórios da Pisídia, Isáuria, parte da Panfília, Cilícia Ocidental, Licaônia e Galácia, sendo esta última o distrito com este nome ao norte da Licaônia. [...] A partir de então o termo 'Galácia' podia descrever seja o distrito geográfico ao norte da província seja a província inteira".

97. MURPHY-O'CONNOR, J., Paulo, p. 170.

98. MATERA, F. J., Galatians, p. 19.

toda a província romana da Galácia.[99] A região que os celtas ocuparam, cujo centro é Ancira, estendia-se dos planaltos da Anatólia até o mar Negro.[100]

Barbaglio afirma que atualmente a maior parte dos exegetas entende que a carta fora destinada aos cristãos do território gálata (norte),[101] e Vouga observa que "desde a Antiguidade patrística até o século XVIII, identificar a Galácia de Gl 1,2 e os gálatas de Gl 3,1 com a região gálata e seus habitantes não despertava dúvida alguma".[102] Betz afirma categoricamente que "quando Paulo endereçou sua carta aos Gálatas ele tinha em mente os habitantes do planalto central da Ásia Menor".[103] A questão que ele evidencia estar aberta não diz respeito à região geográfica, mas ao grupo étnico: Paulo escreveu para os descendentes dos antigos celtas ou os destinatários da carta são a mistura étnica que era encontrada na maioria das cidades romano-helenísticas?

A questão, no entanto, não é tão simples de ser resolvida e tem sido debatida por eruditos ao longo de séculos. Deve-se considerar que há argumentos contundentes para ambos os lados. Matera consegue sintetizar em pelo menos duas as razões pelas quais é difícil de se chegar a uma posição definitiva acerca dos destinatários de Gálatas:

> 1) Há somente uma quantidade limitada de dados na carta que é relevante para esta questão e estes dados são abertos a diferentes interpretações [...] 2) Atos apresenta uma riqueza de informações sobre a atividade missionária

---

99. KÜMMEL, W. G., Introdução ao Novo Testamento, p. 383. Após a análise dos argumentos, Gonzaga prefere apoiar a hipótese da Galácia do Norte juntamemte com a maioria dos atuais autores. GONZAGA, W., A Verdade do Evangelho (Gl 2,5.14), p. 42.

100. VOUGA, F., A Epístola aos Gálatas, p. 284.

101. BARBAGLIO, G., Gálatas. In: As Cartas de Paulo (II): tradução e comentários, p. 15.

102. VOUGA, F., A Epístola aos Gálatas, p. 284. Em seu comentário, Longenecker faz uma importante observação acerca deste fato (LONGENECKER, R. N., Galatians, p. lxiii-lxiv): "Não é de se surpreender que os comentaristas patrísticos, medievais e da Reforma tenham assumido que Gálatas foi escrito para cristãos de descendência gaulesa ou celta cujas igrejas estavam localizadas no norte da Ásia Menor. Por volta de 74 d.C., Vespasiano separou quase toda a Pisídia da Galácia, e cerca de 137 d.C. a Licaônia Galática foi removida da Galácia e unida à Cilícia e Isauria para formar uma província ampliada da Cilícia. Então, cerca de 297 d.C., o sul da Galácia foi unido a várias regiões adjacentes para se tornar a nova província da Pisídia, com Antioquia sua capital e Icônio sua segunda cidade. Assim, com a província da Galácia reduzida às suas dimensões etnológicas originais, os primeiros comentadores geralmente supunham que os destinatários de Paulo estavam localizados lá. Apenas Asterius (340 d.C.), Bispo de Amaseia, no Ponto, parece ter pensado diferente, pois ele identificou "a região Galática e a Frígia" de At 18,23 como "Licaônia e as cidades da Frígia" (Homilia VIII na SS Petrum et Paulum [PG 40:293D]). Mas não há evidência de que essa identificação tenha sido feita por outra pessoa - embora Ramsay tenha visto na declaração de Asterius uma persistente, embora reconhecidamente com pouca tradição, defesa da tradição do sul da Galácia ("A 'Galácia' de São Paulo e o 'Território Galático' de Atos", em Studia Biblica et Ecclesiastica IV [Oxford: Clarendon, 1896] 16 e segs.)".

103. BETZ, H. D., Galatians, p. 1.

de Paulo, mas não há consenso sobre como essa informação deve ser coordenada com o que Paulo diz em Gálatas".[104]

Em seu comentário aos Gálatas, Longenecker faz uma completa exposição acerca do tema. Ele destaca que apesar da hipótese do Norte ser a preferida desde a era Patrística, entre os autores modernos dois se destacam por apresentarem os argumentos de uma maneira nova: Lightfoot,[105] ao final do século XIX, e Moffatt,[106] no início do século XX.

Os principais argumentos propostos por Lightfoot são: 1) Paulo e Lucas costumam se referir a pessoas e regiões, não a designações oficiais, provinciais ou políticas, sendo assim, Gl 1,2 e Gl 3,1 se referem ao povo gaulês; 2) a segunda visita a Jerusalém exposta em Gl 2 se refere à narrativa lucana de At 15; 3) At 16,6 e At 18,23 se referem às duas visitas feitas por Paulo à Galácia, região além da Licaônia, portanto não pode ser confundida com a região sul da província; 4) Gl 4,13 se encaixa bem com às duas visitas de At 16,6 e At 18,23; 5) se Paulo queria recuperar a lealdade dos destinatários seria estranho ele chamar de "gálatas" os habitantes da Frígia e da Licaônia; 6) vários autores antigos se referem aos gauleses como um povo inconstante e supersticioso e 7) o estilo e o assunto desenvolvidos em Gálatas são muito compatíveis com os escritos de sua terceira viagem (2Coríntios e Romanos).[107]

Segundo Longenecker,[108] Moffatt concorda com a maioria dos argumentos de Lightfoot, mas considera como irrelevante a ênfase dele nos pontos 6 e 7 do parágrafo anterior. Além disso, se opõe à proposta da Galácia do Sul nos seguintes termos: 1) faz a questão da circuncisão dos cristãos gentios aparecer muito cedo na missão paulina; 2) seria muito improvável Paulo ter circuncidado Timóteo depois de ter escrito Gl 5,2; 3) se Lucas considerou Listra, Derbe e outros campos missionários de Paulo como Galácia, por que não usou esse termo em At 13–14? 4) Derbe e Listra pertenciam à Licaônia (At 14,6.11) e não à Frígia, quebrando o argumento de At 16,6 ser uma recapitulação; 5) se há tantos detalhes da primeira missão paulina, por que não é mencionada a doença de Paulo de Gl 4,13? 6) receber Paulo como anjo de Deus (Gl 4,14) apesar da doença é muito diferente de recebê-lo como Hermes (At 14,12); 7) não há qualquer menção em Gálatas de que sua missão tenha sido tempestuosa, enquanto a de At 13–14 foi em meio a muitas

---

104. MATERA, F. J., Galatians, p. 20-21.
105. LIGHTFOOT, J. B., St. Paul's Epistle to the Galatians.
106. MOFFATT, J., An Introduction to the literary of the New Testament.
107. LONGENECKER, R. N., Galatians, p. lxiv.
108. LONGENECKER, R. N., Galatians, p. lxv.

"perseguições e sofrimentos" (e também 2Tm 3,11); 8) por fim, se Paulo tinha evangelizado a Galácia antes da Assembleia, por que não o disse em Gl 1,21?

1.2.2. Teoria da Galácia do Sul

Nos tempos de Paulo, a província romana da Galácia era um território extenso com cerca de 200Km de largura, estavam localizadas nesta região as cidades de Antioquia da Pisídia, Icônio, Listra e Derbe, todas elas evangelizadas por Paulo em sua primeira viagem missionária segundo o relato de Atos (At 13,13–14,28).[109] Por isso passou-se a supor que essas seriam as "igrejas da Galácia" (Gl 2,1) às quais Paulo escreve.

Vale destacar que a hipótese da "Galácia do Sul" surgiu apenas no século XVIII na obra de Schmidt[110] cujo principal argumento era de que a afirmação de Paulo em Gl 2,5 implica que os gálatas já haviam sido convertidos ao Evangelho por Paulo antes da segunda viagem do apóstolo a Jerusalém, e que portanto, devem-se buscar os destinatários da carta entre as regiões citadas em Gl 1,21 (Síria e Cilícia).[111] Além de Schmidt, também afirmava que as igrejas da carta aos Gálatas seriam aquelas mencionadas em At 13-14 o estudioso Mynster,[112] em sua obra de 1825, no entanto as obras destes autores não deram conta de explicar a homogeneidade das igrejas assumida na carta, levantando mais questões do que resolvendo. Em 1867 surgiu o trabalho de Perrot[113] e a seguir o de Renan,[114] em 1890. Mas foi Ramsay[115] que apresentou os argumentos da defesa da Galácia do Sul de maneira definitiva.[116]

Entre os autores recentes que apoiam a hipótese da Província temos Guthrie,[117] que em seu comentário faz uma síntese dos principais argumentos em favor da teoria da Galácia do Sul, os quais resumiremos a seguir:[118]

---

109. MURPHY-O'CONNOR, J., Paulo, p. 170.

110. SCHMIDT, J. J., Prolusio de Galatis, ad quos Paulus literas misit, 1748. Apud VOUGA, F., A Epístola aos Gálatas, p. 284. KÜMMEL, W. G., Introdução ao Novo Testamento, p. 384-385.

111. VOUGA, F., A Epístola aos Gálatas, p. 284.

112. MYNSTER, J. P., Kleine theologische Schriften.

113. PERROT, G., De Galatia Provincia Romana. Apud E. Thorin Editorem.

114. RENAN, E., The History of the Origins of Christianity.

115. RAMSAY, W., A Historical Commentary on St. Paul's Epistle to the Galatians, 1900.

116. LONGENECKER, R. N., Galatians, p. lxvi.

117. GUTHRIE, G., Gálatas, p. 30-38. Gonzaga observa que além de Guthrie há também o trabalho de Champlin (R. N. CHAMPLIN, Gálatas, p. 429-524) que vai na mesma linha da defesa da teoria do Sul e que ambos se apoiam especialmente na obra de Ramsay. GONZAGA, W., A Verdade do Evangelho (Gl 2,5.14), p. 41.

118. Para informações detalhadas cf. GUTHRIE, G., Gálatas, p. 30-38.

a) As passagens de At 16,6 e At 18,23 são fundamentais para o argumento daqueles que apoiam a hipótese dos gálatas étnicos, uma vez que estes textos mostram Paulo διῆλθον δὲ τὴν Φρυγίαν καὶ Γαλατικὴν χώραν (At 16,6: "percorrendo a Frígia e a região gálata"). Entretanto, para Ramsay, estes dois termos deveriam ser considerados como adjetivos: a região "frígio-gálata", refere-se, portanto, à parte da província da Galácia habitada por frígios, enquanto em At 18,23 onde se tem a ordem invertida, τὴν Γαλατικὴν χώραν καὶ Φρυγίαν ("a região gálata e a Frígia"), deve ser entendida como a província da Galácia e a Frígia, isto é, a parte da Frígia que ficava na Ásia. Em ambos os casos, portanto, estas expressões não seriam referências à região gálata no planalto da Ásia Menor.

b) Argumenta-se que Paulo frequentemente prefere títulos provinciais ao referir-se à localização das igrejas.[119]

c) Uma interpretação diferente de At 16,6: a expressão κωλυθέντες ὑπὸ τοῦ ἁγίου πνεύματος ("tendo sido impedidos pelo Espírito Santo") signifcaria que não houve impedimento para a pregação de Paulo até que ele tivesse chegado na Ásia, ou seja, a proibição seria subsequente à viagem à Galácia.

d) Lucas omite na sua narrativa a fundação das igrejas na Galácia do Norte ao passo que procura demonstrar que foi entre as igrejas da Galácia do Sul que primeiramente surgiu o problema com os judaizantes.

e) Não haveria nenhum outro nome que Paulo pudesse usar para agrupar as igrejas da Galácia do Sul (as fundadas em sua primeira viagem missionária), a não ser Galácia.

f) Paulo diz que o começo de seu trabalho entre os gálatas fora motivado por uma enfermidade física (Gl 4,13). Os defensores da Galácia do Sul argumentam que seria muito improvável que Paulo, enfermo, empreendesse uma difícil viagem entre as montanhas rumo ao norte. Por isso, é mais provável que tenha ele se dirigido de Perge a Antioquia da Pisídia.[120]

g) Atos 20,4 afirma que várias pessoas que acompanharam Paulo da Macedônia para Jerusalém por ocasião da entrega da coleta, seriam delegados das igrejas. Se por um lado são mencionados Timóteo e Gaio de

---

119. Esta também é a proposta de BURTON, E., Galatians Apud LONGENECKER, R. N., Galatians, p. lxx: "a evidência das epístolas paulinas é, portanto, decididamente mais favorável a um uso romano uniforme dos termos geográficos pelo apóstolo, e a visão de que por Galácia ele quer dizer tanto em 1Cor 16,1 e Gl 1,2, província romana, do que a um uso misto como o encontrado, por exemplo, em Atos".

120. Longencker lista uma série de argumentos, tanto a favor quanto contra a teoria da Galácia do Sul que para ele soam inconclusivos. Este é um deles, de que teria sido mais difícil Paulo viajar para o norte. Em sua opinião esta afirmação desconsidera o sistema de estradas romanas e que Paulo era um evangelista, não um turista. LONGENECKER, R. N., Galatians, p. lxix.

Derbe, ambos da Galácia do Sul, por outro, nenhum delegado da Galácia do Norte é citado.

h) Ao refazer seu itinerário (Gl 1,11-2,14) Paulo cita três vezes Barnabé (Gl 2,5.9.13), sendo provável que este companheiro de Paulo fosse conhecido pelas igrejas da Galácia, mas Barnabé só esteve com Paulo por ocasião da sua primeira viagem missionária. Vale destacar, no entanto, que em 1Cor 9,6 Paulo cita Barnabé, sem que esse jamais tivesse estado na cidade.[121]

i) At 15,1 deixa claro que a questão da circuncisão fora levantada por judeus da Judeia. Mesmo que não seja possível precisar com exatidão quem e de onde eram os opositores na Galácia, é provável que os judeus de Jerusalém os tivessem influenciado. Na opinião dos que apoiam a teoria da Galácia do Sul, só o fato de haver este tipo de problema na Galácia, já seria uma prova da hipótese do Sul, pois é improvável que grupos vindos da Judeia tivessem seguido Paulo tão longe até às regiões remotas do norte.

j) Em Gl 2,5 Paulo afirma não ter cedido aos falsos irmãos. Isto deixa a entender que a para que a "Verdade do Evangelho" fora pregada aos Gálatas antes da visita a Jerusalém.

Ao analisarmos os argumentos expostos por Guthrie para a defesa desta hipótese, observamos que a maior preocupação destes autores é a conformação das evidências das cartas paulinas com o testemunho de Atos dos Apóstolos.[122] O

---

121. Quanto a isso vale a pena ler a posição de Longenecker: "Um segundo índice biográfico diz respeito a Barnabé, mencionado três vezes em Gálatas (2,1.9.13). O fato de Barnabé ser o principal sócio paulino mencionado na carta pode ser tomado como prova presumível de que ele era conhecido dos destinatários - isto é, daqueles evangelizados por Paulo e Barnabé na missão ao sul da Galácia, de 13-14. Admitidamente, (1) estas referências a Barnabé ocorrem no curso do relato de Paulo sobre os eventos em Jerusalém e na Antioquia da Síria, sem qualquer referência direta feita ao fato de Barnabé estar na Galácia, e (2) Barnabé é referido em 1Cor 9,6 sem qualquer sugestão necessária de que ele já estivera em Corinto. É, no entanto, não apenas o fato de Paulo mencionar Barnabé em Gálatas que é significativo, mas a maneira de sua referência a ele, particularmente em 2,13. Os gálatas do norte, é claro, frequentemente correlacionam Gl 2,11-14 com a cisão entre Paulo e Barnabé relatada em Atos 15,36-41, e assim entendem o primeiro como a versão de Paulo do que levou ao colapso da equipe missionária após o Conselho de Jerusalém. Mas é extremamente difícil acreditar que, logo após o Concílio de Jerusalém, Barnabé teria dado tal coisa a esses "homens de Tiago", a ponto de minar a decisão do próprio conselho. Por outro lado, é bem possível que algum tempo antes do conselho Barnabé vacilasse em suas ações na Antioquia da Síria e inadvertidamente se envolvesse em um compromisso prejudicial - ou, como Paulo o via, em "hipocrisia". Embora permanecendo com Paulo na legitimidade de uma missão direta aos gentios durante seu trabalho no sul da Galácia, ele pode ter se tornado incerto quando retornou à Antioquia da Síria com respeito à observância da lei para os cristãos judeus e à comunhão de mesa de judeus com os gentios. Assim, quando Paulo escreve que "até mesmo Barnabé" (καὶ Βαρναβᾶς) foi desviado, isso teria sido muito significativo para aqueles que o conheciam bem no sul da Galácia e compreensível antes do Concílio de Jerusalém. Mas para aqueles do norte da Galácia, o comentário de "Barnabé" de Paulo pareceria estranho e, a deserção de Barnabé após o conselho era difícil de imaginar." LONGENECKER, R. N., Galatians, p. lxxi-lxxii.

122. GONZAGA, W., A Verdade do Evangelho (Gl 2,5.14), p. 41.

próprio Guthrie conclui que "de modo geral, pareceria preferível sustentar a teoria da Galácia do Sul, visto que ela envolve somente igrejas cuja origem nos é conhecida com base em Atos".[123] Gonzaga também conclui de forma semelhante:

> A preocupação motora desta teoria parece ser a de fazer concordar melhor as indicações de Paulo aos Gálatas 1-2 com as de Lucas nos Atos. Para tanto, cada um apresenta seus principais argumentos. Entretanto, todos estes argumentos têm suas falhas e, por isso mesmo, nenhum deles é realmente decisivo a ponto de fixar como sendo a mais provável a teoria da Galácia do Sul em vez da Galácia do Norte. Em vista disso, a maioria dos autores ainda prefere a teoria clássica da Galácia do Norte, para o que também se apresentam razões.[124]

A opção entre uma e outra hipótese pouco interfere na exegese da carta. Pudemos perceber através da exposição acima que ambas as posições possuem argumentos plausíveis. Vale destacar ainda a proposta de Murphy-O'Connor.

Para este autor[125], nem a Galácia do Norte, pois ficaria muito distante e seria de difícil acesso para Paulo (e os judaizantes) chegarem lá, nem a província romana da Galácia, devido à grande distância geográfica entre as variadas comunidades, poderiam ser a correta localização dos destinatários da Carta. Em contrapartida, ele propõe a região de Pessinunte, próximo à fronteira com a Frígia. Este deve ter sido o local que Paulo escolhera para ir, por estar doente (Gl 4,13), pois Pessinunte era o maior centro comercial da região e tinha um templo a Agdistis (Cybele). Assim, os peregrinos que ali chegassem, ao serem evangelizados, levariam a mensagem até lugares ao norte onde Paulo dificilmente poderia estar, o que estaria em linha com estratégia missionária adotada por Paulo. Sendo assim, ao se referir às "Igrejas da Galácia" no plural, Paulo não estaria se referindo a várias cidades, mas às diversas igrejas domiciliares numa área restrita, neste caso o território limitado pela imensa curva do rio Sangário. Esta hipótese de Murphy O'Connor nos parece bem adequada, principalmente porque consegue responder tanto aos elementos internos, quanto externos.

1.3. Datação relativa e local de redação

A datação de Gálatas é uma questão tão debatida quanto os seus destinatários, uma vez que os dois temas estão intimamente ligados, e a hipotética solu-

---

123. GUTHRIE, G., Gálatas, p. 37-38.
124. GONZAGA, W., A Verdade do Evangelho (Gl 2,5.14), p. 41.
125. J. MURPHY O'CONNOR, Paulo: biografia crítica, p. 172-173; 201-202.

ção depende da cronologia paulina[126] proposta. Em geral, se for assumida a hipótese da Galácia do Sul pode-se supor uma data mais antiga para a carta, antes da "Assembleia de Jerusalém",[127] por outro lado, se a hipótese da Galácia do Norte for preferida, supõe-se uma datação por volta de meados da década de 50. O local de redação também é um assunto controverso, as hipóteses variando entre Éfeso, Corinto ou Antioquia.[128]

Temos poucos dados da própria carta a ponto de se tomar uma posição definitiva. Mas Gl 2,5 nos dá um ponto de referência importante, pois através da afirmação de Paulo de que na Assembleia de Jerusalém ele teria resistido aos "falsos irmãos" para que a "Verdade do Evangelho" pudesse permanecer entre os Gálatas, a Carta foi escrita depois deste evento.[129] Isto se assumirmos que os eventos narrados em Gl 2 são os mesmos de At 15 (com o que concordamos). Este problema surge uma vez que enquanto em Gálatas Paulo narra duas visitas a Jerusalém (Gl 1,18; 2,1), em Atos vemos narradas pelo menos cinco visitas (At 9,26; 11,30; 15,20; 18,22; 21,15).[130]

---

126. VOUGA, F., Cronologia Paulina, p. 171: "O estabelecimento da cronologia paulina não se faz sem dificuldade. De um lado, os dados fornecidos pelos dois grupos de fontes de que dispomos, as Cartas de Paulo e os Atos dos Apóstolos, nem sempre coincidem. Por outro lado, elas só contêm elementos de cronologia relativa. É próprio da cronologia relativa estabelecer a sequência de uma série de acontecimentos sem, entretanto, que esses acontecimentos estejam relacionados com um quadro de referência externa e, portanto, sem que possam ser fixados num calendário. A datação das diferentes etapas do apostolado paulino e das cartas do apóstolo, isto é, o estabelecimento de uma cronologia absoluta, só é possível com a ajuda de uma documentação externa".

127. Matera faz uma proposta híbrida. Ao mesmo tempo em que defende que as igrejas da Galácia são aquelas do sul da província romana, defende que Gl 2 e At 15 narram o mesmo episódio e que Gálatas foi escrito após a Assembleia de Jerusalém. Em sua opinião a narrativa de Gálatas deve ser a base para se propor a datação e a sequência dos fatos, sendo assim, propõe que a viagem missionária (primeira) descrita em At 13-14 não deve ter ocorrido no período em que Paulo esteve na região da Síria e da Cilícia (Gl 1,21); Paulo e Barnabé vão a Jerusalém após a ação dos "falsos irmãos"em Antioquia (Gl 2,4-5). Em Jerusalém o ministério de Paulo aos incircuncisos é reconhecido, mas a questão das leis dietéticas e da comunhão de mesa como os gentios não foi posta, no entanto, posteriormente já em Antioquia, homens da parte de Tiago se escandalizaram ao ver gentios-cristãos e judeus-cristãos na comunhão de mesa e pressionaram Pedro e outros, o que gerou a acusação de hipocrisia por parte de Paulo a Pedro e também a Barnabé. Após este incidente, Paulo teria realizado uma extensa viagem missionária ao sul da Galácia, de lá teria ido à Macedônia e à Acaia fazendo de Corinto sua base de operação, este autor afirma que esta viagem é narrada por Lucas em duas fases At 13,4-14,28 (antes da Assembleia) e 15,36-18,21 (depois da Assembleia). Achamos, no entanto, que muitas conjecturas são feitas para afirmar esta teoria. MATERA, F. J., Galatians, p. 24-26.

128. GONZAGA, W., A Verdade do Evangelho (Gl 2,5.14), p. 41.

129. MURPHY-O'CONNOR, J., Paulo, p. 189.

130. LONGENECKER, R. N., Galatians, p. lxxiii–lxxiv: "Em Gálatas, Paulo fala de duas visitas, e apenas duas, que ele fez como cristão a Jerusalém: uma visita três anos após sua conversão, em 1,18-20; e uma visita 'quatorze anos depois', em 2,1-10 (Paulo fala de uma terceira visita, a visita da coleta, em Rm 15,25-33, 1Cor 16,1-4 e 2Cor 1,16). Cinco visitas a Jerusalém, no entanto, são dadas em Atos, que podem ser convenientemente rotuladas: (1) a visita da conversão, 9,26-30; (2) a visita da fome, 11,27-30; (3) o Concílio de Jerusalém, 15,1-30; (4) a visita apressada, 18,22 (enquanto o nome 'Jerusalém' não aparece em 18,22, Jerusalém

É possível assumir que Gl 2 e At 15 são eventos distintos, o que não gera grandes problemas com o relato de Atos, e ainda explicaria o fato de não haver menção à "carta apostólica" (At 15,22-29) em Gl 2, relacionando, assim, Gl 2 ao evento de At 11,30 e At 12,25. Nesta hipótese a redação de Gálatas seria anterior à Assembleia de At 15 e, consequentemente, deveria ser considerada como a mais antiga carta de Paulo, endereçada às igrejas fundadas em At 13-14 (a hipótese da Província).[131]

Se, em oposição, assumirmos que os eventos narrados em Gl 2 e At 15 são os mesmos, o que, conforme Gonzaga,[132] é afirmado pela maioria dos autores modernos, então teremos que assumir que a narrativa de Lucas apresenta uma incoerência. Deve-se considerar, no entanto, que Atos não é fonte primária, e que além dos pontos convergentes,[133] que são cruciais para se afirmar que Gl 2 e At 15 se tratam do mesmo fato, há também desacordos[134] importantes. Nossa posição é a de que os dados informados pelo próprio apóstolo em Gálatas devem ter primazia sobre os dados secundários e deveriam, portanto, fornecer os argumentos básicos para tentarmos realizar a datação.[135]

É importante dizer que não significa que os dados informados em Atos devam ser todos desconsiderados. Cremos serem eles muito importantes também para ajudar a compreender a sequência de eventos que não estão todos testemu-

---

está certamente implícita no uso absoluto da 'Igreja' [τὴν ἐκκλησίαν] e as expressões 'subiram' [ἀναβάς] e 'desceu' [κατέβη] e (5) a visita da coleta, 21,15-17. Seis visitas a Jerusalém podem ser vistas em Atos se εἰς Ἱερουσαλήμ de 12,25 for aceita, mas embora εἰς seja melhor atestado externamente, os estudiosos geralmente concluem com base em fatores internos que ἐξ Ἱερουσαλήμ foi a leitura original (ver meus 'Atos dos Apóstolos', em The Expositor's Bible Commentary, 9:417). A maioria encontra pouca dificuldade em identificar Gl 1,18-20 com Atos 9.26-30. O problema tem a ver com Gálatas 2.1-10 vis-à-vis as visitas de Atos".

131. KÜMMEL, W. G., Introdução ao Novo Testamento, p. 391.

132. GONZAGA, W., Os conflitos na Igreja primitiva, p. 114.

133. GONZAGA, W., Os conflitos na Igreja primitiva, p. 114-115: "entre os dois relatos há uma série de pontos convergentes. Estes são os seguinte: 1) Paulo e Barnabé viajaram a Jerusalém (At 15,2; Gl 2,1); 2) O problema central foi a circuncisão dos gentios (At 15,5; Gl 2,3); 3) A atuação de um grupo de judeu-cristãos extremistas (fariseus segundo os Atos (15,5), 'falsos irmãos', segundo Paulo (Gl 2,4); 4) Paulo dá informações sobre a conversão dos gentios (At 15,4.12; Gl 2,2); 5) Os responsáveis da Igreja de Jerusalém rejeitam a necessidade da circuncisão (At 15,19-20; Gl 2,6); 6) Salvou-se a unidade da Igreja (At 15,30-35; Gl 2,9).

134. Por um lado podem-se considerar irrelevantes os desacordos entre os relatos de Atos e Gálatas como faz Gonzaga (GONZAGA, W., Os conflitos na Igreja primitiva, p. 115), por outro podem-se tomar estas divergências como pontos centrais para negar que estes relatos se tratam do mesmo fato, como faz Longenecker, que procura identificar a visita de Gl 2,1-10 com a de At 11.27-30 (LONGENECKER, R. N., Galatians, p. lxxx): "Apesar, portanto, de certas semelhanças superficiais entre Gálatas 2,1-10 e Atos 15,1-30, uma inspeção mais próxima revela uma série de problemas sérios em identificar as visitas de Jerusalém das quais essas duas passagens falam. A gravidade desses problemas, de fato, sugere que devemos tentar encontrar um lugar para os eventos de Gal 2,1-10 em outras partes da sequência histórica de eventos".

135. MATERA, F. J., Galatians, p. 24.

nhados nas cartas paulinas, mas, quando se trata de narrativas de um mesmo evento, devemos dar preferência a fontes primárias.

Na busca por elementos internos de datação, deve-se notar Gl 4,13 em que Paulo ao usar a expressão τὸ πρότερον ("antes"; "primeiro") indica que ele esteve na região gálata mais de uma vez antes de escrever a carta. Como vimos, Atos narra que Paulo esteve lá a primeira vez em At 16,6 e a segunda em At 18,23 quando, ao sair de sua visita a Antioquia, passa pela região da Galácia e da Frígia e vai em direção a Éfeso, lugar em que muitos autores situam a redação de Gálatas, dentre outros motivos, por ser o lugar em que ele permanece por mais tempo, segundo Atos, dois (At 19,10) ou três (At 20,31) anos.[136]

Pela ausência de dados mais concretos é difícil precisar o ano de escritura de Gálatas. Murphy-O'Connor[137] nos apresenta uma cronologia paulina que entendemos ser bem fundamentada em dados tanto das cartas paulinas, quanto dos Atos dos Apóstolos e da geografia do mundo mediterrâneo. A partir deste trabalho ele chega à conclusão de que Gálatas tenha sido escrita após a Assembleia de Jerusalém (ca. 51 d.C.) na primavera de 53 d.C. em Éfeso. Acreditamos poder concordar também com esta datação que está em linha com a maioria dos autores que colocam a redação de Gálatas após a Assembleia e em meados da década de 50, como também sugere Gonzaga.[138]

1.4. Os rivais de Paulo

A carta aos Gálatas aborda o relacionamento dos cristãos gentios com Abraão, Israel e a comunidade definida pela lei de Moisés (judia e judia-cristã). Porém, tais temáticas são motivadas por um conflito que faz parte de uma sequência de eventos: após a fundação da comunidade, missionários rivais chegaram lá apresentando uma mensagem contrária à pregação original de Paulo. A interferência destes rivais motivou o envio da carta. Para levantarmos uma hipó-

---

136. MAZZAROLO, I., Carta de Paulo aos Gálatas, p. 24.

137. Para este autor não há nenhuma outra hipótese possível a não ser a que propõe que Paulo tenha sabido que os Gálatas corriam bem (Gl 5,7) quando passou pela região e anunciou a coleta (1Cor 16,1), a caminho de Éfeso (primavera/verão de 52 d.C.), em sua opinião os judaizantes devem ter seguido Paulo a partir de Antioquia e chegaram à Galácia logo depois que Paulo a deixou, tendo passado o inverno lá ensinando o "outro evangelho", e Paulo só soube dos estragos depois que a neve baixou, tendo respondido imediatamente (Gl 1,7) na primavera de 53 d.C. MURPHY-O'CONNOR, J., Paulo: biografia crítica, p. 191. Barclay também supõe que os rivais de Paulo teriam vindo de Antioquia (Gl 2,11-14), mas argumenta que poderiam ser crentes locais de origem judaica ou recém-circuncidados (Gl 6,13). BARCLAY, J. M. G., Paulo e o Dom, p. 298.

138. Gonzaga situa a redação de Gálatas no ano 54 d.C. GONZAGA, W., A Verdade do Evangelho (Gl 2,5.14), p. 40.

tese acerca destes rivais é importante observarmos as menções que Paulo faz, não somente a estes, mas também aos destinatários da Carta.

Gl 1,4 apresenta uma síntese do Evangelho proclamado por Paulo: Cristo τοῦ δόντος ἑαυτὸν ὑπὲρ τῶν ἁμαρτιῶν ἡμῶν ("deu a si mesmo pelos nossos pecados"). Essa formulação judia-cristã, que remonta à tradição,[139] utiliza a primeira pessoa do plural[140] apontando para um cenário original em que Cristo deu-se a todos, tanto aos cristãos gentios, quanto aos judeus-cristãos.[141] Gl 4,8-9 descreve a conversão dos gálatas como tendo sido uma mudança da idolatria para a adoração ao verdadeiro Deus, Javé, o Deus dos judeus. Podemos, portanto, inferir que os interlocutores da carta são cristãos advindos da gentilidade.[142] Ainda que a interlocução da carta seja aos cristãos gentios da Galácia, Gl 2,16 alude a uma terceira pessoa genérica, tanto gentia quanto judia, ao dizer: εἰδότες [δὲ] ὅτι οὐ δικαιοῦται ἄνθρωπος ἐξ ἔργων νόμου ("sabendo [porém] que um homem não é justificado por obras da lei").

Ao tratar das consequências do acolhimento pelos cristãos gálatas, das instruções dadas pelos rivais, Paulo demonstra que estes minimizavam a importância ou o significado da circuncisão, ou seja, tratavam-na como algo isolado. Em Gl 5,3, Paulo adverte aos gálatas que a circuncisão não é uma coisa isolada, quem a assume "é devedor de cumprir toda a lei" (ὀφειλέτης ἐστὶν ὅλον τὸν νόμον ποιῆσαι). Paulo denuncia a hipocrisia de seus rivais: "pois nem os próprios circuncidados guardam a lei, mas têm o objetivo de vos circuncidarem, para se gabarem na vossa carne" (Gl 6,13: οὐδὲ γὰρ οἱ περιτεμνόμενοι αὐτοὶ νόμον φυλάσσουσιν ἀλλὰ θέλουσιν ὑμᾶς περιτέμνεσθαι, ἵνα ἐν τῇ ὑμετέρᾳ σαρκὶ καυχήσωνται).

No texto de Gl 5,13-6,10, a longa advertência feita aos cristãos gálatas sobre os abusos da liberdade parece indicar que os rivais de Paulo perceberam a presença de uma libertinagem pneumática na Galácia. Paulo se exime da responsabilidade de ser guia, e também afirma que ninguém mais deve sê-lo, nem mesmo a lei, exceto o Espírito (Gl 5,18), o que sugere que os rivais de Paulo queriam tornar a lei o guia dos cristãos gálatas, no sentido de uma norma moralizante. Tal aspecto

---

139. A formula ὑπὲρ τῶν ἁμαρτιῶν ἡμῶν ("pelos nossos pecados") também é utilizada por Paulo em 1Cor 15,3, e igualmente por outros autores do NT em Lc 11,4; 1Pd 2,24; 1 Jo 2,2; 4,10; e Ap 1,5.

140. BETZ, H. D., Galatians, p. 42-43.

141. Note-se, porém, que nem sempre a primeira pessoa do plural é inclusiva: Gl 2,15-17 (3,13.23-25) se refere aos judeu-cristãos em contraste com os gentio-cristãos.

142. GONZAGA, W., A Verdade do Evangelho (Gl 2,5.14), p. 47: "Quando Paulo, em suas cartas, quer se referir aos membros das comunidades, ele os distingue, cuidadosamente, dirigindo-se a eles com o pronome 'vós', quando quer falar dos agitadores anônimos, ele os indica usando o pronomine 'eles'. Por outro lado, não obstante Paulo distinguir os 'agitadores' dos membros das comunidades, não chega a identificá-los claramente".

está evidente em Gl 3,24, onde Paulo chama a lei de pedagogo: "a lei é nosso pedagogo" (Gl 3,24: νόμος παιδαγωγὸς ἡμῶν). Paulo, em oposição ao possível ensino dos rivais, diz que a lei serve até que se encontre a Cristo pela fé, e conclui: "depois de vir a fé, não mais estamos sob o pedagogo" (Gl 3,25: ἐλθούσης δὲ τῆς πίστεως οὐκέτι ὑπὸ παιδαγωγόν ἐσμεν).

Estes aspectos da epístola permitem uma série de reconstruções da situação da Galácia, e, mais ainda, das teses e das características do ensino rival. Eles desejam escapar da perseguição que, no contexto de Gálatas, significa perseguição dos judeus nomistas (Gl 6,12). Além disso, a atividade dos rivais de Paulo parece também ser entendida como perseguição (Gl 4,29). O próprio Paulo dá testemunho da sua condição de perseguido (Gl 5,11), e dá testemunho dos resultados dessa perseguição: ele carrega "estigmas de Jesus no corpo" (στίγματα τοῦ Ἰησοῦ ἐν τῷ σώματι; Gl 6,17).

Dissociar os rivais de Paulo dos demais judeus nomistas é muito difícil. Ainda assim, é possível identificá-los como judeu-cristãos que defendem a circuncisão,[143] que tentam conduzir outros à circuncisão[144] e que têm alguma conexão com a Judeia.[145]

Jewett identifica os rivais com o crescente nacionalismo zelota na Judeia a partir do final dos anos 40. A circuncisão em si era o seu objetivo, e o sucesso na empreitada de promovê-la desviaria os ataques dos fanáticos. Disso se depreende que a circuncisão era apresentada como um pré-requisito para estar plenamente na promessa de Abraão, e, por isso, os assuntos relacionados a Abraão estão na carta.[146] Além disso, a circuncisão afastava os cristãos-gentios das religiões de mistério ou da filosofia clássica.[147] Por isso, a circuncisão e o calendário cultual foram apresentados aos gálatas numa base que estava longe de ser ortodoxa.

A longa discussão proposta por Paulo sobre Abraão e sua semente em Gl 3,6-29 e 4,21-31 é, com toda probabilidade, uma resposta ao argumento dos rivais. A base disto deve ser o texto de Gn 17 que apresenta a circuncisão como a marca da Aliança e da descendência de Abraão. Logo, os judeus-cristãos que tinham alguma ligação com a Judeia e com a Igreja de Jerusalém teriam argumentado que a circuncisão era um pré-requisito para se tornar membro da família de Abraão e, portanto,

---

143. JEWETT, R., The Agitators and the Galatian Congregation, p. 198-212; GONZAGA, W., A Verdade do Evangelho (Gl 2,5.14), p. 49.

144. ROBERTSON, A. T., A Grammar of the Greek New Testament in the Light of Historical Research, p. 808-809.

145. JEWETT, R., The Agitators and the Galatian Congregation, p. 202.

146. JEWETT, R., The Agitators and the Galatian Congregation, p. 207.

147. JEWETT, R., The Agitators and the Galatian Congregation, p. 208.

para a sua própria salvação, porém eles podem ter subestimado a observância da Torá (Gl 5,3).¹⁴⁸ O seu objetivo parece ter sido levar os gálatas a adotarem algumas práticas distintivas da comunidade judaica, especialmente a circuncisão, em vez do proselitismo formal que buscava a incorporação plena na comunidade judaica.

Como teria sido possível que os rivais de Paulo tenham se infiltrado e ganhado espaço entre os cristãos da Galácia?¹⁴⁹ Parece que Paulo, quando apresentou o seu Evangelho universal aos cristãos gálatas, levou-os a acreditar que a identificação com Cristo trouxera consigo a participação na família abraâmica. Paulo não demonstra nenhuma surpresa com o fato dos gálatas desejarem fazer parte da família de Abraão. Os cristãos da Galácia se converteram da idolatria ao monoteísmo, da servidão para um novo reino de liberdade. A nova religião representava a aquisição do conhecimento da verdade (Gl 4,8-9). Eles, membros da comunidade cristã, deixaram de ser bárbaros e se tornaram parte de um movimento universal que ia se espalhando pelo Império Romano.¹⁵⁰

Em relação aos cristãos gálatas, parece que seu entusiasmo inicial tinha se esgotado. Eles aparentemente tiveram problemas que não estavam conseguindo lidar por meio dos ensinos de Paulo.¹⁵¹ Esses problemas tinham a ver com a "carne" (Gl 5,13.16.17.19; 6,12.13). Os rivais de Paulo ofereceram, portanto, um argumento mais "resistente" contra o pecado do que a mensagem teórica de Paulo sobre a "liberdade" e sobre o "Espírito": a circuncisão. Por isso, parece que os rivais afirmavam que Cristo só seria eficaz para aqueles que estivessem firmes na Aliança da Torá, aos que entraram na Aliança do Sinai e que passaram a assumir a lei para lhes dizer o que seria certo e errado, e através dos rituais para expiação de suas transgressões.¹⁵²

1.5. Gênero literário e estrutura de Gálatas

Boring observa que "para os primeiros cristãos, a forma "carta" rapidamente se tornou o gênero literário mais importante para a comunicação e instrução"¹⁵³,

---

148. Gl 6,13 pode ser simplesmente uma acusação polêmica, ou pode sugerir o descumprimento da lei como é o argumento de Paulo em Romanos 2 e 3. A orientação geral dos rivais de Paulo, porém, fica evidente nesse verso. Ver: LONGENECKER, R. N., Galatians, p. 293.

149. BETZ, H. D., Galatians, p. 8.

150. BETZ, H. D., Galatians, p. 2.

151. BETZ, H. D., Galatians, p. 8.

152. BETZ, H. D., Galatians, p. 9. Betz não inclui explicitamente a família de Abraão como parte da mensagem dos rivais de Paulo, mas isso está implícito em frases como "participantes do pacto do Sinai" e "herdeiros" que ele utiliza.

153. BORING, E. M., Introdução ao Novo Testamento, p. 324-326. A hipótese de Boring é de que devido a este movimento, outros mestres cristãos passaram a utilizar o gênero carta para veicularem sua instrução

e isso é algo inédito entre os textos sagrados das religiões do mundo: cartas se tornarem literatura sagrada. O apóstolo Paulo foi de suma importância para o estabelecimento do gênero "carta" como texto sagrado no cristianismo primitivo. Basta observarmos a quantidade de textos atribuídos a ele, mesmo que atualmente nem todos sejam considerados autênticos.[154]

As cartas escritas por Paulo eram dirigidas às comunidades de fé em sua maioria fundadas por ele, estas, portanto, eram mais do que cartas pessoais. Na visão de Boring, "Paulo não via a si mesmo como alguém que tivesse escrevendo a Escritura Sagrada"[155] mas estas cartas passaram a circular entre as Igrejas (1Ts 5,27; Cl 4,16; 2Pd 3,15-16) e aos poucos foram assumindo o status de Escritura. Mesmo assim, como destaca Gonzaga "as cartas paulinas formaram o primeiro conjunto dos textos do NT estabelecido e usado pela Igreja, sendo Paulo também o primeiro autor do NT".[156]

A carta tinha uma função social importante na antiguidade greco-romana e judaica. Apesar de termos poucos tratados antigos sobre este gênero literário, a sua ampla utilização demonstra sua importância. Uma carta servia ao propósito de "transmitir uma mensagem, expressar sentimentos, ideias e teorias, preocupações, comunicar acontecimentos e ordens".[157]

Na terminologia de Deissman[158] pode-se fazer a distinção entre "carta real" e "carta literária", ou entre "carta" e "espístola". Este autor foi pioneiro ao comparar

---

às comunidades. Até mesmo material de caráter não epistolar assumiu esta forma característica, alguns exemplos são: Efésios (tratado teológico), Hebreus (sermão com final epistolar), Tiago (coleção de instrução de sabedoria, mas se apresenta como carta) e 1Pedro (homilia).

154. GONZAGA, W., O Corpus Paulinum no Cânon do Novo Testamento, p. 22: "quando olhamos para todo o NT, temos a seguinte divisão, já clássica desde o Período da Patrística, ainda que nem sempre a ordem tenha sido a mesma inicialmente: *Evangelhos* (4: Mateus, Marcos, Lucas e João); Atos dos Apóstolos; *Cartas Paulinas* (13: Romanos, 1Coríntios, 2Coríntios, Gálatas, Efésios, Filipenses, Colossenses, 1Tessalonicenses, 2Tessalonicenses, 1Timóteo, 2Timóteo, Tito e Filemon); Carta aos Hebreus; *Cartas Católicas* (7: Tiago, 1Pedro, 2Pedro, 1João, 2João, 3João e Judas) e Apocalipse. [...] Podemos dividir o apostolário Paulino entre: a) escritos tidos pela maioria dos estudiosos como autenticamente *Paulinos* (Romanos, 1 e 2 Cortíntios, Gálatas, 1Tessalonicenses, Filipenses e Filemon); b) escritos tidos como de autenticidade paulina duvidosa (Efésios, Colossenses e 2Tessalonicenses; chamadas de Cartas *Deuteropaulinas*) e c) escritos pseudônimos ou de atribuição paulina, mas que não são autenticamente paulinos (1 e 2Timóteo e Tito, chamados de *Pastorais*)."

155. BORING, E. M., Introdução ao Novo Testamento, p. 325.

156. GONZAGA, W., O *Corpus Paulinum* no Cânon do Novo Testamento, p. 21.

157. ULLOA, B. A. N.; LOPES, J. R., Epistolografia paulina, p. 584.

158. DEISSMANN, A., St. Paul, p. 9-10: "O que é uma carta? E o que é uma epístola? Uma carta serve ao propósito de conversação entre duas pessoas separadas uma da outra. É do tipo "eu" falando a "ti". Individual e pessoal, destinada apenas ao destinatário ou destinatários, não é planejada para a publicidade, e, por boas maneiras e pela lei, é, de fato, protegida da publicidade como um documento privado e secreto. Uma carta real é não literária, como uma receita ou um contrato de aluguel. Refere-se apenas àquele que a escreveu e àquele que a abrirá, e não tem importância se o destinatário pretende ser uma

as cartas do Novo Testamento com os valiosos achados de cartas helenísticas antigas escritas por pessoas comuns em papiro.[159] Ao confrontá-las com as Cartas de Paulo, Deissman chega à seguinte conclusão:

> uma simples comparação das formas presentes nas Cartas de São Paulo com os detalhes correspondentes nas cartas em papiro contemporâneas, mostra-nos claramente o caráter não literário dos textos paulinos.[160]

Apesar da importante contribuição de Deissmann ao apresentar as cartas de Paulo não como tratados teológicos mas como cartas, sua hipótese generalizante foi criticada. Em seu comentário aos Gálatas, Longenecker nos apresenta quatro caminhos de ajuste para a hipótese de Deissmann:[161]

1) As Cartas de Paulo não podem ser consideradas cartas "pessoais" em oposição a cartas "públicas", pois foram escritas a cristãos, com o objetivo

---

única pessoa, ou uma família, ou qualquer outro círculo de pessoas. Seu conteúdo é tão diverso quanto a própria vida. Uma carta pode ser insignificante, vulgar, apaixonada, bondosa, trivial, monótona, e pode ser o reflexo de um destino humano ou de uma tragédia doméstica, movendo as almas do escritor e do receptor para as profundezas das montanhas ou do abismo. Uma epístola é diferente. É uma forma artística literária, como o drama, o epigrama, o diálogo. A epístola compartilha com a carta apenas a forma externa de uma carta; para o resto, é o oposto de uma letra real. Visa interessar e influenciar algum público ou outro, se não o público. Publicitária em seu caráter essencial, faz uso do pessoal apenas para manter a ilusão de uma carta. Se a carta é um segredo, a epístola é apregoada no mercado. Ela não vai para o exterior em uma única folha de papiro como a carta, mas é reproduzida imediatamente desde o princípio pelos servos do livreiro na grande cidade: é para ser comprada, lida e discutida em Alexandria, em Éfeso, Atenas, Roma."

159. GONZAGA, W., A Sagrada Escritura, a alma da Sagrada Teologia, p. 224-225: "O papiro é uma espécie de junco, com caule triangular que cresce às margens dos rios, especialmente no delta do Nilo (Egito), e era o material principal da escrita da antiguidade [...]. E o papiro era um material fácil de ser trabalhado". O mais antigo escrito grego em Papiro que sobreviveu aos séculos data do século IV a.C., mas o papiro está em uso há muito mais tempo. No Egito foi encontrado um rolo em branco de Papiro na tumba de um vizir da primeira dinastia (ca. 3.000 a.C.). Não é improvável que fora do Egito o papiro tenha sido usado como material de escrita por volta de 2.000 a.C. Fora do Egito, o mais antigo testemunho de escrita em papiro foi encontrado numa caverna na região do mar Morto, escrito em Hebraico por volta de 750 a.C. TURNER E. G., Greek Papyri: An Introduction. New Jersey: Princeton University Press, 1968, p. 1-2.

160. DEISSMANN, A., St. Paul, p. 12.: "uma mera comparação das fórmulas estereotipadas nas Cartas de São Paulo com os detalhes correspondentes nas cartas em papiro contemporâneas nos mostra claramente o caráter não literário dos textos paulinos."

161. Os pontos apresentados a seguir estão baseados em LONGENECKER, R. N., Galatians. p. cii-ciii. Boris e Lopes também destacam que algumas conclusões de Deissmann são passíveis de crítica. Deissmann promove uma grande contribuição ao estudo dos escritos cristãos primitivos ao analisá-los ao lado dos papiros descobertos no Egito, no entanto, uma das críticas que podem ser feitas é que esses documentos de origem egípcia não representam a totalidade dos escritos epistolares greco-romanos, além disso, no que se refere à distinção entre carta real e carta literária, pode-se propor que todas as cartas podem ser consideradas literatura, uma carta privada, por exemplo, pode ser escrita de modo mais elaborado. ULLOA, B. A. N.; LOPES, J. R., Epistolografia paulina, p. 591.

de lhe instruírem. Paulo tinha consiciência de seu apostolado e estas cartas foram escritas para serem lidas na comunidade.[162]

2) Deissmann afirma que o conteúdo das cartas paulinas carecem da forma e da estrutura das cartas helenísticas, exceto em algumas fórmulas consagradas. Longenecker destaca que estudos recentes têm demonstrado que as cartas paulinas e as cartas pessoais do período helenístico têm muitas características em comum.

3) A distinção entre carta e epístola que Deissmann apresenta precisa ser reconsiderada uma vez que entre as cartas não literárias em papiro foi encontrada uma ampla variedade de tipos de cartas, como exemplo: cartas de amizade, recomendação, requisição, informação, interrogação, convite, repreensão etc. Apesar de nenhuma carta de Paulo se enquadrar exatamente aos tipos descritos, um exame aprofundado de cada carta ajudará em sua classificação.[163]

4) É preciso considerar que as Cartas de Paulo não podem ser simplesmente classificadas como não literárias uma vez que o apóstolo utiliza várias outras tradições literárias, bem como formas retóricas de persuasão, estruturas quiásticas, *midrashim*,[164] hinos cristãos antigos etc.[165]

Devido ao tom colocado por Paulo em Gálatas[166], alguns autores tendem a ver nesta carta um tipo bastante pessoal. Barbaglio observa que em Gálatas a

---

162. VIELHAUER, P., História da Literatura Cristã Primitiva, p. 92: "Paulo escreve a suas comunidades na qualidade de apóstolo; as cartas devem ser lidas na reunião da comunidade (1Ts 5,27), levadas ao conhecimento de comunidades vizinhas (2Co 1,1) '... com todos os santos em toda a Acaia', e talvez também devem ser intercambiadas com cartas a outras comunidades (se for permitido aduzir Cl 4,16 para a prática paulina); como cartas apostólicas, elas possuem caráter público, oficial e autoritativo".

163. Mais a frente no trabalho veremos o caso de Gálatas de forma específica, no entanto vale destacar que se deve se considerar a multiplicidade de gêneros epistolares. Entre a carta "não literária" e a "literária" existe um espectro de formas de se comunicar pode-se colocar esta variedade de formas na designação "gênero misto". VIELHAUER, P., História da Literatura Cristã Primitiva, p. 90.

164. Midrashim é o plural de midrash (מִדְרָשׁ) que significa literalmente "estudo", "escrita". Este termo também se refere às interpretações judaicas dos textos bíblicos feitas por rabinos ao longo da história. Esta interpretação tem por objetivo suprir uma lacuna no texto bíblico (imutável) e assim atualizar a mensagem das Escrituras judaicas para um contexto vivencial específico.

165. VIELHAUER, P., História da Literatura Cristã Primitiva, p. 88: "É correta em princípio a sugestiva diferenciação de A. DEISSMANN entre a carta não literária, que serve apenas à correspondência momentânea, que, portanto, é correspondência particular, e a carta literária artística (que ele denomina de 'epístola'), na qual a forma de carta é apenas aparente e serve apenas de enredo para um tratado. Mas ela não faz jus à multiplicidade das cartas, justamente também às verdadeiras. No entanto a diferenciação é heuristicamente útil". Grifo nosso.

166. Como vimos anteriormente é fácil percebermos que o que motiva Paulo a escrever aos Gálatas é a crise gerada nestas comunidades por aqueles falsos irmãos que tentavam conduzi-los para aquilo que

pessoa de Paulo "está no primeiro plano, mas somente enquanto apóstolo"[167] e destaca a afirmação de Lyonnet de que "nenhuma epístola paulina é mais carta, nenhuma é mais pessoal e reveladora da alma de Paulo"[168] do que Gálatas.

Como todos os livros do Novo Testamento (e os últimos escritos do AT, os deuterocanônicos), a Carta aos Gálatas foi escrita em grego. Sendo assim, é preciso entender que instrumentos Paulo utilizou para sua redação para que possamos ter uma interpretação mais adequada do texto. Considerando isto, desde a época da Reforma, e especialmente nos últimos 40 anos, Gálatas tem sido interpretada a partir das regras da retórica clássica greco-latina[169] e das novas análises retóricas, como a Análise Retórica Bíblica Semítica que veremos mais adiante.

1.5.1. Estrutura retórica grega/epistolografia greco-latina

Neste espírito, em 1979 surge o comentário de Betz[170] que analisa a composição de Gálatas a partir das categorias da retórica greco-latina, e chega à conclusão que esta é uma carta "apologética". Sua hipótese está baseada no trabalho de Arnaldo Momigliano, que em suas "Lectures" de 1968 em Harvard, com o tema "The Development of Greek Biography", observa que o gênero "apologetic letter", que surgiu no quarto século, pressupunha a existência de outros dois gêneros: "autobiography" e "apologetic speech", que seriam gêneros mais antigos.[171] Betz afirma que Gálatas é a autodefesa de Paulo,[172] localizando,

---

Paulo chamou de ἕτερον εὐαγγέλιον ("outro evangelho" Gl 1,6). Percebendo o risco para aqueles cristãos que haviam sido chamados à liberdade, Paulo escreve de forma autêntica e veemente e revela ali tanto seu apostolado quanto sua humanidade, como destaca Gonzaga: "[Paulo] espanta-se diante da apostasia dos gálatas, afastando-se do verdadeiro Evangelho (1,6), mostra-se decepcionado com eles e teme que seu trabalho entre eles tenha sido em vão (4,11), usa de clareza ao falar e a quem anuncia um outro evangelho não hesita em dirigir anátemas (1,9), prima-se pela coerência de vida (2,14), mostra-se rude e decidido no falar, não usa de rodeios e vai logo ao assunto (2,11-14; 3,1-3) etc.". GONZAGA, W., Os Conflitos na Igreja Primitiva entre judaizantes e Gentios em Gl 2, p. 27.

167. BARBAGLIO, G., Gálatas, p. 21.

168. LYONNET, S., Epistola ai Galati, p. 358, *Apud* BARBAGLIO, G., Gálatas, p. 21.

169. MEYNET, R., La Lettera ai Galati. Bologna: Centro Editoriale Dehoniano, 2012, p. 8.

170. BETZ, H. D., Galatians: A Commentary on Paul's Letter to the Churches in Galatia. Hermeneia. Philadelphia: Fortress Press, 1979.

171. BETZ, H. D., Galatians, p. 14-15.

172. BETZ, H. D., Galatians, p. 24: "A carta apologética, como Gálatas, pressupõe a situação real ou fictícia do tribunal, com júri, acusador e acusado. No caso de Gálatas, os destinatários são idênticos ao júri, com Paulo sendo o réu e seus oponentes, os acusadores. Essa situação torna a carta de Paulo à Galácia uma autoapologia, entregue não pessoalmente, mas de forma escrita."

portanto, a carta em um contexto jurídico. Desta forma ele propõe a seguinte estrutura /forma da Carta:[173]

    I. Prescrição Epistolar: 1,1-5
    II. *Exordium* (Preâmbulo): 1,6-11
    III. *Narratio* (Narração): 1,12-2,14
    IV. *Propositio* (Proposição): 2,15-21
    V. *Probatio* (Prova): 3,1-4,31
    VI. *Exhortatio* (Exortação): 5,1-6,10
    VII. Pós-Escrito Epistolar (Conclusio): 6,11-18

A tentativa de Betz de enquadrar a carta de Paulo a um modelo da epistolografia greco-latina, especificamente ao modelo de "carta apologética" ou "judicial" gerou fortes críticas, especialmente por Kennedy, que apesar de tudo, reconhece que através da obra de Betz "muito pode ser aprendido sobre a epístola e sobre retórica",[174] mas ainda assim critica a insistência dele em enquadrar Gálatas na categoria de carta apologética, a "defesa de Paulo".

Para Kennedy, Betz foi levado a insistir em Gálatas como carta apologética pela presença da extensiva narração do capítulo 2, e que percebeu isso como característica de uma oratória judicial como descrita por Quintiliano. Na visão de Kennedy, o mais importante para Paulo era a defesa do Evangelho de Cristo e não a defesa de si mesmo:

> O que os gálatas pensavam de Paulo importava apenas porque isso contribuía ou prejudicava sua autoridade e, portanto, influenciava suas crenças e ações; o que eles acreditavam e como eles iriam agir como resultado dessas crenças importava muito.
>
> Todo tipo de retórica faz uso da narrativa, mas a utiliza para diferentes propósitos e de maneiras diferentes. A função da narrativa judicial é estabelecer os fatos em questão do ponto de vista do orador. Quintiliano (4.2.66-68) reconhece claramente isso. Mas a narrativa do primeiro e segundo capítulos de Gálatas não é um relato dos fatos em questão. É uma evidência de apoio para a afirmação de Paulo em 1,11 que o evangelho que ele pregou não era do homem, mas de Deus, um tópico que havia sido enunciado no primeiro verso da saudação.[175]

---

173. Apresentamos aqui apenas a estrutura-macro apresentada por Betz, que encontramos de forma detalhada em sua obra: BETZ, H. D., Galatians, p. 16-23.
174. KENNEDY, G. A., New Testament Interpretation through Rhetorical Criticism, p. 144.
175. KENNEDY, G. A., New Testament Interpretation Through Rhetorical Criticism, p. 144-145.

Ainda na opinião deste autor, Gálatas se enquadraria melhor no tipo de "carta retórica deliberativa".[176] Referindo-se às objeções ao trabalho de Betz, Meynet destaca que "o mais importante é, sem dúvida, que Paulo não fala na frente de um juiz a quem ele iria expor sua defesa; ele se dirige diretamente àqueles com quem ele está em conflito".[177] Meynet se opõe inclusive à opinião de Kennedy de que Gálatas seria uma carta deliberativa.[178] Para se interpretar Gálatas, em sua opinião, é preciso considerar a intenção de Paulo, que intentava, "através de suas censuras e elogios, bem como através de seu conselho, desviar seus receptores da Galácia de sua conduta errônea e convencê-los a defender suas convicções".[179] Quanto a isso, a opinião de Dunn é que:

> Tentativas de rotular Gálatas como um tipo particular de carta ou determinar sua estrutura a partir de paralelos convencionais são de valor questionável. É claro que Gálatas não está de acordo com qualquer tipo ideal, e existe o perigo de que a análise da carta seja muito determinada pela adaptação a uma grade tirada de outro lugar, e não pelo fluxo natural do argumento.[180]

Longenecker apresenta-nos a controvérsia com Betz de forma mais detalhada e afirma que quando se passa a observar mais de perto os ensaios autobiográficos greco-latinos[181] os quais Betz compara com Gálatas, verifica-se imediatamente que estes escritos, que são chamados "cartas de apologia", definitivamente não são cartas e não têm nada comparável com Gálatas, nem em forma nem em conteúdo e adverte que Betz classifica Gálatas como carta apologética baseado não na estrutura epistolar, mas no estilo.[182]

Portanto, a crítica de Longenecker a Betz é de que "análise retórica não pode ser confundida com, nem substituir, tentativas de descrever a estrutura da

---

176. KENNEDY, G. A., New Testament Interpretation Through Rhetorical Criticism, p. 145.

177. MEYNET, R., La Lettera ai Galati, p. 8.

178. MEYNET, R., La Lettera ai Galati, p. 8: "Outros, como Georges Kennedy, pensam que a Carta pertence ao gênero deliberativo, por causa das exortações que Paulo desenvolve na última parte da Carta. Finalmente, há autores, como Antonio Pitta, que afirmam que a escrita de Paulo é muito gênero demonstrativo. Paulo não pretendia se defender ou atacar seus adversários, como no gênero judicial; ele nem sequer teria como alvo a decisão a favor ou contra a circuncisão em particular e a lei judaica em geral, como no gênero deliberativo."

179. MEYNET, R., La Lettera ai Galati, p. 9.

180. DUNN, J. D. G., The Epistle to the Galatians, p. 20.

181. São citadas as seguintes obras: Antidosis de Isócrates, Apologia de Plato, De Corona, de Demóstenes, Brutus de Cícero e Autobiografia de Libanius.

182. LONGENECKER, R. N., Galatians, p. civ.

carta",[183] pois a afirmação de Betz é de que seria possível remover a estrutura da carta, como se esta fosse como que um tipo de suporte para o corpo da carta. Betz exemplifica com o pós-escrito (Gl 6,11-18), que poderia ser analisado não apenas como uma convenção epistolar, mas como um recurso retórico: servindo como *peroratio* ou *conclusio*.[184]

Diante desta posição, a crítica de Longenecker e outros autores é de que Betz não deu atenção suficiente à análise de Gálatas como epístola e que concluiu rapidamente que a natureza epistolar de Gálatas tem pouca consequência sobre sua estrutura.[185] É preciso, portanto, considerar a questão levantada por Forbes e outros:[186] "até que ponto devemos esperar que as cartas de Paulo utilizem formas retóricas antigas, quando as antigas categorias de retórica se desenvolveram a partir de análise da oratória, e não da composição de cartas?".[187]

Cremos, portanto, que seria necessário olhar para os testemunhos epistolares antigos para melhor compreendermos as Cartas de Paulo. Mesmo que a carta helenística não tenha sido a única tradição a que Paulo tenha recorrido para escrever suas cartas, pode-se certamente afirmar que ela seja o principal gênero literário ao qual as Cartas de Paulo pertencem.[188]

Uma outra tentativa de estruturar a carta aos Gálatas do ponto de vista da epistolografia greco-latina, é a empreendida por Hansen. Consideramos que, do ponto de vista formal,[189] a análise empreendida por Hansen é muito profícua, uma vez que ele demonstra que Paulo não se utiliza apenas de uma estrutura baseada nas convenções retóricas, que estão mais ligadas à oratória. Por outro lado, atra-

---

183. LONGENECKER, R. N., Galatians, p. civ.

184. BETZ, H. D., Galatians, p. 1.

185. LONGENECKER, R. N., Galatians, p. cv.

186. O autor nos apresenta a seguinte bibliografia selecionada de autores que tem se dedicado a esta questão recentemente: WEIMA, J. A. D., The Function of 1Tessalonians 2:1-12 and the Use of Rhetorical Criticism; HUGHES, F. W., The Rhetoric of Letters. Ambos em DONFRIED, K. P.; BEUTLER, J. The Thessalonians Debate.

187. FORBES, C., Paulo e a Comparação Retórica.

188. LONGENECKER, R. N., Galatians, p. cv.

189. Conforme destaca Berger, "a forma de um texto é a soma de suas características de estilo, sintaxe e estrutura, isto é, sua configuração linguística. [...] um gênero literário é um agrupamento de textos de acordo com diversas características comuns, isto é, não apenas as de natureza formal. Para constituir um gênero, essas características não se acumulam simplesmente, antes se relacionam entre si [...] o estudo da forma literária de um texto [...] ajuda a descobrir os pontos em que um texto, além do nível puramente literário, aponta para o interesse especial de seus destinatários, tendendo a modificá-los, impressioná-los ou movê-los a uma decisão". BERGER, K., As formas literárias do Novo Testamento, p. 13-14.

vés da comparação com as cartas helenísticas em papiro,[190] mostra que Paulo faz uso das convenções epistolares utilizadas nestes tipos de carta, o que, em sua opinião, serviria como um guia para se definir tanto a estrutura de Gálatas quanto seu gênero literário.

Vale destacar que esse autor também se opõe à opinião de Betz de que Gálatas é uma carta apologética. Para ele esta classificação tem mais a ver com o "gênero retórico" do que com o "gênero epistolar" de Gálatas.[191] Ele defende a hipótese de que Gálatas é uma carta "real" (não literária), "mais privativa" (escrita para um grupo definido, os Gálatas). No entanto ele a enquadra em um duplo gênero literário: carta de repreensão-petição ("rebuke-request").[192] Sua hipótese é de que Gálatas tem duas grandes partes a saber: a primeira, de "repreensão", vai de Gl 1,6-4,11, e a segunda, de "petição", de Gl 4,12-6,10.

Sua análise parte da comparação das fórmulas epistolares usadas por Paulo em relação àquelas encontradas nas cartas helenísticas em papiro. Ele apresenta uma lista de fórmulas epistolares que aparecem frequentemente nas cartas helenísticas e que são encontradas em Paulo, mesmo com algumas modificações.[193] Reproduzimos esta lista abaixo, incluímos nossa tradução do grego para o português:

Fórmulas Epistolares e outros indicadores da Estrutura Epistolar[194]			
V.	Fórmula Epistolar	Tradução	Classificação
1,1	Παῦλος ... ταῖς ἐκκλησίαις τῆς Γαλατίας	Paulo... às igrejas da Galácia	Saudação
1,3	χάρις ὑμῖν καὶ εἰρήνη	graça e paz a vós	Cumprimento
1,6	Θαυμάζω ὅτι	Admiro-me de que	Fórmula de repreensão

---

190. HORN, R. C., Life and Letters in the Papyri in The Classical Journal, p. 502: existem milhares de fragmentos de textos gregos escritos em papiro que datam da metade do século III a.C. até VII d.C. Muitos destes escritos são cartas e elas são de diversos tipos, escritas sob as mais diversas circunstâncias, contendo diversos assuntos, e nos ajudam a compreender a vida cotidiana dos tempos antigos, e a entender como as pessoas se expressavam nestes tempos remotos.

191. HANSEN, G. W., Abraham in Galatians, p. 26.

192. HANSEN, G. W., Abraham in Galatians, p. 25 e 27.

193. HANSEN, G. W., Abraham in Galatians, p. 27. O autor nos apresenta 18 exemplos de fórmulas epistolares presentes em cartas helenísticas, a saber: "1. Fórmula de abertura; 2. Fórmula de encerramento; 3. Fórmula de Ação de Graças; 4. Fórmula de oração; 5. Expressão de alegria; 6. Fórmula de espanto-repreensão; 7. Expressão de tristeza ou angústia; 8. Lembrete da instrução passada; 9. Fórmula de divulgação; 10. Fórmula de solicitação; 11. Uso de fórmulas de verbos de ouvir ou aprender; 12. περὶ com o genitivo; 13. Notificação de uma visita próxima; 14. Referência à escrita; 15. Verbos de dizer e informar; 16. Expressão de reafirmação; 17. Declaração de Responsabilidade e 18. O uso de vocativo para indicar transição", p. 28-29.

194. HANSEN, G. W., Abraham in Galatians, p. 30-31.

1,9	ὡς προειρήκαμεν καὶ ἄρτι πάλιν λέγω	Como já dissemos, e agora novamente digo	Lembrança de instruções
1,11	Γνωρίζω γὰρ ὑμῖν, ἀδελφοί	Portanto, faço-vos saber, irmãos	Fórmula de exposição
1,13	Ἠκούσατε γὰρ	Ouvistes pois	Fórmula de exposição
3,1	Ὦ ἀνόητοι Γαλάται	Ó Gálatas insensatos	Vocativo – Repreensão
3,2	τοῦτο μόνον θέλω μαθεῖν ἀφ' ὑμῶν	Só isto quero saber de vós	Formulação verbal de aprendizagem
3,7	γινώσκετε ἄρα ὅτι	Sabei, portanto, que	Fórmula de exposição
3,15	Ἀδελφοί... λέγω	Irmãos... falo	Vocativo – Verbo de Dizer
3,17	τοῦτο δὲ λέγω	Ora, eu digo isto	Verbo de dizer
4,1	Λέγω δέ	Ora, eu digo	Verbo de dizer
4,11	φοβοῦμαι ὑμᾶς	Receio de vós	Expressão de desconfiança
4,12	ἀδελφοί, δέομαι ὑμῶν	Suplico-vos, irmãos	Fórmula de petição
4,13	οἴδατε δὲ ὅτι	Bem o sabeis que	Fórmula de exposição
4,15	μαρτυρῶ γὰρ ὑμῖν ὅτι	Pois vos testifico que	Fórmula de exposição
4,19	τέκνα μου	Meus filhos	Vocativo
4,20	ἤθελον δὲ παρεῖναι πρὸς ὑμᾶς	Gostaria de estar presente convosco	*Parousia* apostólica
4,21	Λέγετέ μοι	Dizei-me	Verbo de dizer
4,28	Ὑμεῖς δέ, ἀδελφοί	Vós, pois, irmãos	Vocativo
4,31	διό, ἀδελφοί	Portanto, irmãos	Vocativo
5,2	Ἴδε ἐγὼ Παῦλος λέγω ὑμῖν ὅτι	Veja! Eu, Paulo, que vos digo	Motivação para a escrita
5,3	μαρτύρομαι δὲ πάλιν	Testifico novamente	Exposição – Atestação
5,10	ἐγὼ πέποιθα εἰς ὑμᾶς ἐν κυρίῳ ὅτι	Confio de vós, no Senhor, que	Fórmula de confiança

5,11	Ἐγὼ δέ, ἀδελφοί	Eu porém, irmãos	Vocativo
5,13	Ὑμεῖς γὰρ ἀδελφοί	Porque vós, irmãos	Vocativo
5,16	Λέγω δέ	Digo porém	Verbo de Dizer
6,1	Ἀδελφοί	Imãos	Vocativo
6,11	Ἴδετε πηλίκοις ὑμῖν γράμμασιν ἔγραψα	Vede com que grandes letras vos escrevi	Assinatura autográfica
6,16	εἰρήνη ἐπ' αὐτοὺς καὶ ἔλεος	Paz e misericórdia sobre eles	Bênção
6,18	Ἡ χάρις ... ἀδελφοί	A graça... irmãos	Desejo de graça — vocativo

Nas cartas helenísticas estas fórmulas são encontradas, na maioria das vezes, para fins de introdução, fechamento ou transição. Foi observado que em cartas de tamanho considerável, há lugares em que o autor faz uma pausa no fluxo de seu pensamento, e nestes pontos são usadas estas expressões, de acordo com a relevância do assunto, e variando conforme o estilo do autor.[195]

Depois de identificar o uso que Paulo faz destas fórmulas em Gálatas, Hansen faz uma análise estatística e observa que elas se apresentam em *clusters*, ou seja, não estão distribuídas uniformemente pela carta, mas há uma maior concentração em algumas passagens.[196] A partir disso ele apresenta a seguinte tabela e afirma que "estas seções com fórmulas epistolares, juntamente com outros indicadores de estrutura epistolar, fornece a base para delinear toda a carta".[197]

Seções com fórmulas espistolares		Seções Temáticas	
1,1-13	Saudação, espanto-repreensão, Afirmação expositiva	-	-
-	-	1,13-2,21	Autobiografia
3,1-7	Vocativo, questionamentos de repreenão, Afirmação expositiva	-	-
-	-	3,7-4,10	Argumento a partir da Escritura

---

195. HANSEN, G. W., Abraham in Galatians, p. 29.
196. HANSEN, G. W., Abraham in Galatians, p. 31.
197. HANSEN, G. W., Abraham in Galatians, p. 32.

4,11-20	Expressão de desconfiança, fórmula de petição, fórmula expositiva, relato de viagem e desejo de visitar	-	-
-	-	4,21-30	Alegoria a partir da Escritura
4,31-5,12	Vocativo, apelo sumário, decisão "oficial", atestação, expressão de confiança	-	-
-	-	5.13-6.10	Parênese
6.11-18	Assinatura autográfica Bênção	-	-

A seção de abertura começa com a saudação (1,1-15), que apesar de possuir elementos-padrão das saudações das cartas helenísticas, deveria normalmente ser seguida de uma seção de ação de graças com o verbo εὐχαριστῶ (dou graças), como em 1Cor 1,4; 1Ts 1,2; 2Ts 1,3; Fp 1,3; Rm 1,8; Fm 4 e Cl 1,3. Hansen destaca que em Gálatas, no entanto, isto está ausente. A função desta seção de ação de graças seria, nas cartas gregas em papiro, focar a situação da carta e introduzir o tema vital.[198]

Em Gálatas, no lugar de εὐχαριστῶ, temos θαυμάζω (admiro-me), que, segundo o autor, assume a mesma função epistolar que εὐχαριστῶ teria que é introduzir o tema da carta.[199] Sendo assim, o primeiro "ponto de inflexão" é introduzido pelo verbo θαυμάζω, um termo convencional nas cartas helenísticas em papiro e "é usado para expressar espanto, repreensão, desaprovação e despontamento"[200] e que quase sempre é seguido por uma fórmula de petição, um apelo para que o destinatário da carta possa remediar a situação de desapontamento, seguida de uma seção com instruções adicionais.[201] Como prova disto, Hansen apresenta uma seção com vários exemplos de cartas onde se pode observar esta estrutura.[202]

O outro "ponto de inflexão" estaria em 4,12, com a construção ἀδελφοί, δέομαι ὑμῶν (irmãos, vos suplico), um apelo de Paulo para que seus interlocutores fossem como ele, conforme ele mesmo havia se tornado como os gálatas. Han-

---

198. HANSEN, G. W., Abraham in Galatians, p. 32.
199. HANSEN, G. W., Abraham in Galatians, p. 33.
200. HANSEN, G. W., Abraham in Galatians, p. 33.
201. HANSEN, G. W., Abraham in Galatians, p. 33.
202. HANSEN, G. W., Abraham in Galatians, p. 42.

sen demonstra que Gl 4,12-20 é uma seção que contém cinco convenções epistolares: "uma fórmula de petição (4,12); duas fórmulas de exposição (4,13; 15); o vocativo; e a referência à visita apostólica (4,20)",[203] isto, associado à expressão de desconfiança de 4,11, demonstra que estamos diante de uma mudança, tanto no humor quanto no pensamento de Paulo.[204]

Hansen aponta para um paralelismo existente entre as duas seções, o que mostraria a forma como o pensamento de Paulo está estruturado em Gálatas:[205]

1,6	Repreensão	4,12	Petição
	Θαυμάζω ὅτι οὕτως ταχέως μετατίθεσθε ἀπὸ τοῦ καλέσαντος ὑμᾶς ἐν χάριτι		Γίνεσθε ὡς ἐγώ, ὅτι κἀγὼ ὡς ὑμεῖς, ἀδελφοί, δέομαι ὑμῶν
	Admiro-me de que tão depressa abandoneis aquele que vos chamou pela graça		Suplico-vos, irmãos, que vos torneis como eu, pois eu também me tornei como vós.

1.11	Exposição autobiográfica	4,13	Exposição autobiográfica
	Γνωρίζω γὰρ ὑμῖν, ἀδελφοί		οἴδατε δὲ ὅτι
	Com efeito, eu vos faço saber, irmãos		Bem o sabeis
	Ἠκούσατε γὰρ		μαρτυρῶ γὰρ ὑμῖν ὅτι
	Ouvistes certamente		Pois vos testemunho que

3,7	Exposição da Escritura	4,21	Apelo através da Escritura
	γινώσκετε ἄρα ὅτι		Λέγετέ μοι, οἱ ὑπὸ νόμον θέλοντες εἶναι, τὸν νόμον οὐκ ἀκούετε
	Sabei portanto que		Dizei-me, vós que quereis estar debaixo da lei, não ouvis vós a lei?

4,9	Pergunta repreensiva	5,1	Ação de Petição
	πάλιν ἄνωθεν δουλεύειν θέλετε;		μὴ πάλιν ζυγῷ δουλείας ἐνέχεσθε

---

203. HANSEN, G. W., Abraham in Galatians, p. 42.
204. HANSEN, G. W., Abraham in Galatians, p. 44.
205. HANSEN, G. W., Abraham in Galatians, p. 50.

Vos quereis escravizar-vos outra vez?	Não vos deixeis prender de novo ao jugo da escravidão

4,11	Expressão de Desconfiança φοβοῦμαι ὑμᾶς μή πως εἰκῇ κεκοπίακα Receio ter-me afadigado em vão	5,10	Expreção de Confiança ἐγὼ πέποιθα εἰς ὑμᾶς ἐν κυρίῳ ὅτι οὐδὲν ἄλλο φρονήσετε Confio que, unidos no Senhor não tereis outro sentimento

Em seguida vem a seção parenética (5,13-6,10). Paulo, confiante de que os gálatas vão atender ao seu pedido (5,10), sente-se pronto a dar instruções às igrejas sobre o modo de viverem a liberdade cristã.[206] Hansen observa que esta seção também é claramente marcada por indicadores epistolares: ὑμεῖς γὰρ ἐπ' ἐλευθερίᾳ ἐκλήθητε, ἀδελφοί "porque vós fostes chamados à liberdade, irmãos" (5,13); duas transições menores estão marcadas por λέγω δέ ("ora, eu digo") (5,16) e o vocativo ἀδελφοί ("irmãos"), e a conclusão marcada com a dupla conjunção ἄρα οὖν ("seria então?").[207]

Sendo assim, após a saudação (1,1-5) temos a primeira seção, de repreensão (1,6-4,11), a segunda seção, de petição (4,12-6,10), terminando com a assinatura autográfica (6,11-18). Segue abaixo a estrutura proposta por Hansen para toda a carta aos Gálatas:[208]

I. Saudação 1,1-5

II. Seção de repreensão 1,6-4,11
    A. Repreensão por abandonarem o evangelho 1,6-2,21
        1. Expressão de Repreensão 1,6-10
        2. Exposição da Tese Central 1,11-12
        3. Exposição Autobiográfica 1,13-2,21
    B. Repreensão pela insensatez quanto ao evangelho 3,1-4,11
        1. Expressão de Repreensão 3,1-5
        2. Exposição do Ensino da Escritura 3,6-4,7
        3. Expressão de Repreensão 4,8-11

---

206. HANSEN, G. W., Abraham in Galatians, p. 51.
207. HANSEN, G. W., Abraham in Galatians, p. 51. Sobre a partícula Ἄρα ver as páginas 148-149.
208. HANSEN, G. W., Abraham in Galatians, p. 53.

III. Seção de petição 4,12-6,10
    A. Apelo pessoal 4,12-20
        1. Pedido por Imitação 4,12
        2. Exposição Autobiográfica 4,13-19
        3. Desejo de visita pessoal 4,20
    B. Apelo pela Escritura 4,21-4,31
        1. Apelo à lei 4,21-30
        2. Conclusão a partir da lei 4,31
    C. Apelo autoritativo 5,1-12
        1. Decisão 5,1-2
        2. Exposição das Consequências 5,3-9
        3. Fórmula de Confiança 5,10-12
    D. Apelo ético (parênese) 5,13-6,10

IV. Assinatura Autobiográfica 6,11-18

1.5.2. Estrutura temático-literária

Uma outra forma de se analisar a estrutura de um texto é através do uso de critérios temáticos e literários.[209] É o que propõe Gonzaga em seu trabalho doutoral.[210] Na pista de outros autores, especialmente Pitta (*Disposizione*), Nuñez Regodón e Heredia (*Evangelio de la Gracia*), o autor propõe uma estrutura de Gálatas dividida em seis partes. Vale destacar a observação de Gonzaga acerca do trabalho de se definir a estrutura literária de um texto:

> Cada exegeta, baseando-se em um ou mais métodos, vai trilhando o seu caminho tentando fixar os limites para as diversas partes. E cada estudioso, em suas várias análises, vai sempre descobrindo novas coisas. Neste sentido, é interessante constatar que um mesmo autor pode mudar de opinião sobre sua estrutura após alguns anos de trabalho sobre a questão.

---

209. GONZAGA, W., A Verdade do Evangelho (Gl 2,5.14), p. 62: "*Temático*, porque estamos trabalhando um tema dentro desta carta paulina que, se tomarmos como critério a questão temática também acreditamos que isso nos ajudaria e muito a delimitar o texto e localizar onde se encontra a nossa perícope. [...] *Literário*, pelo fato de que este nos ajuda a encontrar palavras chaves dentro do texto que, se retornando várias vezes, são realmente reveladoras de uma linha de pensamento e nos ajudam a encontrar a temática desenvolvida.

210. GONZAGA, W., A Verdade do Evangelho (Gl 2,5.14), p. 59-69.

É importante termos isto em mente: que nenhuma proposta de estrutura é algo definitivo, mas sempre uma interpretação a partir de critérios utilizados pelo leitor/intérprete do texto. Vejamos sua proposta da estrutura da perícope:[211]

a) 1,1-5 – Introdução: Saudação inicial e endereço.
O autor propõe que esta seção se encerre no v.5 para limitar ao essencial da introdução da carta, uma vez que a partir do v.6 já temos elementos que o apóstolo passa a desenvolver.

b) 1,6-2,21 – Primeira Parte: Autobiografia Paulina.
Logo no primeiro versículo temos o anúncio do tema que será tratado, cuja palavra-chave é εὐαγγέλιον (Gl 1,6.7.11; 2,2.5.7.14), que se repete várias vezes juntamente com o verbo εὐαγγελίζω (Gl 1,8.9.11.16.23). Aqui Paulo se mostra surpreso pelo fato de os gálatas terem abandonado a "Verdade do Evangelho" (G. 2,5.14) e demonstra que o Evangelho por ele pregado fora provado pelos notáveis em Jerusalém.

c) 3,1-29 – Segunda Parte: Defesa da fé e prova escriturística.
Percebe-se o início de uma nova seção logo pelo vocativo que a abre em 3,1. Esta nova temática é desenvolvida através de perguntas e respostas colocadas e respondidas pelo próprio apóstolo. Os cinco primeiros versículos concentram a maioria destas perguntas: "quem vos fascinou a vós outros [...]?" (3,3), "foi pelas obras da lei que recebestes o espírito ou pela adesão da fé?" (3,2), "sois tão insensatos que tendo começado no espírito agora acabais na carne?" (3,3), "foi em vão que experimentastes tão grandes coisas?" (3,4), "aquele que vos concede o espírito e opera milagres entre vós o faz pelas obras da lei ou pela adesão à fé?" (3,5) e ainda na parte final: "por que, então a lei?" (3,19), "então a lei é contra as promessas de Deus?" (3,21). Todas estas perguntas, de alguma forma, são respondidas pelo próprio Paulo (Gl 3,24-27).

d) 4,1-31 – Terceira Parte: Filiação Divina e Midrash de Agar.
Aqui Gonzaga afirma ser o centro de toda a argumentação paulina sobre a liberdade cristã, que Deus quis oferecer a todos de forma indistinta. Paulo faz um discurso direto que ele inicia com a expressão λέγω δέ (Digo pois).

---

211. GONZAGA, W., A Verdade do Evangelho (Gl 2,5.14), p. 63-65.

e) 5,1-6,10 – Quarta Parte: Liberdade e vida segundo o Espírito.
Nesta seção parenética Paulo, em continuidade com o argumento sobre a liberdade cristã apresentado na seção anterior, conclama os gálatas a permanecerem firmes (5,1) na liberdade que Cristo concedeu.

f) 6,11-18 – Conclusão: Escrita por Paulo mesmo.
Paulo continua chamando a atenção para o trabalho dos falsos irmãos, vai direto ao ponto e continua sua exortação. Não faz saudações finais endereçadas às pessoas, como é habitual em suas cartas. Estende paz e misericórdia apenas àqueles que andam segundo suas regras e termina com uma breve saudação desejando a graça do Senhor Jesus Cristo.

1.5.3. Estrutura retórica semítica

Na visão de Meynet, e de outros autores,[212] existe uma retórica bíblica, em sentido mais amplo, uma retórica semítica que é diferente da retórica clássica. A retórica clássica seria a retórica greco-latina e, portanto, ocidental. Meynet destaca que geralmente os leitores ocidentais não conseguem compreender a forma como os livros da Bíblia foram escritos, como se estes estivessem desconectados ou fora de ordem. Por esta falta de compreensão da "retórica bíblica/semítica" durante muito tempo pensou-se que os livros bíblicos seriam não uma composição, mas uma edição, fruto da reunião de pequenos pedaços de textos que foram reunidos ao longo dos anos, por isso, o objetivo da exegese bíblica foi, durante muito tempo, entender estas fases de sucessivas edições e encontrar, ao final, a forma primitiva do texto em sua "pureza".[213]

No capítulo 4 de seu livro "Rhetorical Analysis", Roland Meynet expõe aquilo que seriam suas pressuposições para a metodologia de análise exegética dos textos bíblicos, que ele considera a forma como os textos bíblicos foram pensados e escritos. Sua primeira pressuposição é a de que os textos bíblicos são "compostos", e "muito bem compostos",[214] e não apenas uma coleção de fragmentos reunidos por editores ao longo dos anos. Cada texto bíblico possui uma lógica de construção desenvolvida por seu(s) autor(es). Apesar de muitas vezes

---

212. No primeiro capítulo de seu "tratado", Meynet nos apresenta um histórico do pensamento acerca da retórica bíblica, que vai desde o século XVIII, com Robert Lowth, até o século XXI, com Jan P. Fokkelman. MEYNET, R., Treatise on Biblical Rhetoric, p. 27-47.

213. MEYNET, R., Treatise on Biblical Rhetoric, p. 4-5.

214. MEYNET, R., Rhetorical Analysis, p. 169.

não ser evidente, ela está lá para ser descoberta, e geralmente é muito bem elaborada e se encontra em variados níveis[215] de organização do texto.[216]

A segunda pressuposição de Meynet é de que "há uma retórica bíblica",[217] ao contrário do que a maioria dos ocidentais possam pensar, pois esses tendem a achar que só há uma retórica, a clássica (greco-latina). Meynet observa que desde a metade do século dezessete, autores como Robert Lowth, John Debb e Thomas Boys perceberam que os textos bíblicos, primeiro a poesia hebraica e, posteriormente, também os textos do Novo Testamento, possuem regras diferentes de composição, se comparadas com a retórica ocidental. Segundo Meynet, na retórica bíblica três características podem ser identificadas em contraste com a retórica clássica: "é mais concreta que abstrata, usa mais parataxe do que sintaxe,[218] é mais involutiva do que linear".[219]

Como pudemos ver anteriormente, Meynet é crítico à ideia da tentativa de impor uma estrutura literária greco-latina à carta aos Gálatas, uma vez que se trata de um texto que, mesmo escrito em grego, é oriundo de um contexto semita. Há que se considerar que Paulo (Saulo, ou Saul, seu nome em hebraico) era judeu e estava, assim, totalmente imerso em sua cultura. Meynet propõe, portanto que a busca pelo gênero literário da carta aos Gálatas não deve ser feita em Atenas ou Tarso, mas em Jerusalém.[220]

Em sua análise, Meynet procura delimitar as unidades literárias em seus diferentes níveis de organização, bem como identificar as relações que essas unidades mantêm entre si. Assim, ao destacar como foi feita a composição da mesma, poderá chegar a uma melhor compreensão do texto.[221]

---

215. Em seu "Tratado de Retórica Bíblica", Meynet apresenta os níveis de composição dos textos bíblicos agrupando-os em duas grandes categorias: "a) A primeira é a dos 'níveis inferiores': o 'membro' é formado por um ou vários termos; o 'segmento' é formado por um, dois ou três membros; o 'trecho' é formado por um, dois ou três segmentos; e a 'parte' é formada por um, dois ou três trechos (ou de duas ou três sub-partes). [...] b) a segunda é a dos 'níveis superiores': a 'passagem' é formada por uma ou várias partes; a 'sequência' é formada por uma ou várias passagens, a 'seção' é formada por uma ou várias sequências; e, por fim, o 'livro' é formado por uma ou várias seções.

216. MEYNET, R., Rhetorical Analysis, p. 170.

217. MEYNET, R., Rhetorical Analysis, p. 172.

218. Isto significa que as relações lógicas no texto não se dão por subordinações e uso de silogismos ou entimema, mas simplesmente pela disposição das unidades e da repetição, o que se observa principalmente nas unidades maiores do texto. MEYNET, R., Rhetorical Analysis, p. 175.

219. MEYNET, R., Rhetorical Analysis, p. 173.

220. MEYNET, R., La Lettera ai Galati, p. 9.

221. MEYNET, R., La Lettera ai Galati, p. 10-11: "A análise retórica bíblica também procede de acordo com as leis de composição próprias dos textos semíticos. De fato, está convencida de que a delimitação de unidades retóricas é essencial para a interpretação, assim como a delimitação de frases e seus elementos para entender seu significado. Se todos os comentadores apontam os vínculos intertextuais que ligam

Feita esta introdução ao método da Análise Retórica Bíblica, vamos à proposta de Meynet para a estrutura Literária de Gálatas. Para ele, Gálatas, como as cartas modernas, é composta por pelo menos duas partes: o endereço (1,1-5) e o corpo (1,6-6,18). E o corpo da carta tem três partes cujos títulos, dados por Meynet, demonstram as relações que elas mantêm entre si:[222]

> A) É o Evangelho de Cristo que eu anunciei (1,6-2,21)
> Nesta primeira seção, como já observado anteriormente, temos a repetição do termo "Evangelho", que aparece nove vezes e que nunca mais aparecerá no texto. Aqui Paulo faz uma exposição de sua missão e demonstra que o Evangelho que ele prega não é segundo os homens, mas é o "Evangelho de Cristo", o qual alguns querem perverter.
>
> B) É a Cruz de Cristo que nos justifica (3,1-5,1)
> Esta seção começa com a imagem da Cruz de Cristo: "Ó gálatas insensatos, quem vos fascinou, a vós ante cujos olhos foi desenhada a imagem de Jesus Cristo crucificado?" (3,1), com eco no v. 13. No meio da seção temos uma menção ao batismo (3,27) e uma referência à perseguição (4,29).
>
> C) É a lei de Cristo que deve ser cumprida (5,2-6,18)
> A terceira seção principal se caracteriza pela oposição à circuncisão, que é o símbolo de toda lei. Agora não importa mais, nem circuncisão, nem incircuncisão, mas a fé operando pelo amor (5,6); a fé é cumprida pelo amor (5,14), que é a lei de Cristo, além disso estão presentes as características daqueles que pertencem a Crito (5,24).

Cada uma destas três seções principais possui cinco sequências a saber:[223]

---

o texto examinado com outros textos que lhe são semelhantes por citação - explícita ou implícita - por referência ou por alusão, a análise retórica bíblica é caracterizada pelo fato de dedicar um título específico a esta operação [...] A análise da composição e o uso do contexto bíblico nem sempre são suficientes para entender toda a medida do significado dos textos. O conhecimento do que os exegetas chamam de *realidade* - realidade de todas as áreas, geográficas, arqueológicas, históricas, institucionais - é frequentemente indispensável para a compreensão de documentos escritos. A antropologia cultural é também uma fonte de reflexão que é quase impossível ignorar. Isto será visto em particular para as instituições de Israel, como a circuncisão, o sábado, a lua nova e todas as outras ocorrências que marcam a organização do tempo, ou as regras de comer, cuja compreensão é esclarecida pelo trabalho das ciências humanas, como sociologia, antropologia cultural e psicanálise."

222. MEYNET, R., La Lettera ai Galati, p. 13.

223. MEYNET, R., La Lettera ai Galati, p. 13: Cada uma das três seções tem cinco sequências. A primeira seção consiste em duas subseções que compreendem duas sequências (A1-A2 e A4-A5) que enquadram uma sequência central curta (A3). O mesmo se aplica à seção central, onde a sequência central (B3) é enquadrada por duas subseções (B1-B2 e B4-B5). A última seção, por outro lado, inclui uma subseção central formada por três sequências (C2-C3-C4), enquadradas por duas sequências (C1 e C5) que correspondem de perto.

A) É o Evangelho de Cristo que eu anunciei (1,6-2,21)

A1) Paulo repreende os gálatas por seguirem um evangelho que vem dos homens (1,6-10)

A2) Paulo permite que seus irmãos saibam que seu evangelho vem de Deus (1,11-17)

A3) Desconhecido para as Igrejas da Judeia, Paulo conhece Pedro (1,18-24): seção central curta que articula as seções A1-A2 e A4-A5

A4) Em Jerusalém, Paulo faz os apóstolos reconhecerem a verdade do seu Evangelho (2,1-10)

A5) Em Antioquia, Paulo defende a verdade do Evangelho contra Cefas (2,11-21)

B) É a Cruz de Cristo que nos justifica (3,1-5,1)

B1) Os pagãos são filhos de Abraão pela fé em Cristo, sem a lei (3,1-14)

B2) Judeus são filhos de Abraão pela fé em Cristo, além da lei (3,15-25)

B3) Vocês são todos filhos de Deus e semente de Abraão (3,26-29): seção central, que é enquadrada pelas seções B1-B2 e B4-B5

B4) Cristo redimiu a todos nós da lei e nos fez filhos de Deus (4,1-20)

B5) Cristo nos libertou da lei e nos tornou filhos da promessa (4,21-5,1)

C) É a lei de Cristo que deve ser cumprida (5,2-6,18)

C1) Apenas o que conta é a fé trabalhando através do amor (5.2-12): faz uma moldura junto com a seção C5.

C2) A lei é cumprida no amor (5.13-18)

C3) As obras da carne, o fruto do Espírito (5.19-26)

A. As obras da carne (5.19-21)

B. O fruto do Espírito (5.22-26)

C. As obras da carne, o fruto do Espírito (5.19-26)

C4) O amor é cumprido na vida eterna (6.1-10)

A. Cumprindo a lei de Cristo (6.1-5)

B. Para colher a vida eterna (6,6-10)

C. O amor é cumprido na vida eterna (6.1-10)

C5) Apenas o que conta é a nova criação (6.11-18): faz uma moldura junto com a seção C5.

Capítulo 2 | O uso de μὴ γένοιτο na literatura grega antiga

Passaremos agora à análise do uso da expressão μὴ γένοιτο na literatura grega extrabíblica (religiosa e não religiosa). Nosso objetivo é identificar como os diversos autores gregos utilizaram a expressão. Analisaremos textos da literatura clássica, judaica e cristã.

2.1. O uso de μὴ γένοιτο no historiógrafo Heródoto

As iniciativas atuais de escrever a história da Antiguidade passam quase sempre pela consulta ao conteúdo de quem já fez isso no passado. Assim, é extremamente importante que aqueles que estudam o mundo antigo entendam as convenções e as abordagens utilizadas nas obras historiográficas da Antiguidade.

A tradição historiográfica que começa com Heródoto no século IV a.C. e termina na obra de Amiano Marcelino no século IV d.C. aponta para diferentes propósitos, pressupostos, fontes e públicos. Ainda assim, é possível vislumbrar um certo grau de uniformidade na historiografia da Antiguidade, uma vez que as narrativas dos historiógrafos aconteceram no interior de uma tradição em que os praticantes do gênero imitaram ou tentaram imitar os modelos anteriores. A historiografia antiga, com poucas exceções, foi o resultado da elite escrevendo para a própria elite, e as marcas dessa alternativa narrativa podem ser identificadas nas obras escritas com este escopo.[224]

Após o século IV a.C., não houve nenhuma época da Antiguidade que não houvesse historiógrafos produzindo relatos sobre as civilizações ocidentais, especialmente Grécia e Roma. O modelo historiográfico inaugurado por Tucídides, baseado em testemunhos contemporâneos, principalmente aqueles em que o historiógrafo é testemunha ocular, parece ter sido o modelo preferido. Foram influenciados

---

224. MARINCOLA, J., Authority and Tradition in Ancient Historiography, p. 19-20.

por Tucídides autores como Xenofonte, Políbio, Salústio (Conspiração de Catilina, *Bellum Catilinae*, e Histórias, *Fragmenta Historiarum*), Tácito (Histórias, *Histories*) e Amiano (Feitos, *Res gestae*). Mesmo aqueles historiadores conhecidos por sua história não contemporânea (Diodoro Sículo, Tito Lívio e Díon Cássio) escreveram histórias que começaram no passado obscuro, mas se estenderam até os seus dias.[225]

Os historiógrafos da Antiguidade não escreviam por ser esse o seu ofício. Eles eram generais, políticos, proprietários de terras etc., e se voltavam para a escrita da história em sua aposentadoria (forçada ou não) ou ócio. Isso não significa que eles tenham escrito para tornar o registro mais favorável a si mesmos.[226] Isso significa que as suas histórias tinham uma conexão muito mais próxima com o mundo da ação do que as obras modernas de historiadores. As elites grega e romana almejavam o reconhecimento e o renome, o que evidencia o fato de os homens públicos geralmente se importarem muito com os registros que eram feitos sobre eles. Esse "testemunho das eras"[227] presente na historiografia poderia consagrar um homem na glória para sempre, ao mesmo tempo em que poderia condená-lo à eterna ignomínia.

Heródoto,[228] autor da obra *Histórias*, se preocupava com a mudança na constituição das *póleis* e com a gestão das mesmas. Heródoto faz das inversões da fortuna a principal razão para suas investigações, sendo a ideia de ascensão e queda de algo que desempenha um papel importante em sua obra. No texto que segue, Heródoto aborda a condição do rei ou do general:[229]

Heródoto, Histórias 5.111.4

βασιλέα μὲν καὶ στρατηγὸν χρεὸν εἶναι φημὶ βασιλέι τε καὶ στρατηγῷ προσφέρεσθαι. ἢν τε γὰρ κατέλῃς ἄνδρα στρατηγόν, μέγα τοι γίνεται, καὶ δεύτερα, ἢν σὲ ἐκεῖνος, τὸ **μὴ γένοιτο**, ὑπὸ ἀξιοχρέου καὶ ἀποθανεῖν ἡμίσεα συμφορή.[230]	"Eu digo que é necessário que um rei ou general seja tratado por um rei e também por um general. Pois, um homem general é grande [demais] para ti e, num segundo caso, aquele que a ti, que isto **não aconteça**, leve a morrer sob um adversário, é meio infortúnio".

---

225. FINLEY, M. I., The Greek Historians, p. 1-21.

226. SYME, R., The Senator as Historian, p. 187-201; SYME, R. Ten Studies in Tacitus, p. 1-10.

227. CÍCERO. WILKINS, A. S. (Ed.), M. Tulli Ciceronis Rhetorica, De oratore, 2.36.

228. O trabalho de Wesselis procura demonstrar que a obra veterotestamentária que vai de Gn a 2Rs foi escrita como uma obra unitária emulando as histórias em língua grega escritas por Heródoto de Halicarnasso. WESSELIUS, J. W., The Origin of the History of Israel.

229. EASTERLING, P. E.; KNOX, B. M. W., Cambridge History of Classical Literature, p. 426-441.

230. HERÓDOTO. GODLEY, A. D. (Ed.), Herodotus with an English translation, 1921-1925.

Como se pode observar, a expressão μὴ γένοιτο é utilizada em Heródoto com um sentido adversativo forte. Serve de reforço discursivo à ideia de que um rei ou general assumem uma condição que por ser elevada, coloca em risco quem se opõe, caso não seja dignatário do mesmo posto deles.

Este sentido se prolongará na longa tradição textual que segue: um desiderativo diante de uma hipótese negativa veiculada. Algo a se destacar neste texto é a presença, na fórmula, do artigo neutro τò, em vez do pronome relativo neutro ὅ que geralmente acompanha μὴ γένοιτο nos textos em que o sentido é desiderativo como veremos em casos abaixo.

2.2. O uso de μὴ γένοιτο na tragédia grega

As tragédias surgiram em Atenas no contexto dos festivais de natureza cívica, sendo uma "instituição social que, pela fundação dos concursos trágicos, a cidade coloca ao lado de seus órgãos políticos e judiciários"[231]. O lugar de realização das tragédias é o mesmo espaço urbano em que as normas institucionais regem assembleias ou os tribunais populares.[232]

Há três tragediógrafos cujas obras são supérstites: Ésquilo, Sófocles e Eurípides. Ésquilo, o primeiro tragediógrafo aqui citado, nasceu em 525/524 a.C. em Eleusis, de família eupátrida. Lutou em Maratona em 490 a.C. e provavelmente em Salamis; talvez também em na batalha de Plateia. Começou a competir em festivais trágicos no início do século V a.C. e venceu seu primeiro concurso trágico em 484 a.C. Ele visitou a Sicília em algum momento entre 472 e 468 a.C., onde encenou a tragédia *Persas* e *Aetnaeae*, fazendo também encenações em 458 ou mais tarde, e depois em Gela, entre 456-455 a.C.[233] O total de suas vitórias em concursos trágicos, atribuída pela obra *Suda*, é de vinte e oito. Essa mesma obra o faz autor de noventa tragédias, sendo possível identificar oitenta e um títulos. As tragédias de Ésquilo que sobreviveram são *Persas, Sete Contra Tebas, Suplicantes, Oresteia* (Agamemnon, Coéforas, Eumênides) e *Prometeu Acorrentado*.[234]

---

231. VERNANT, J-P.; VIDAL-NAQUET, P., Mito e tragédia na Grécia Antiga, p. 10.

232. VERNANT, J-P.; VIDAL-NAQUET, P., Mito e tragédia na Grécia Antiga, p. 10.

233. SOMMERSTEIN, A. H., Aeschylus, p. 12.

234. SOMMERSTEIN, A. H., Aeschylus, p. 15.

2.2.1. Ésquilo, *Sete contra Tebas* v.1-9

Ἐτεοκλῆς Κάδμου πολῖται, χρὴ λέγειν τὰ καίρια ὅστις φυλάσσει πρᾶγος ἐν πρύμνῃ πόλεως οἴακα νωμῶν, βλέφαρα μὴ κοιμῶν ὕπνῳ. εἰ μὲν γὰρ εὖ πράξαιμεν, αἰτία θεοῦ· εἰ δ' αὖθ', ὃ **μὴ γένοιτο**, συμφορὰ τύχοι, Ἐτεοκλέης ἂν εἷς πολὺς κατὰ πτόλιν ὑμνοῖθ' ὑπ' ἀστῶν φροιμίοις πολυρρόθοις οἰμώγμασίν θ', ὧν Ζεὺς ἀλεξητήριος ἐπώνυμος γένοιτο Καδμείων πόλει.²³⁵	Etéocles Cidadãos de Cadmo, é necessário dizer as coisas oportunas quem quer que acompanhe os assuntos públicos, na popa da cidade distribuindo as alças do leme, pálpebras que não descansam por causa do sono. Se, pois, agimos bem, é por causa de Deus: Se, por outro lado, que **não aconteça**, vier um fracasso, Etéocles, de muitos contra a cidade, poderia ser pelos cidadãos com hinos repetidos sem cessar, e lamentações, dos quais Zeus Protetor possa ser um nome significativo para a cidade dos cádmios.

A obra de Ésquilo *Sete Contra Tebas* apresenta, em seu prólogo, o discurso de Etéocles,²³⁶ que utiliza a expressão μὴ γένοιτο em um contexto discursivo de duas alternativas em que uma delas é categoricamente rejeitada pelo protagonista: a possibilidade de fracassar nos assuntos da cidade. Algo a se destacar é a presença, na fórmula, do pronome relativo neutro ὃ que geralmente acompanha μὴ γένοιτο nos textos em que o sentido é desiderativo.

Outro tragediógrafo que utiliza a expressão μὴ γένοιτο é Eurípides. O tragediógrafo nasceu em 485/484 ou em 480 a.C., sendo filho de Mnesarco (ou Mnesarquides), do demo de File, e morreu em 406 a.C. na Macedônia. Os seus últimos anos, entre 408-406 a.C., foram passados na corte de Arquelau, em Pela. Eurípides competiu nas Dionisíacas Urbanas em vinte e duas ocasiões, sendo a primeira delas em 455, mas ganhou o primeiro prêmio apenas quatro vezes, sendo a última delas póstuma, com a peça *Bacantes* e *Ifigênia em Áulide*.²³⁷

---

235. ÉSQUILO. SMYTH, H. W. (Ed.), Aeschylus, with an English translation. Vol.1: Seven Against Thebes, 1922-1926.

236. TORRANCE, I., Aeschylus, p. 9-10.

237. SILVA, M. F. S., Eurípides, o mais trágico dos poetas (2), p. 11-16.

Eurípides aparentemente não tomou parte ativa na vida pública (ao contrário de Sófocles), sendo retratado como um intelectual recluso e possuidor de uma grande biblioteca. Ele parece ter sido autor de noventa e duas peças (segundo a obra *Suda*, setenta e oito), sobreviveram as obras: *Alceste* (produzida em 438 a.C.), *Medeia* (431 a.C.), *Heráclidas* (430 a.C.), *Hipólito* (428 a.C.), *Andrômaca* (425 a.C.), *Hécuba* (424 a.C.), *Suplicantes* (424 a.C.), *Íon* (418/417 a.C.), *Electra* (417, ou talvez 413 a.C.), *Héracles* (417 a.C.), *Troianas* (415 a.C.), *Ifigênia em Táuris* (413 a.C.), *Helena* (412 a.C.), *Fenícias* (depois de 412 a.C., antes de 408 a.C.), *Orestes* (408 a.C.), *Bacantes* e *Ifigênia em Áulide* (405 a.C.). Eurípides também é autor de dramas satíricos. Supérstites há dois: *Reso* e *Ciclope*, tendo o primeiro a autoria questionada.[238]

2.2.2. Eurípides, *Íon* 725-734

Κρέουσα	Creusa
ὦ πρέσβυ παιδαγώγ' Ἐρεχθέως πατρὸς τοὐμοῦ ποτ' ὄντος, ἡνίκ' ἦν ἔτ' ἐν φάει, ἔπαιρε σαυτὸν πρὸς θεοῦ χρηστήρια, ὥς μοι συνησθῇς, εἴ τι Λοξίας ἄναξ θέσπισμα παίδων ἐς γονὰς ἐφθέγξατο. σὺν τοῖς φίλοις γὰρ ἡδὺ μὲν πράσσειν καλῶς· ἃ **μὴ γένοιτο** δ', εἴ τι τυγχάνοι κακόν, ἐς ὄμματ' εὔνου φωτὸς ἐμβλέψαι γλυκύ. ἐγὼ δέ σ', ὥσπερ καὶ σὺ πατέρ' ἐμόν ποτε, δέσποιν' ὅμως οὖσ' ἀντικηδεύω πατρός.[239]	Ó ancião pedagogo, do meu pai de Erecteu que, outrora, estava vivo e à luz, ergue a ti mesmo desde o santuário de Deus, para se alegrar comigo, se o rei Lóxias emitiu sons de oráculos para semente dos filhos. Pois com seus amigos, doce é fazer bem: As coisas que **não podem acontecer**, se as sortes forem uma coisa má, com olhos de luz de boa mente, doce é olhar. Eu mesmo para ti, como tu mesmo, outrora, a meu pai Sendo rainha, semelhantemente sirvo em vez do pai.

A fala de Creusa em *Íon* aponta para um uso distinto do de Ésquilo. Das duas possibilidades propaladas no discurso da personagem, uma delas não pode

---

238. DIGGLE, J. (Ed.), Euripidis: Fabulae.

239. EURÍPIDES; MURRAY, G. (Ed.) Euripidis fabulae.

acontecer, sendo a expressão μὴ γένοιτο um optativo no sentido e valor fundamental do optativo potencial sem valor desiderativo.

2.2.3. Eurípides, Heráclidas 714

Ἀλκμήνη	Alcmena
ἢν δ' οὖν, ὃ **μὴ γένοιτο**, χρήσωνται τύχῃ;[240]	Ou, em efeito, que **não aconteça**, se eles estão mortos?[241]

Heráclidas 714 apresenta μὴ γένοιτο no meio de uma oração, tornando a fala da personagem Creusa significativa por representar aquilo que ela não deseja, mas é uma possibilidade que exige uma tomada de decisão. Por isso, mesmo ausente a conjunção condicional, o sentido da oração é condicional e o μὴ γένοιτο serve para designar um desejo negativo. Para o efeito trágico na peça, o recurso à construção provoca a suspensão e a expectativa. É interessante notar mais uma vez a presença do pronome relativo neutro ὃ que geralmente acompanha μὴ γένοιτο nos textos em que o sentido é desiderativo.

2.3. O uso de μὴ γένοιτο na comédia grega

As comédias surgiram em Atenas em 486 a.C., quando uma competição por comédias foi instituída como um evento oficial nas Dionisíacas. O primeiro concurso cômico teve como vencedor Quionides, que juntamente com Magnes pertence à primeira geração de comediógrafos. À segunda geração, Crátino e Crates pertencem à comédia ateniense, e à terceira, Êupolis e Aristófanes. A comédia nova é representada principalmente por Menandro.[242]

A primeira comédia a que temos acesso é *Acarnenses* de Aristófanes, encenada no ano 425 a.C.[243] Nessa época, Aristófanes e Êupolis estavam no início de suas carreiras, sendo jovens em seus vinte anos. Cratino conquistara a sua primeira vitória nos festivais cômicos trinta anos antes, e Aristófanes, na peça, retratou o seu distinto rival como uma figura da história literária, sendo agora um velho negligenciado com problemas com a bebida.[244]

---

240. EURÍPIDES; KOVACS, D. (Ed.), Heracles.

241. Tradução sugerida em LIDDELL, H. G.; SCOTT, R., A Greek-English Lexicon, with a supplement, verbete "τύχη".

242. EASTERLING, P. E.; KNOX, B. M. W., Cambridge History of Classical Literature, p. 355-425.

243. ARISTÓFANES; OLSON, S. D. (Ed.), Acharnians (Text and Commentary), p. xxviii.

244. ARISTÓFANES; OLSON, S. D. (Ed.), Acharnians (Text and Commentary), p. xlviii-lii.

Aristófanes nasceu em 445 a.C. e tem onze peças supérstites, mantidas em papiro, em fragmentos de papiro ou em comentários recuperados por escavações modernas. Filho de Filipos, do deme Kidatenai, nasceu em Atenas e a sua primeira peça foi encenada em 427 a.C. Entre as peças de Aristófanes, sobreviveram as seguintes obras: *Acarnenses* (425 a.C.), *Cavaleiros* (424 a.C.), *Nuvens* (423 a.C.), *Vespas* (422 a.C.), *Paz* (421 a.C.), *Aves* (414 a.C.), *Lisístrata* (411 a.C.), *Tesmoforiantes* (411 a.C.) e *Rãs* (405 a.C.).[245]

2.3.1. Aristófanes, *Lisístrata* v. 146-148

Καλονίκη εἰ δ' ὡς μάλιστ' ἀπεχοίμεθ' οὗ σὺ δὴ λέγεις, ὃ **μὴ γένοιτο**, μᾶλλον ἂν διὰ τουτογὶ γένοιτ' ἂν εἰρήνη;[246]	Cleonice Se como, em efeito, tu mesmo dizes, seria melhor poder abandonar - **Que não aconteça**, - Poderia acontecer a paz?

Na passagem destacada, Cleonice apresenta duas possibilidades: a paz não acontecer ou acontecer, sendo a primeira hipótese rechaçada pela expressão μὴ γένοιτο que se faz acompanhar, como de praxe no sentido desiderativo, do pronome relativo neutro. O mesmo acontece em *Tesmoforiantes*:

2.3.2. Aristófanes, *Tesmoforiantes* v. 714

Μνησίλοχος τοῦτο μέντοι **μὴ γένοιτο** μηδαμῶς, ἀπεύχομαι.[247]	Mnesíloco Isso, verdadeiramente, que **não aconteça** jamais, não desejo.

Em *Tesmoforiantes*, as mulheres reunidas nas Tesmofórias fazem discursos como oradores contra Eurípides, tentando forçar os seus maridos a uma ação política: a realização da paz. A fala de Mnesíloco tem sentido desiderativo, tendo efeito cômico, dadas as múltiplas e enfáticas negações. Reforça o sentido desiderativo o próprio verbo ἀπεύχομαι ("não desejo"). Algo a se destacar é a ausência, na fórmula, do pronome relativo neutro ὃ que geralmente acompanha μὴ γένοιτο nos textos em que o sentido é desiderativo.

---

245. EASTERLING, P. E.; KNOX, B. M. W., Cambridge History of Classical Literature, p. 775-777.
246. ARISTÓFANES; GELDART, W. M. (Ed.), Aristophanes Comoediae, vol. 2.
247. ARISTÓFANES; HALL, F. W. and GELDART, W. M. (Ed.), Aristophanes Comoediae, vol. 2.

2.4. O uso de μὴ γένοιτο no geógrafo Pausânias

A única obra antiga sobre os monumentos e localidades geográficas da Grécia que temos ciência são os dez livros intitulados *Periegese*, ou *Descrição da Grécia*, de Pausânias. Embora geralmente essa obra seja vista como uma produção periférica da era Antonina, ela há muito desperta o interesse acadêmico. Pausânias é uma fonte confiável e independente sobre a topografia, escultura e edifícios de sua época. Seu trabalho é um guia explicativo, um representante da literatura periegética que evoca outros nomes de autores helenísticos como Heliodoro e Polemo.[248] O uso de μὴ γένοιτο em Pausânias se dá em contexto narrativo, não em diálogos ou menções a falas desiderativas como visto até aqui.

Descrição da Grécia 7.16.6

Ἀθηναίοις καὶ αὐτῷ κτώμενος περιεποίησέ τε ὧν ἦρχε καὶ ἐτελεύτησεν αὐτὸς ἑκουσίως· Δίαιος δὲ Ἀχαιοὺς ἀπολωλεκὼς Μεγαλοπολίταις κακῶν τῶν ἐφεστηκότων ἧκεν ἄγγελος, ἀποκτείνας δὲ αὐτοχειρὶ τὴν γυναῖκα, ἵνα δὴ **μὴ γένοιτο** αἰχμάλωτος, τελευτᾷ πιὼν φάρμακον, ἐοικυῖαν μὲν παρασχόμενος Μεναλκίδᾳ τὴν ἐς χρήματα πλεονεξίαν, ἐοικυῖαν δὲ καὶ τὴν ἐς τὸν θάνατον δειλίαν.[249]	Para os atenienses e para si mesmo ele conquistou a glória, salvando os homens sob seu comando e buscando sua própria morte. Diaeus, tendo arruinado os aqueus, veio para contar as novidades do desastre ao povo de Megalópole, matou sua esposa com sua própria mão, para, em efeito, **que não pudesse ser feita** prisioneira, e então cometeu suicídio bebendo veneno. Ele pode ser comparado a Menalcidas por sua avareza, e se mostrou igual a ele na covardia de sua morte.

A passagem destacada descreve Diaeus, que para evitar o mal que acometeria a si por causa do povo de Megalópole, matou sua esposa e se matou. A indicação enfática de que a mulher não poderia ser feita prisioneira é marcada pela expressão μὴ γένοιτο – sentido optativo primário, potencial, do verbo γίνομαι em uso oblíquo.

---

248. EASTERLING, P. E.; KNOX, B. M. W., Cambridge History of Classical Literature, p. 890-891.
249. PAUSÂNIAS, Pausaniae Graeciae Descriptio, 7.16.6.

2.5. O uso de μὴ γένοιτο na prosa filosófica

A prosa filosófica de Platão apresenta a expressão μὴ γένοιτο nas principais obras. Platão nasceu em 427 a.C. em Atenas, sendo filho de Aristo e descendente dos reis de Atenas–Periceia, sua mãe, era irmã do político oligárquico Cármides. Platão foi primo de Crítias, que também foi um político ateniense importante. Visitou a Itália (Arquitas e Tarento) e a Sicília, onde conheceu Díon com Dionísio em Siracusa. Depois de voltar a Atenas, Platão fundou a "Academia", uma sociedade de estudantes de filosofia, matemática e ciência política. Platão morreu em Atenas, em 348 a.C.[250]

Platão é autor de diálogos em prosa filosófica, geralmente separados em tetralogias: *Apologia, Íon, Laques, Crito, Cármines, Eutífron, Hípias menor, Protágoras, Lise, Crátilo, Górgias, Meno, Eutidemo, Menexeno, Fédon, Banquete, República, Parmênides, Fedro, Teeteto, Sofista, Político, Timeu, Crítias, Filebo, Leis, Hípias Maior, Alcebíades*.

2.5.1. Platão, *Górgias* 458c

Χαιρεφῶν	Carefonte
τοῦ μὲν θορύβου, ὦ Γοργία τε καὶ Σώκρατες, αὐτοὶ ἀκούετε τούτων τῶν ἀνδρῶν βουλομένων ἀκούειν ἐάν τι λέγητε· ἐμοὶ δ᾽ οὖν καὶ αὐτῷ **μὴ γένοιτο** τοσαύτη ἀσχολία, ὥστε τοιούτων λόγων καὶ οὕτω λεγομένων ἀφεμένῳ προὐργιαίτερόν τι γενέσθαι ἄλλο πράττειν.[251]	Por si mesmos, ouçam o ruído, Górgias e Sócrates, o aplauso pelo qual esses senhores mostram seu desejo de ouvir qualquer coisa que digam; de minha parte, porém, **não possa acontecer** de estar tão ocupado em desistir de uma discussão tão interessante e tão conduzida, porque achei mais importante prestar atenção a outra coisa.

O sentido de μὴ γένοιτο nessa passagem de *Górgias* também é desiderativo. Como filósofo, Carefonte ouvir tal conversação.[252] Temos visto que a expressão é usual para indicar o desejo, a oposição forte ou enfática ou mesmo a alternativa indesejada entre duas propostas na argumentação retórica.

---

250. EASTERLING, P. E.; KNOX, B. M. W., Cambridge History of Classical Literature, p. 792-796.

251. PLATÃO; BURNET, J. (Ed.), Platonis Opera, Górgias 458c.

252. OLYMPIODORUS; JACKSON, R.; LYCOS, K.; TARRANT, H. (Trad.). Olympiodorus's commentary on Plato's Gorgias, p. 108.

2.5.2. Platão, *República* 10.616a

χεῖράς τε καὶ πόδας καὶ κεφαλήν, καταβαλόντες καὶ ἐκδείραντες, εἷλκον παρὰ τὴν ὁδὸν ἐκτὸς ἐπ᾽ ἀσπαλάθων κνάμπτοντες, καὶ τοῖς ἀεὶ παριοῦσι σημαίνοντες ὧν ἕνεκά τε καὶ ὅτι εἰς τὸν Τάρταρον ἐμπεσούμενοι ἄγοιντο.᾽ ἔνθα δὴ φόβων, ἔφη, πολλῶν καὶ παντοδαπῶν σφίσι γεγονότων, τοῦτον ὑπερβάλλειν, **μὴ γένοιτο** ἑκάστῳ τὸ φθέγμα ὅτε ἀναβαίνοι, καὶ ἀσμενέστατα ἕκαστον σιγήσαντος ἀναβῆναι. καὶ τὰς μὲν δὴ δίκας τε καὶ τιμωρίας τοιαύτας τινὰς[253]	e outros amarravam as mãos e os pés e atiravam-nas e esfolavam-nas e arrastavam-nas à beira do caminho, cardando-as em espinhos e significando para aqueles que de tempos em tempos passavam por que motivo eram levados, e que deviam, e então, embora muitas e múltiplas coisas terríveis tivessem acontecido, esse medo excedeu tudo, **para que não pudesse acontecer** com cada um que a voz pudesse subir, e cada um subiu alegremente, quando se manteve em silêncio. E os juízes e penalidades foram um pouco depois dessa mesma maneira,

O sentido optativo primário é utilizado aqui. Parece não haver um valor enfático, não obstante a construção optativa tenha amplitude decorrente do valor semântico do verbo. Seja num diálogo, a expressão μὴ γένοιτο não aparece nas mudanças de turno conversacional, mas no âmbito da argumentação das personagens, como um optativo análogo aos demais usos do optativo potencial.

2.6. O uso de μὴ γένοιτο no mitógrafo Pseudo-Apolodoro

Apolodoro foi aluno do estoico Diógenes da Babilônia (151 a.C.) e por muito tempo estudou com Aristarco, tendo dedicado a sua obra *Crônica* a Átalo Filadelfo (de Pérgamo), provavelmente depois de fugir de Alexandria quando Ptolomeu VIII exilou muitos intelectuais.[254] Apolodoro é um personagem enigmático, de quem não se sabe quase nada a respeito de sua vida, cronologia ou pensamento. A obra *Biblioteca*, geralmente atribuída a Apolodoro, é geralmente aceita como sendo uma obra do 1º ou 2º século d.C. – e por isso, não da autoria de Apolodoro.[255] *Biblioteca* contém as mais antigas histórias dos gregos, as narrativas sobre deuses e heróis, nomes dos rios, países, populações, cidades, a sua origem;

---

253. PLATÃO; BURNET, J. (Ed.), Platonis Opera, República 10.616a.
254. EASTERLING, P. E.; KNOX, B. M. W., Cambridge History of Classical Literature, p. 824-825.
255. TRZASKOMA, S., Citation, Organization and Authorial Presence in Ps.-Apollodorus' Bibliotheca, p. 75-94.

e, além disso, fatos que remontam aos tempos antigos. Faz alusão a acontecimentos da guerra de Troia, a batalhas travadas por certos heróis, além de resumos úteis para aqueles que precisam lembrar de histórias antigas.

Biblioteca 2.4.7

ἀδικουμένης δὲ τῆς χώρας, ἕνα τῶν ἀστῶν παῖδα οἱ Θηβαῖοι κατὰ μῆνα προετίθεσαν αὐτῇ, πολλοὺς ἁρπαξούσῃ, τοῦτ᾽ εἰ **μὴ γένοιτο**.[256]	Como o país sofria isso, os tebanos expunham todos os meses um filho de um dos cidadãos para a fera, o que teria sido feito a muitos, se **isso não pudesse ser feito**.

O sentido optativo regular aparece mais uma vez em *Biblioteca* 2.4.7-8. Nesse uso no âmbito da prosa, o sentido mais comum é potencial, eventualmente hipotético (uma suposição do que aconteceria), principalmente por ser precedido da partícula εἰ, mas sem o valor enfático.

2.7. O uso de μὴ γένοιτο nos logógrafos gregos

O desenvolvimento da democracia na Grécia trouxe consigo um aumento no número de pessoas que se envolveram ativamente na vida política de suas cidades. Em Atenas (de onde deriva quase toda a nossa evidência literária antiga), a legislação de Efialtes em 462 a.C. criou uma democracia direta, significando que o povo era soberano no estado. O principal órgão de decisão na democracia ateniense era a Assembleia, em que os cidadãos se reuniam para debater todas as questões da política interna e externa.[257]

Nesse espaço, o falar em público, que existia antes do surgimento da própria democracia, tornou-se um instrumento cada vez mais qualificado de exercitar o poder. Os logógrafos gregos, dos quais são mais conhecidos os oradores áticos, estabeleceram discursos escritos sobre algum assunto relacionado à comunidade marcada pelo embate discursivo, sendo muitos desses discursos mantidos como exemplos e paradigmas de estilo e forma.[258]

A retórica e a sua linguagem e sintaxe, os seus dispositivos de invenção e seus arranjos e as suas relações com o cotidiano ajudam a elucidar o sentido da

---

256. APOLODORO; FRAZER, J. G. (Ed.), The Library, with an English Translation by Sir James George Frazer, F.B.A., F.R.S. In 2 Volumes, 2.4.7.

257. MOSSÉ, C., Regards sur la démocratie athénienne, p. 12-45.

258. YUNIS, H., Taming Democracy, p. 2-7. Para um estudo extensive, HANSEN, M. H., The Athenian Democracy in the Age of Demosthenes.

expressão μὴ γένοιτο em uma conjuntura discursiva marcada pela retórica bem anterior à diatribe de Epíteto, por exemplo. Tratar-se-á aqui de Demóstenes, Iseu, Lísias e Aelius Aristides.

O primeiro autor, Demóstenes, nasceu em 384 a.C. em Atenas. Estudou retórica sob Isaeus e processou os seus guardiões por desviar sua herança 364 (*Discurso contra Áfobo, Discurso contra Onetor*). Seu primeiro discurso público foi feito contra Andrótion em 355 a.C., sendo o discurso deliberativo mais antigo. Posteriormente, atuou na política de Atenas adotando uma postura cada vez mais anti-macedônia, posicionamento que aquiesceu apenas na paz de Filócrates em 346 a.C. Demóstenes proferiu a oração fúnebre após a derrota de Atenas em Queroneia em 338 a.C. Demóstenes também defendeu a sua carreira contra a acusação de Ésquines na *Oração da Coroa*, discurso pronunciado em 330 a.C. Demóstenes foi multado e condenado após ter sido denunciado por receber suborno, mas ele fugiu para o exílio em 324 a.C. Após a morte de Alexandre, Demóstenes foi reabilitado mas foi, em seguida, condenado à morte após a derrota dos gregos na guerra de Lamião, em 322 a.C. Para não morrer, Demóstenes fugiu para a ilha de Calauria e envenenou-se no mesmo ano. O *corpus* demostênico contém sessenta e três obras, contendo discursos deliberativos, discursos públicos, discursos privados, cartas, orações fúnebres entre outros escritos.[259]

2.7.1. Demóstenes, *Sobre a liberdade dos Ródios* 15.21

[21] ἔπειτα καὶ δίκαιον, ὦ ἄνδρες Ἀθηναῖοι, δημοκρατουμένους αὐτοὺς τοιαῦτα φρονοῦντας φαίνεσθαι περὶ τῶν ἀτυχούντων δήμων, οἷάπερ ἂν τοὺς ἄλλους ἀξιώσαιτε φρονεῖν περὶ ὑμῶν, εἴ ποθ', ὃ **μὴ γένοιτο**, τοιοῦτό τι συμβαίη. καὶ γὰρ εἰ δίκαιά τις φήσει Ῥοδίους πεπονθέναι, οὐκ ἐπιτήδειος ὁ καιρὸς ἐφησθῆναι· δεῖ γὰρ τοὺς εὐτυχοῦντας περὶ τῶν ἀτυχούντων ἀεὶ φαίνεσθαι τὰ βέλτιστα βουλευομένους, ἐπειδήπερ ἄδηλον τὸ μέλλον ἅπασιν ἀνθρώποις.[260]	Logo, é justo também, ó homens atenienses, que, estando vós mesmos em uma democracia, que penseis acerca dos governos malsucedidos do povo, exatamente da forma como considerarieis justo que os outros se preocupassem convosco, caso, em algum momento, algo do tipo – o que tomara que **não aconteça** – ocorresse eventualmente convosco. E, então, se alguém falar que os ródios sofreram aquilo que era justo, a ocasião não é apropriada para ser levantada, pois devem os bem-afortunados em relação aos desafortunados sempre mostrar que estão decidindo o melhor, visto que o futuro é desconhecido para todos os homens.

---

259. EASTERLING, P. E.; KNOX, B. M. W., Cambridge History of Classical Literature, p. 800-801.
260. DEMÓSTENES; BUTCHER, S. H. (Ed.), Demosthenis, 1903. Sobre a liberdade dos ródios 15.21.

Sobre a liberdade dos Ródios 15.21 apresenta o uso de μὴ γένοιτο como uma interrupção do fluxo de ideias em curso, indicando que os eventos em Rodes, caso acontecessem com os atenienses, seriam terríveis. Ao colocar a expressão μὴ γένοιτο, o orador deixa claro de forma enfática o seu desejo: ele não quer que algo semelhante ocorra com seus ouvintes. O cuidado no uso enfático de μὴ γένοιτο, antecedido do pronome relativo neutro singular, ao mesmo tempo em que interrompe o fluxo do discurso, lembra os interlocutores por meio do destaque da ideia que a sorte dos ródios não deve, não pode e nem o orador quer que recaia sobre os seus ouvintes.

2.7.2. Demóstenes, *Contra Afóbo* I 27.67

καὶ νῦν κομίσασθαι τἀμαυτοῦ ζητῶν εἰς κίνδυνον καθέστηκα τὸν μέγιστον. ἂν γὰρ ἀποφύγῃ μ' οὗτος, ὃ **μὴ γένοιτο**, τὴν ἐπωβελίαν ὀφλήσω μνᾶς ἑκατόν.[261]	E agora, quando pretendo recuperar a minha, exposta, corro o maior risco. Bem, se sair insolúvel, que **não aconteça**, vou pagar a epobelia, cem minas.

No processo contra o seu tutor, Demóstenes indica que ainda que o caso fosse insolúvel, pagaria a *epobelia* – mas destaca que não é o caso – e deseja que assim não aconteça, por meio da construção μὴ γένοιτο antecedida do pronome relativo neutro singular. Um uso diverso em Demóstenes de μὴ γένοιτο, porém, mais próximo do uso enfático, mas sem o sentido religioso-súplice, está no que segue.

2.7.3. Demóstenes, *Contra Afóbo* II 28.21[262]

ἢ νῦν μὲν οἴεται τυχόντα με τῶν δικαίων παρ' ὑμῖν ὑποδέξεσθαι καὶ τὴν ἀδελφὴν ἐκδώσειν· εἰ δ' ὑμεῖς ἄλλο τι γνώσεσθε, ὃ **μὴ γένοιτο**, τίν' οἴεσθ' αὐτὴν ψυχὴν ἕξειν, ὅταν ἐμὲ μὲν ἴδῃ μὴ μόνον τῶν πατρῴων ἀπεστερημένον, ἀλλὰ καὶ πρὸς ἠτιμωμένον, περὶ δὲ τῆς ἀδελφῆς μηδ' ἐλπίδ' ἔχουσαν ὡς τεύξεταί τινος τῶν προσηκόντων διὰ τὴν ἐσομένην ἀπορίαν;[262]	Uma mulher que no momento acha que vai me receber triunfante na defesa dos meus direitos perante sua corte e vai matar minha irmã! Mas se você emitir outra sentença – que **não aconteça**! – Que espírito você acha que ela terá quando me vir não apenas despojada de meus bens paternos, mas também privada de meus direitos cívicos e de minha irmã, sem que ela alcance algo do que lhe corresponda, devido à sua pobreza futura.

---

261. DEMÓSTENES; BUTCHER, S. H. (Ed.), Demosthenis, 1907/1921. Contra Afóbo I 27.67.
262. DEMÓSTENES; BUTCHER, S. H. (Ed.), Demosthenis, 1907/1921. Afóbo II 28.21.

O desejo indicado no discurso se dá pela intercalação de μὴ γένοιτο (antecedido de pronome relativo), que explicita o descontentamento do orador caso outra sentença seja emitida, desfazendo assim o núcleo da resistência. Uso análogo temos na obra *Para Fórmio* 36.49.

2.7.4. Demóstenes, *Para Fórmio* 36.49

εἰς μὲν γὰρ τὰ ὄντ᾽ εἰ βλέπεις ἀκριβῶς, ταῦθ᾽ εὑρήσεις ὧν ἔστιν, ἐάν, ὃ **μὴ γένοιτο**, ἐξαπατηθῶσιν οὗτοι.²⁶³	De fato, se você direcionar seus olhos com cuidado para os seus bens, você descobrirá quem eles são, e esperançosamente, que **não aconteça**, eles serão vítimas do seu engano.

Em *Para Fórmio* 36.49, Demóstenes mais uma vez intercala na sua fala a respeito de algo indesejado e negativo, a expressão μὴ γένοιτο (antecedida do pronome relativo), que permite ao ouvinte saber que, não obstante ele constate a possibilidade de acontecer o engano caso se delibere pelo contrário que ele propõe, ele deseja que tal mal não aconteça. Ainda assim, é possível encontrar nos discursos demostênicos o uso de μὴ γένοιτο no sentido do optativo potencial.

2.7.5. Demóstenes, *Sobre a falsa embaixada* 19.160

ὁ πόλλ᾽ ὑπισχνούμενος τοῖς Ἀθηναίοις ἂν τύχῃ τῆς εἰρήνης. ἵνα δὴ **μὴ γένοιτο** ταῦθ᾽ ἃ λέγω φανερά, διὰ ταῦτ᾽ οὐδαμόσ᾽ ᾤετο δεῖν τούτους βαδίζειν.²⁶⁴	quem desejou a paz e fez muitas promessas aos atenienses no caso de ele ter conseguido. Então, para que o que estou dizendo **não pudesse ficar** em evidência, senti que era necessário que esses indivíduos não fossem a lugar nenhum.

Aqui Demóstenes faz um uso diferente dos exemplos anteriores. A expressão é usada no optativo oblíquo, aquele que em orações subordinadas o optativo pode corresponder ao indicativo ou ao subjuntivo. Destaca-se o uso de ἵνα δὴ que antecede a expressão, similar ao uso de Plutarco em *Pirro* 27.5.

---

263. DEMÓSTENES; BUTCHER, S. H. (Ed.), Demosthenis, 1907/1921. Para Fórmio, 36.49.
264. DEMÓSTENES; BUTCHER, S. H. (Ed.), Demosthenis, 1903. Sobre a falsa embaixada 19.160.

2.7.6. Demóstenes, *Contra Beócio* 40.56

καὶ ἐγὼ μέν, ἐάν, ὃ **μὴ γένοιτο**, ὑμεῖς με ἐγκαταλίπητε, οὐχ ἕξω ὁπόθεν προῖκα ἐπιδῶ τῇ θυγατρί, ἧς τῇ μὲν φύσει πατήρ εἰμι, τὴν δ᾽ ἡλικίαν αὐτῆς εἰ ἴδοιτε, οὐκ ἂν θυγατέρα μου ἀλλ᾽ ἀδελφὴν εἶναι αὐτὴν νομίσαιτε.²⁶⁵	E eu, se, que **não aconteça**, você me abandonar, não terei de dar dote à filha, cujo pai sou por natureza, embora se você visse sua estatura, não acreditaria ser ela minha filha, mas minha irmã.

Em *Contra Beócio* 40.56 a utilização de μὴ γένοιτο sofre alguma variação: a primeira pessoa do singular é seguida imediatamente da conjunção condicional ἐάν, e a continuação da frase é interrompida pela expressão μὴ γένοιτο (antecedida de pronome relativo neutro singular), trazendo um sentido hipotético para o optativo.

2.7.7. Demóstenes, *Contra Aristogiton* A 25.30

Outra variação é o discurso se encerrar com a expressão μὴ γένοιτο, indicando o que o orador não deseja que a assembleia delibere em relação ao tema em pauta na assembleia.

ἐγὼ γάρ, ὦ ἄνδρες Ἀθηναῖοι, νομίζω μὲν αὐτὸν καὶ ἐφ᾽ οἷς νυνὶ ποιεῖ δικαίως ἂν ἀποθανεῖν, πολὺ μέντοι μᾶλλον, ἢ οὐδέν γ᾽ ἧττον, ἐφ᾽ οἷς δῆλός ἐστι ποιήσων, εἰ τὴν παρ᾽ ὑμῶν ἐξουσίαν λήψεται καὶ καιρόν· ὃ **μὴ γένοιτο**.²⁶⁶	Bem, eu, ó homens atenienses, acho que ele também mereceria a morte pelo que está fazendo agora; muito mais, nem mesmo, ou até menos, então fica claro que ele o fará se receber licença e oportunidade de vocês, o que espero que **não aconteça**.

2.7.8. Demóstenes, *Contra Aristogiton* A 25.32

Outro exemplo de variação na construção frasal com μὴ γένοιτο tem relação com a posição da expressão na frase: intercalada entre duas partes de uma oração interrogativa cuja ênfase é posta na necessidade, diante do μὴ γένοιτο, de responder negativamente à questão posta.

---

265. DEMÓSTENES; BUTCHER, S. H. (Ed.), Demosthenis, 1921. Contra Beócio 40.56.
266. DEMÓSTENES; BUTCHER, S. H. (Ed.), Demosthenis, 1907/1921. Contra Aristogiton 25.30.

τί γὰρ οὗτος ὀκνήσειεν ἄν, ὦ ἄνδρες Ἀθηναῖοι, τῶν ἀνηκέστων ἢ δεινῶν, ἄνθρωπος μιαρὸς καὶ πατρικῆς ἔχθρας πρὸς τὸν δῆμον ἀνάμεστος; τίς δ' ἂν ἄλλος μᾶλλον, ὃ **μὴ γένοιτο**, ἀνατρέψειεν τὴν πόλιν, εἰ λάβοιτ' ἐξουσίας;.[267]	Porque que ação das irreparáveis ou temíveis, ó homens atenienses, aquele indivíduo hesitaria [em fazer], um homem impuro cheio de ódio hereditário ao governo do povo? Que outra pessoa perturbaria a cidade em maior grau – o que, esperamos, **que não aconteça** –, se pudesse ter chance?

O que se observa é que Demóstenes já tem cristalizada a utilização de μὴ γένοιτο antecedida de pronome relativo neutro singular, utilizada em um sentido semelhante ao que será posteriormente adotado no discurso paulino, e que se ramificará na literatura satírica, religiosa e nos oradores. O aspecto desiderativo, enfático e negativo torna a expressão típica de contextos que tenham alternativas, ou então em discursos cuja amplitude envolve a tomada de decisões ou os acontecimentos potenciais.

2.7.9. Dinarco, *Contra Demóstenes* 1.66

Dinarco, ao discursar contra seu principal adversário, Demóstenes, utiliza μὴ γένοιτο no mesmo sentido e na mesma forma que seu oponente, usando o pronome relativo neutro singular antes da expressão.

τί γὰρ ἐροῦμεν, ὦ Ἀθηναῖοι, πρὸς τοὺς περιεστηκότας ἐξελθόντες ἐκ τοῦ δικαστηρίου, ἐάν, ὃ **μὴ γένοιτο**, παρακρουσθῆτε ὑπὸ τῆς τούτου γοητείας;[268]	O que diremos, ó atenienses, aos espectadores, quando sairmos da corte, se, **que não aconteça**, vós fostes enganados pela magia deste homem?

Vale destacar ainda o uso da expressão τί γὰρ ἐροῦμεν, que é sinônima da expressão τί οὖν ἐροῦμεν; ("que diremos pois?") usada por Paulo em Romanos (Rm 3,5; 4,1; 6,1; 7,7; 8,31; 9,14.30) que geralmente é considerada uma marca do estilo diatríbico, e como podemos ver, já está presente nos oradores atenienses.[269]

---

267. DEMÓSTENES; BUTCHER, S. H. (Ed.), Demosthenis, 1907/1921. Contra Aristogiton 25.32.
268. DINARCO; BURTT, J. O. (Ed.), Dinarchus. Minor Attic Orators in two volumes, 2. Contra Demóstenes 1.66.
269. STOWERS, S. K., The Diatribe and Paul's letter to the Romans, p. 119.

2.7.10. Iseu, *Filoctemon* 6.7

Iseu, nascido em 420 a.C. em Atenas ou Cálcis, aluno de Isócrates e professor de Demóstenes,[270] utilizava μὴ γένοιτο em um sentido mais regular do uso do optativo. Em seus doze discursos supérstites, entre os cinquenta discursos conhecidos do logógrafo, mostram a disposição da utilização de μὴ γένοιτο. Em Filoctemon, por exemplo, é possível encontrar:

καὶ ἔγραψεν οὕτως1 ἐν διαθήκῃ, εἰ **μὴ γένοιτο** αὐτῷ παιδίον ἐκ τῆς γυναικός, τοῦτον κληρονομεῖν τῶν ἑαυτοῦ. καὶ τὴν διαθήκην κατέθετο παρὰ τῷ κηδεστῇ Χαιρέᾳ, τῷ τὴν ἑτέραν αὐτοῦ ἀδελφὴν ἔχοντι. καὶ ὑμῖν ἥ τε διαθήκη αὕτη ἀναγνωσθήσεται2 καὶ οἱ παραγενόμενοι μαρτυρήσουσι. καί μοι ἀνάγνωθι."Διαθήκη" "Μάρτυρες"[271]	Sob os termos de sua vontade, se ele **não pudesse ter** filhos de sua esposa, Chaerestratus herdaria seu patrimônio. Ele depositou seu testamento com Chaereas, seu cunhado, marido de sua outra irmã. Esta vontade será agora lida para você, e aqueles que estiveram presentes em sua execução deverão dar provas. Por favor, leia-o. Testemunhas

O sentido potencial ("não pudesse ter"), é ligeiramente alterado com a adição da conjunção condicional εἰ, trazendo um sentido hipotético (hipótese de que tal evento viesse a acontecer).

2.7.11. Lísias, *Sobre a propriedade de Aristófanes* 19.38

Lísias é outro logógrafo que, nascido em Atenas em 444 a.C., foi expulso após o fracasso da expedição ateniense para a Sicília 415-413 a.C. mas retornou a Atenas e prosperou como fabricante de escudos. Ele conduziu uma escola (talvez entre 403-401 a.C.) e tornou-se importante escritor de discursos.[272] Lísias afirma, a respeito do caso do confisco da propriedade de Timóteo:

---

270. EASTERLING, P. E.; KNOX, B. M. W., Cambridge History of Classical Literature, p. 805.

271. ISEU; FORSTER, E. S. (Ed.), Isaeus with an English translation by Edward Seymour Forster.

272. EASTERLING, P. E.; KNOX, B. M. W., Cambridge History of Classical Literature, p. 798-799.

νῦν τοίνυν εἰ δημεύσαιτε1 τὰ τοῦ Τιμοθέου, – ὃ **μὴ γένοιτο**, εἰ μή τι μέλλει μέγα ἀγαθὸν ἔσεσθαι τῇ πόλει, – ἐλάττω δὲ ἐξ αὐτῶν λάβοιτ᾽ ἢ ἃ2 ἐκ τῶν Ἀριστοφάνους γεγένηται, τούτου ἕνεκα ἠξιοῦτε ἂν τοὺς ἀναγκαίους τοὺς ἐκείνου τὰ σφέτερ᾽ αὐτῶν ἀπολέσαι; ἀλλ᾽ οὐκ εἰκός, ὦ ἄνδρες δικασταί: ὁ γὰρ Κόνωνος θάνατος καὶ αἱ διαθῆκαι,[273]	Então, nesse caso, se você confiscar a propriedade de Timóteo – que **não aconteça**, a menos que haja algum grande benefício para o Estado, – e você deve receber uma quantia menor do que a derivada de Aristófanes. Isso lhe daria alguma boa razão para pensar que seus parentes deveriam perder o que lhes pertence? Não, não é razoável, senhores do júri: para a morte de Kónomos e as disposições,

O uso análogo ao adotado na literatura demostênica (inclusive no uso de μὴ γένοιτο em posição intercalada e acompanhado de pronome relativo) mostra o desenvolvimento, nos oradores, das táticas de defesa discursiva. Na retórica deliberativa, em especial, anunciar que não deseja que aconteça algo explicita à audiência o posicionamento do orador em relação à questão, sendo esse um elemento de comunicação fundamentalmente importante para a atribuição e reforço do sentido do discurso.

---

273. LÍSIAS; LAMB, W. R. M. (Ed.), Lysias with an English translation by W.R.M. Lamb.

Capítulo 3 | O uso de μὴ γένοιτο na literatura extrabíblica entre os dois Testamentos

3.1. O uso de μὴ γένοιτο nos pseudepígrafos do AT

A análise da expressão μὴ γένοιτο nos escritos chamados de pseudepígrafos é relevante, uma vez que reflete o uso da expressão no contexto em que o cristianismo surge e se desenvolve em suas origens palestinenses.

3.1.1. *Testamento de Jó* 38.1

O primeiro texto pseudepígrafo aqui abordado é o *Testamento de Jó*, um dos textos pseudepigráficos mais conhecidos do judaísmo primitivo. Escrito no séc. I a.C., *Testamento de Jó* é uma celebração da virtude da paciência através de uma elaboração folclórica da história bíblica de Jó, que pode ser comparada em seu método de tratamento com a elaboração de incidentes nas vidas dos patriarcas pelo autor do *Testamento dos Doze Patriarcas*.[274]

O *Testamento de Jó* tem as características dos outros testamentos judaicos dos períodos helenístico e romano: a menção ao leito de morte, a visão retrospectiva da vida do seu protagonista moribundo, as admoestações éticas que podem derivar de sua história de vida e finalmente a sua morte, enterro e lamentação, são princípios de redação, um esquema formal seguido pelo autor.[275]

---

274. DE JONGE, M., The Main Issues in the Study of the Testaments of the Twelve Patriarchs, p. 147-163; SPITTLER, R., Testament of Job, p. 829-868.

275. KRAFT, R. A. (Ed.), Testament of Job. Missoula. Montana.

Καὶ εἶπον· Νουθέτησόν με πρὸς ταῦτα, εἰ ἐστίν σοι φρόνησις· Ἔστιν μὲν φρόνησις ἐν ἐμοὶ καὶ σύνεσις τῇ καρδίᾳ μου, διὰ τί οὖν μὴ λαλήσω τὰ μεγαλεῖα τοῦ κυρίου; εἰ ὅλως ἂν πταίσῃ μου τὸ στόμα εἰς τὸν δεσπότην; **μὴ γένοιτο**.[276]	E eu disse: "Aconselhe-me a respeito destes assuntos, se tu tens o teu juízo sobre ti! Mas eu tenho o meu juízo sobre mim, e há compreensão em meu coração; por que então eu não deveria falar sobre as grandes coisas do Senhor? Deveria minha boca errar completamente a respeito do mestre? **De jeito nenhum!**

O *Testamento de Jó* segue a orientação geral da utilização desiderativa e enfática de μὴ γένοιτο como resposta a uma pergunta, da qual se espera uma resposta negativa no âmbito da argumentação.

3.1.2. *Carta de Aristeas* 1.238

Outro texto pseudepígrafo importante é a Carta de Aristeas que evidencia a natureza do judaísmo alexandrino e ocupa um lugar central em qualquer discussão sobre as origens da Septuaginta por causa da descrição do processo de elaboração da tradução.[277] De fato, o trabalho é um dos poucos textos judaicos de Alexandria em seu período e, portanto, é importante para saber a modalidade de língua no registro alexandrino.

Παρακαλέσας δὲ τοῦτον πρὸς τὸν ἕτερον ἔφη Πῶς ἂν γονεῦσι τὰς ἀξίας ἀποδῴη χάριτας; ὃς δὲ εἶπε Μηδὲν αὐτοὺς λυπήσας· τοῦτο δ' οὐκ ἔστιν, εἰ **μὴ** θεὸς τῆς διανοίας ἡγεμὼν **γένοιτο** πρὸς τὰ κάλλιστα.[278]	Falou gentilmente com o homem e disse a outro: "Como um homem pode dignamente pagar a dívida de gratidão a seus pais?" E ele disse: "Nunca causando-lhes dor, e isso **não é possível** a menos que Deus dispense a mente para a busca dos fins mais nobres".

O uso não é o da forma cristalizada da expressão no seu sentido enfático adversativo. Vemos aqui um uso similar ao de *Fílon, Sobre a mudança dos nomes* 1.73, em que a partícula μὴ vem separada do optativo γένοιτο, mas antecedida, no

---

276. EVANS, C. A., The Greek Pseudepigrapha (OPG), The Testament of Job 38,1.
277. CROM, D. D., The Letter of Aristeas and the Authority of the Septuagint, p. 141–160.; SHUTT, R. J. H., Letter of Aristeas, p. 7.
278. ARISTEAS; PELLETIER, A. (Ed.), Lettre d'Aristée a Philocrate, p. 208.

início da oração subordinada pela condicional εἰ. O sentido aqui parece hipotético, na medida em que a dor não seria causada na hipótese de Deus dispensar "a mente para a busca de fins mais nobres".

3.1.3. *José e Asenet* 25.7-8

Por fim, o apócrifo judaico *José e Asenet* conta a história de uma conversão ao Deus de Israel, motivada pelo amor. É uma elaboração de Gênesis 41.45, 50-52 e 46.20. O texto narra como o patriarca José poderia casar-se com uma gentia, Asenet, a filha de Pentephres, sacerdote de Heliópolis.[279]

A exposição do texto se assemelha aos contos de fadas – a bela virgem isolada em uma torre ornamentada que a protege contra pretendentes é visitada por José. Ele rejeita o amor imediato de Asenet por causa da idolatria, mas Asenet destrói seus ídolos e segue-se um arrependimento de uma semana, durante o qual ela ora ao Senhor para renová-la. Um homem celestial desce para iniciá-la nos mistérios do Altíssimo até que ela é transfigurada em uma criatura angelical, é investida de eterna juventude e recebe um novo nome: Cidade do Refúgio. O livro foi escrito no grego da Septuaginta e tem um caráter excepcional entre os apócrifos do Antigo Testamento por suas qualidades literárias e seu humor otimista, tolerante e magnânimo com os estrangeiros.[280]

| Καὶ ὀργίσθησαν αὐτοῖς οἱ ἀδελφοὶ αὐτῶν οἱ πρεσβύτεροι Δὰν καὶ Γὰδ λέγοντες· ἀλλ᾽ ὡς γυναῖκες ἀποθανούμεθα; **μὴ γένοιτο**. Καὶ ἐξῆλθον εἰς συνάντησιν τῷ Ἰωσὴφ καὶ τῇ Ἀσενέθ.[281] | E os seus irmãos mais velhos, Dan e Gade, se zangaram com eles, dizendo: "Mas como mulheres morreremos nós? **De jeito nenhum!**" E eles saíram para encontrar José e Aseneth. |

A utilização de μὴ γένοιτο em *José e Asenet* 25.8 mostra a utilização da tática de defesa discursiva no diálogo, sendo a questão respondida pelos interlocutores do personagem que pergunta. Apesar de vermos aqui uma pergunta sendo respondida enfaticamente com um μὴ γένοιτο, não se trata de uma pergunta retórica, em que a pergunta é colocada pelo próprio autor na forma de um interlocutor hipotético. Antes, temos aqui uma pergunta posta por personagens da nar-

---

279. BUCHARD, C., Joseph and Aseneth, p. 177.
280. NIR, R., Joseph and Aseneth.
281. EVANS, C. A., The Greek Pseudepigrapha (OPG), Joseph and Aseneth 25.8.

rativa. De qualquer modo aqui, os personagens que elaboram a pergunta, são os mesmos que respondem.

3.2. O uso de μὴ γένοιτο em Fílon de Alexandria

Pouco se sabe de Fílon de Alexandria, exceto aquilo que ele mesmo afirma em passagens de sua vasta obra e a algumas menções ocasionais a ele feitas por Josefo. A única referência cronológica a seu respeito que é conhecida é a sua atividade na embaixada que compareceu diante de Calígula, composta de judeus alexandrinos em 40 d. C. Nessa ocasião, Fílon já tinha idade avançada, o que evidencia que ele deve ter nascido no máximo na penúltima década pré-cristã. Fílon pertencia a uma família rica e influente de Alexandria, e seu irmão, C. Julio Alexandre, ocupou a posição de alabarca da cidade, uma função cuja natureza verdadeira não se sabe. O filho de Fílon, Tibério Júlio Alexandre, se tornou um dos jovens israelitas que abandonaram a fé judaica e abraçaram as crenças pagãs. Fílon desempenhou um papel político importante na comunidade judeu-alexandrina.[282]

As obras de Fílon formam um grande *corpus* que se divide em tratados contendo a declaração da lei, textos com interpretações alegóricas, escritos puramente filosóficos, escritos apologéticos em favor dos judeus e aqueles que lidam com os problemas relacionados a Gênesis e Êxodo.

3.2.1. Fílon, *O Pior ataca o Melhor* 1.133

μὴ γάρ ποτε φαύλου λόγος ἑρμηνεὺς **γένοιτο** δογμάτων θείων τὸ γὰρ κάλλος αὐτῶν οἰκείοις μιάσμασιν αἰσχύνει, μηδ' ἔμπαλιν σπουδαίου προφορᾷ τὰ ἀκόλαστα καὶ αἰσχρὰ μηνύοιτο, ἀλλ' ἀεὶ τὴν τῶν ἁγίων διήγησιν ἱεροὶ καὶ ἅγιοι ποιείσθωσαν λόγοι.[283]	Que **nunca** o discurso de um homem mau **se torne** intérprete de doutrinas divinas, pois tal deformaria sua beleza por suas próprias imundícies; e, por outro lado, pode o que é intemperante e vergonhoso nunca ser relacionado pela expressão de um homem virtuoso, mas as conversações sagradas e santas sempre podem transmitir a relação das coisas sagradas.

---

282. TRIVIÑO, J. M., Obras completas de Filón de Alejandria, p. 5-9.
283. FÍLON DE ALEXANDRIA; BORGEN, P.; FUGLSETH, K.; SKARSTEN, R. (Ed.) The Philo Concordance Database in Greek (PHI). Quod deterius potiori insidiari 1.133.

Em *O Pior ataca o Melhor* 1.133 não temos o uso da expressão μὴ γένοιτο. Ambos estão na mesma oração, mas separados. Deixamos aqui apenas como um exemplo de como o sentido é totalmente outro da forma cristalizada da expressão. Mais uma vez aqui o optativo (γένοιτο somente) não é usadado em sentido potencial, "que possa acontecer", mas no sentido do modo indicativo, "pode ser/acontecer".

3.2.2. Fílon, *O Pior ataca o Melhor* 1.33

πάντα γάρ, τὸ τοῦ λόγου δὴ τοῦτο, κινοῦσι λίθον φάσκοντες· οὐκ οἰκία ψυχῆς τὸ σῶμα; διὰ τί οὖν οἰκίας, ὡς **μὴ γένοιτο** ἐρείπιος, οὐκ ἐπιμελησόμεθα οὐκ ὀφθαλμοὶ καὶ ὦτα καὶ ὁ τῶν ἄλλων χορὸς αἰσθήσεων ψυχῆς ὥσπερ τινὲς δορυφόροι καὶ φίλοι; συμμάχους οὖν καὶ φίλους οὐκ ἐν ἴσῳ τιμητέον ἑαυτοῖς; ἡδονὰς δὲ καὶ ἀπολαύσεις καὶ τὰς παρὰ πάντα τὸν βίον τέρψεις τοῖς τεθνεῶσιν ἢ τοῖς μηδὲ γενομένοις τὸ παράπαν ἀλλ' οὐχὶ τοῖς ζῶσιν ἡ φύσις ἐδημιούργει; πλοῦτον δὲ καὶ δόξαν καὶ τιμὰς καὶ ἀρχὰς καὶ τὰ ἄλλα ὅσα τοιαῦτα τί παθόντες οὐ ποριούμεθα, ἐξ ὧν οὐ μόνον τὸ ἀσφαλῶς ἀλλὰ καὶ εὐδαιμόνως ζῆν περιγίνεται;[284]	porque, como diz o provérbio, não deixam pedra sobre pedra, dizendo: Não é o corpo a casa da alma? Por que, então, **não precisamos** cuidar da casa para que ela não pereça? Não são os olhos e os ouvidos, e toda a companhia dos outros sentidos exteriores, guardas, por assim dizer, e amigos da alma? Por que não devemos honrar os amigos e aliados dos homens igualmente com eles mesmos? E a natureza fez prazeres e prazeres, e todas as delícias que se espalham por toda a vida pelos mortos, ou por aqueles que nunca tiveram existência alguma, e não pelos que estão vivos? E o que não devemos fazer para obter para nós mesmos riquezas, e glória, e honras, e autoridade, e todas as outras coisas desse tipo, que são o único meio de viver não só com segurança, mas felizmente?

A utilização de μὴ γένοιτο em *O Pior ataca o Melhor* 1.33 está em um contexto discursivo de interrogações seguidas, indicando aquilo que "não pode faltar/ser/acontecer" – parece ser um uso do optativo oblíquo em um sentido idiomático específico de Fílon.

---

284. FÍLON DE ALEXANDRIA; BORGEN, P.; FUGLSETH, K.; SKARSTEN, R., (Ed.) The Philo Concordance Database in Greek (PHI). Quod deterius potiori insidiari 1.33.

3.2.3. Fílon, *Sobre a confusão das línguas* 1.116

λέγουσι γάρ· "ποιήσωμεν ἑαυτῶν ὄνομα". ὢ περιττῆς καὶ κεχυμένης ἀναισχυντίας. τί φατε; νυκτὶ καὶ βαθεῖ σκότῳ τὰ ἑαυτῶν ἀδικήματα συγκρύπτειν ὀφείλοντες καὶ προκάλυμμα αὐτῶν, εἰ καὶ μὴ τὴν ἀληθῆ, τὴν γοῦν προσποίητον αἰδῶ πεποιῆσθαι ἢ χάριτος ἕνεκα τῆς πρὸς τοὺς ἐπιεικεστέρους ἢ διαδύσεως τῶν ἐφ᾽ ὁμολογουμένοις ἁμαρτήμασι τιμωριῶν, τοσοῦτον τῆς τόλμης ἐπιβαίνετε, ὥστε οὐ μόνον πρὸς φῶς καὶ λαμπρότατον ἥλιον ἐναυγάζεσθε μήτε τὰς ἀνθρώπων τῶν ἀμεινόνων ἀπειλὰς μήτε τὰς ἀπαραιτήτους ἐκ θεοῦ δίκας τοῖς οὕτως ἀνοσιουργοῖς ἀπαντωμένας καταδείσαντες, ἀλλὰ καὶ πανταχόσε φήμας ἀγγέλους τῶν οἰκείων ἀδικημάτων περιπέμπειν ἀξιοῦτε, ὡς μηδεὶς ἀμύητος **μηδ**᾽ ἀνήκοος **γένοιτο** τῶν ὑμετέρων, ὦ σχέτλιοι καὶ παμμίαροι, τολμημάτων.[285]	Pois eles dizem: "Façamos para nós um nome". Oh, descaramento excessivo e desregrado de tal ditado! O que vós dizeis? Quando deveis procurar enterrar vossas iniquidades na escuridão da noite e na escuridão profunda, e entender como um véu sobre elas, a vergonha, se não genuína, em todos os aspectos fingiu vergonha, seja para ganhar favor aos olhos dos moderados e virtuoso, ou para evitar o castigo pela perversidade admitida; vós, todavia, procedais a tal arremesso de audácia, como todos, mas para sair e se mostrar na luz e nos mais brilhantes raios do sol, e não temer nem as ameaças de homens melhores, nem a justiça implacável de Deus, que se impõe sobre homens tão ímpios e desesperados? Mas achas que é conveniente enviá-los em todas as direções, para levar inteligência de vossas iniquidades domésticas, a fim de que ninguém seja desinformado ou **não esteja** familiarizado com seus atos de iniquidade ousada, homens infelizes e infames que sois.

Exemplo similar ao anterior. Observamos que μή recebe o reforço da partícula δέ, que visa apenas estabelecer a ligação entre o μή e o vocábulo iniciado por vogal ἀνήκοος. O sentido mais uma vez parece não ser o potencial, mas sim que γένοιτο esteja a substituir um sentido verbal no modo subjuntivo.

---

285. FÍLON DE ALEXANDRIA; BORGEN, P.; FUGLSETH, K.; SKARSTEN, R. (Ed.) The Philo Concordance Database in Greek (PHI). De confusione linguarum 1.116.

3.2.4. Fílon, *Sobre a mudança dos nomes* 1.73

καθάπερ γὰρ δένδρων οὐδὲν ὄφελος, εἰ **μὴ** καρπῶν οἰστικὰ **γένοιτο**, τὸν αὐτὸν δὴ τρόπον οὐδὲ φυσιολογίας, εἰ μὴ μέλλοι κτῆσιν ἀρετῆς ἐνεγκεῖν· ὁ γὰρ καρπὸς αὐτῆς οὗτός ἐστι.[286]	Porque, assim como **não** há vantagem nas árvores, a menos que **produzam** fruto, da mesma forma, não há utilidade no estudo da filosofia natural, a menos que seja provável conferir ao homem a aquisição da virtude, pois esse é seu fruto apropriado.

O fato de a construção filoniana ser distinta da optativa convencional com valor potencial, bem como do desiderativo, permite que o sentido concessivo, condicional e final seja dado pelo acréscimo da conjunção antes do grupo. É o que pode ser notado em *Sobre a mudança dos nomes* 1.73.

Para traduzir o valor semântico do texto, em vez de utilizar o "se", utilizou-se acima o "a menos", o que mostra que a conjunção condicional poderia ser empregada na construção com o sentido concessivo ou excessivo.

3.2.5. Fílon, *Sobre as leis especiais* 4.136

ἓν τὸ δικαιοσύνης οὐ βραχὺ μέρος ἦν τὸ πρὸς δικαστήρια καὶ δικαστάς, οὗ πρότερον ἐποιησάμην ὑπόμνησιν, ἡνίκα τὰ τῶν μαρτυρίων ἐπὶ πλέον ἀπομηκύνων διεξῄειν ἕνεκα τοῦ μηδὲν παραλειφθῆναι τῶν ἐμφερομένων. οὐκ εἰωθὼς δὲ παλιλλογεῖν, εἰ **μὴ** πού τις ἀνάγκη **γένοιτο** βιαζομένων τῶν καιρῶν, ἐκεῖνο μὲν ἐάσω, πρὸς δὲ τὰ ἄλλα μέρη τρέψομαι τοσοῦτον προειπών.[287]	Uma parte da justiça, e que não é de pouca importância, relaciona-se com os tribunais de justiça e com o juiz, que de fato mencionei antes, quando eu passava pelo assunto do testemunho, e pensava nele com alguma extensão, a fim de que nada que pertenceu ao assunto deve ser omitido; e como não gosto de repetições, a menos que, de fato, **não** seja necessário em algum lugar **que aconteça** com alguém que o caráter da ocasião me obrigue a fazê-lo, passarei essa parte do assunto agora e voltarei minha atenção para as outras porções, tendo acabado de dizer assim como um prefácio.

---

286. FÍLON DE ALEXANDRIA; BORGEN, P.; FUGLSETH, K.; SKARSTEN, R. (Ed.) The Philo Concordance Database in Greek (PHI). De mutatione nominum 1.73.

287. FÍLON DE ALEXANDRIA; BORGEN, P.; FUGLSETH, K.; SKARSTEN, R. (Ed.) The Philo Concordance Database in Greek (PHI). De specialibus legibus 4.136.

Outro exemplo de utilização da conjunção condicional está em *Sobre as leis especiais* 4.136. O recurso à intercalação de vários elementos entre o μή γένοιτο, no caso, a conjunção condicional εἰ, o pronome indefinido τις, o advérbio indefinido de lugar πού e o adjetivo ἀνάγκῃ, mostra a desconexão entre os termos da expressão na modalidade de língua utilizada por Fílon. Tal intercalação se dá também na variante οὐ γὰρ ἂν γένοιτο:

3.2.6. Fílon, *Sobre as leis especiais* 1.211

κἂν ἄρα ποτὲ περὶ ἀνθρώπων εὐχαριστῇς, μὴ μόνον περὶ τοῦ γένους ἀλλὰ καὶ περὶ τῶν εἰδῶν καὶ ἀναγκαιοτάτων μερῶν εὐχαρίστει, ἀνδρῶν, γυναικῶν, Ἑλλήνων, βαρβάρων, τῶν ἐν ἠπείροις, τῶν τὰς νήσους εἰληχότων· κἂν περὶ ἑνὸς ἀνδρός, τέμε τῷ λόγῳ τὴν εὐχαριστίαν, μὴ εἰς τὰ λεπτότατα μέχρι τῶν ἐσχάτων, ἀλλὰ εἰς τὰ συνεκτικώτατα, σῶμα καὶ ψυχὴν τὸ πρῶτον, ἐξ ὧν συνέστηκεν, εἶτα εἰς λόγον καὶ νοῦν καὶ αἴσθησιν· **οὐ** γὰρ ἂν **γένοιτο** ἀναξία θεοῦ ἀκοῆς καὶ ἡ ὑπὲρ ἑκάστου τούτων εὐχαριστία καθ᾽ αὑτήν.[288]	E se alguma vez você der graças pelos homens e suas fortunas, não o faça somente para a corrida em geral, mas você deve dar graças também pelas espécies e partes mais importantes da raça, como homens e mulheres, gregos e bárbaros, homens no continente e aqueles que têm sua habitação nas ilhas; e se você está dando graças por um indivíduo, não divida sua gratidão em expressão em gratidão por questões insignificantes e assuntos insignificantes, mas considere em sua opinião as circunstâncias mais abrangentes, em primeiro lugar, seu corpo e sua alma, dos quais ele consiste e então seu discurso, sua mente e seus sentidos externos; pois tal gratidão **não pode**, por si mesma, ser indigna de ser escutada por Deus, quando pronunciada, para cada um desses detalhes.

A intercalação, porém, diz respeito à partícula pospositiva γάρ, não sendo suficiente para que se atribua uma equivalência plena entre as expressões μὴ γένοιτο e οὐ ἂν γένοιτο, ainda mais que, como vimos, a partícula ἂν costuma preceder formas do optativo em seu sentido potencial. Nota-se a negação feita com οὐ.

---

288. FÍLON DE ALEXANDRIA; BORGEN, P.; FUGLSETH, K.; SKARSTEN, R. (Ed.) The Philo Concordance Database in Greek (PHI). De specialibus legibus 1.211.

3.2.7. Fílon, *Sobre a migração de Abraão* 1.224

ὁ γὰρ ἐπώνυμος τοῦ τόπου τούτου Συχέμ, Ἐμὼρ υἱὸς ὤν, ἀλόγου φύσεως καλεῖται γὰρ Ἐμὼρ ὄνος, ἀφροσύνην ἐπιτηδεύων καὶ συντραφεὶς ἀναισχυντίᾳ καὶ θράσει τὰ κριτήρια τῆς διανοίας μιαίνειν ὁ παμμίαρος καὶ φθείρειν ἐπεχείρησεν, εἰ μὴ θᾶττον οἱ φρονήσεως ἀκουσταὶ καὶ γνώριμοι, Συμεών τε καὶ Λευί, φραξάμενοι τὰ οἰκεῖα ἀσφαλῶς ἐπεξῆλθον, ἔτι ὄντας ἐν τῷ φιληδόνῳ καὶ φιλοπαθεῖ καὶ ἀπεριτμήτῳ πόνῳ καθελόντες· χρησμοῦ γὰρ ὄντος, ὡς **"οὐκ ἂν γένοιτό** ποτε πόρνη τῶν τοῦ βλέποντος, Ἰσραήλ, θυγατέρων", οὗτοι τὴν παρθένον ψυχὴν ἐξαρπάσαντες λαθεῖν ἤλπισαν[289]	Pois aquele que leva o mesmo nome deste lugar, a saber, Sichem, o filho de Hamor, isto é, de natureza irracional; para o nome Hamor significa "um asno"; entregando-se à insensatez e sendo criado com vergonha e audácia, homem infame que era, tentou poluir e corromper as faculdades judiciárias da mente; se os discípulos e amigos da sabedoria, Sichem e Levi, não tivessem subido com rapidez, tendo protegido as defesas de sua casa e destruído aqueles que ainda estavam envolvidos no trabalho dedicado ao prazer e à condescendência com as paixões e incircuncisos. Pois, embora houvesse uma escritura sagrada, como **"não pode haver** nenhuma prostituta entre as filhas do vidente, Israel", estes homens, tendo violado uma alma virgem, esperavam ignorar;

Como vimos no caso anterior, a adverbiação negativa é feita de maneira atípica por Fílon. Ele utiliza o advérbio de negação οὐκ em lugar da partícula μή. É digno de nota que a partícula geralmente utilizada com o optativo ἄν é que faz surgir o sentido claramente potencial do optativo γένοιτο.

---

289. FÍLON DE ALEXANDRIA; BORGEN, P.; FUGLSETH, K.; SKARSTEN, R. (Ed.) The Philo Concordance Database in Greek (PHI). De migratione Abrahami 1.224.

3.2.8. Fílon, *Sobre Abraão* 1.215

εἰδὼς γὰρ ὅτι συνοικοῦντες μὲν καὶ ἐν ταὐτῷ διαιτώμενοι γνωσιμαχοῦντες φιλονεικήσουσι στάσεις ἀεὶ καὶ πολέμους κατ' ἀλλήλων ἐγείροντες, ἵνα **μὴ** τοῦτο **γένοιτο**, συμφέρον ὑπέλαβεν εἶναι παραιτήσασθαι τὸ ὁμοδίαιτον καὶ τὴν οἴκησιν διαζεῦξαι· καὶ μεταπεμψάμενος τὸν ἀδελφιδοῦν αἵρεσιν αὐτῷ δίδωσι τῆς ἀμείνονος χώρας, ἄσμενος ὁμολογῶν ἣν ἂν ἐπιλέξηται μερίδα λήψεσθαι· κερδανεῖν γὰρ κέρδος μέγιστον, τὴν εἰρήνην.[290]	porque sabia que, se continuassem morando juntos e permanecessem no mesmo lugar, estariam sempre diferindo em opiniões e brigando uns com os outros, e continuamente levantando brigas e guerras entre si. Para que isso **não pudesse acontecer**, ele achou desejável abandonar o costume de morar junto e separar sua habitação da de seu sobrinho. Assim, mandando para o sobrinho, ele lhe deu a escolha do país melhor, concordando alegremente em abandonar qualquer porção que o outro escolhesse, pois assim ele deveria adquirir o maior de todos os ganhos, a saber, a paz.

Um exemplo de utilização da conjunção final ἵνα antes de μὴ γένοιτο está em *Sobre Abraão* 1.215. A mesma forma de utilizar a expressão que vimos em *Demóstenes, Sobre a falsa embaixada* 19.160 e em *Plutarco, Pirro* 27.5 (com a conjunção ὅπως).

3.2.9. Fílon, *Sobre Abraão* 1.249

μὴ δὴ παραπόλαυε τῆς ἐμῆς ἀγονίας μηδ' ἕνεκα τῆς πρὸς ἐμὲ εὐνοίας αὐτὸς δυνάμενος εἶναι πατὴρ κεκώλυσο· ζηλοτυπία γὰρ **οὐκ** ἂν **γένοιτό** μοι πρὸς ἑτέραν, ἣν οὐ δι' ἐπιθυμίαν ἄλογον ἄξῃ, νόμον δὲ φύσεως ἐκπιμπλὰς ἀναγκαῖον.[291]	não sofres então pela minha esterilidade e, por sua afeição por mim, não é capaz de se tornar pai, fica impedido de ser assim. Pois **não poderia ter** rivalidade com outra, não através da satisfação do apetite irracional, mas a fim de satisfazer uma lei necessária da natureza.

---

290. FÍLON DE ALEXANDRIA; BORGEN, P.; FUGLSETH, K.; SKARSTEN, R. (Ed.) The Philo Concordance Database in Greek (PHI). De Abrahamo 1.215.

291. FÍLON DE ALEXANDRIA; BORGEN, P.; FUGLSETH, K.; SKARSTEN, R. (Ed.) The Philo Concordance Database in Greek (PHI). Fílon, De Abrahamo 1.249.

Observamos aqui a mesma construção usada em *Sobre a migração de Abraão 1.224*, em que temos o sentido potencial próprio com o uso da partícula ἄν diante de γένοιτό, mas a negação é feita com οὐκ, negação geralmente usada para o modo indicativo.

3.2.10. Fílon, *Sobre Josefo* 1.175

ταῦτα δ᾽ ἤκουεν ὁ πραθεὶς ἀδελφὸς ἡσυχῇ διαλαλούντων, ἑρμηνέως μεταξὺ ὄντος· καὶ νικηθεὶς ὑπὸ τοῦ πάθους, μέλλων δακρύειν, ὡς **μὴ γένοιτο** καταφανής, ἀποστρέφεται καὶ προχέας θερμὰ καὶ ἐπάλληλα δάκρυα καὶ πρὸς ὀλίγον ἐπικουφισθεὶς τὴν ὄψιν ἀπομαξάμενος, ἐπιστρέφει καὶ κελεύει τὸν ἡλικίᾳ δεύτερον τῶν ἀδελφῶν ἐν ὄψεσι ταῖς ἁπάντων δεθῆναι, τὸν αὐτῷ κατάλληλον· ὁ γὰρ ἐν πλείοσι δεύτερος τῷ παρεσχάτῳ κατάλληλος, ἐπεὶ καὶ τῷ τελευταίῳ ὁ πρῶτος[292]	O irmão que eles tinham vendido ouviu conversando dessa maneira sem dizer nada, como até então lhes havia falado por um intérprete. E sendo dominado por seus sentimentos, ele foi incapaz de conter suas lágrimas, e como se virou para que **não pudesse ser** visto por eles, derramando lágrimas quentes e incessantes, e assim, tendo se aliviado por um curto período de tempo, enxugou os olhos. e voltou para eles, e ordenou que o segundo na idade dos irmãos fosse amarrado à vista de todos eles, visto que ele, como era, correspondia a si mesmo, que era o mais novo, exceto um; pois em um grande número o segundo corresponde ao último mas um, como o primeiro faz até o último.

Quanto à utilização da conjunção de modo ὡς seguida da expressão μὴ γένοιτο, ela é atestada em *Sobre Josefo* 1.175, trazendo não o sentido próprio do optativo, e sim uma utilização o optativo oblíquo com sentido claramente subjuntivo.

Em suma, é possível afirmar que a utilização da expressão μὴ γένοιτο em Fílon segue a utilização das conjunções como estratégia de subordinação, traço análogo ao que se utiliza na língua hebraica/aramaica. Também é digna de nota a pouca influência da Septuaginta na formação do discurso filoniano no que diz respeito à expressão μὴ γένοιτο. Veremos os exemplos da Septuaginta no Capítulo 4.

---

292. FÍLON DE ALEXANDRIA; BORGEN, P.; FUGLSETH, K.; SKARSTEN, R. (Ed.) The Philo Concordance Database in Greek (PHI). De Josepho. 1.175.

3.3. O uso de μὴ γένοιτο em Flávio Josefo

Flávio Josefo nasceu em 37 ou 38 d.C em Jerusalém. Seu nome judaico era Joseph ben Mathityahu ha Kohen. Ele morreu depois de 100 d.C., provavelmente em Roma. Josefo é o autor mais importante do judaísmo helenístico, juntamente com Fílon de Alexandria. Fariseu, ele era filho de uma distinta família sacerdotal de Jerusalém. Por isso, ele nunca usou o nome Flávio, dado em homenagem aos romanos da dinastia flaviana, em seus escritos.[293]

Durante a guerra judaica contra Roma nos anos 66 a 70, Josefo foi o primeiro comandante militar judeu na Galileia. Capturado em 67 pelas tropas de Vespasiano, ele profetizou que Vespasiano e o seu filho Tito se tornariam imperadores em Roma. Quando Vespasiano foi proclamado imperador pelas legiões no início de julho de 69, Josefo foi libertado. Em Roma, Josefo escreveu a *Guerra Judaica*, *Antiguidades Judaicas* e *Contra Apião*.[294]

3.3.1. Josefo, *Antiguidades judaicas* 19.47

χρῄζων ἐκ τοῦ ὀξέος ἔχεσθαι τῶν ἐγνωσμένων τῆς ἐγχειρήσεως ὑπ᾽ αὐτοῦ καλὰ νομίσας εἶναι προσθέσθαι καὶ δέει **μὴ** ὑπὸ Κλήμεντος ἐκφοίτησις **γένοιτο** αὐτῶν ἄλλως τε τὰς μελλήσεις καὶ τῶν καιρῶν τὰς ὑπερβολὰς πρὸς τῶν ὑπερβαλλομένων τιθέμενος[295]	ele estava desejoso de vir imediatamente para a execução do que tinha sido determinado, e achando que era certo que ele o propusesse ao outro, e temendo **que pudesse** ser exposto por Clemente, e, além disso, olhando para os atrasos e adiando para ser o próximo a desistir da empresa.

Podemos observar que Josefo não faz uso da expressão μὴ γένοιτο em sua forma cristalizada. Na maioria das vezes se observa uma desconexão sintagmática entre a partícula μὴ e o verbo γένοιτο. O uso aqui é o do optativo oblíquo.

---

293. FLÁVIO JOSEFO. WHISTON, W. (Trad.), The Works of Josephus, p. 4.
294. CURRAN, J., Flavius Josephus in Rome, p. 67.
295. FLÁVIO JOSEFO; NIESE, B., (Ed.), Flavii Iosephi opera. Antiguidades Judaicas, 19.47.

3.3.2. Josefo, *Guerra dos Judeus* 1.168

ἃ πάντα Γαβίνιος ἐναγούσης τῆς Ἀλεξάνδρου μητρὸς κατέστρεψεν ὡς **μὴ** πάλιν ὁρμητήριον **γένοιτο** δευτέρου πολέμου παρῆν δὲ μειλισσομένη τὸν Γαβίνιον κατὰ δέος τῶν ἐπὶ τῆς Ῥώμης αἰχμαλώτων τοῦ τε ἀνδρὸς καὶ τῶν ἄλλων τέκνων[296]	tudo o que Gabinius demoliu, na persuasão da mãe de Alexandre, para que eles **não pudessem** ser recipientes de homens em uma segunda guerra. Ela agora estava ali, para apaziguar Gabinius, por sua preocupação com os parentes que eram cativos em Roma, seu marido e seus outros filhos.

O mesmo uso de *Antiguidades judaicas* 19.47 é atestado em *Guerra dos Judeus* 1.168, com a diferença que a construção discursiva da expressão envolve uma modificação do sentido semântico do verbo mediante o acréscimo do advérbio πάλιν. Além disso, a utilização da conjunção de valor semântico modal ὡς em um sentido final mostra que a peculiaridade linguística de Josefo passa pela utilização das construções sintáticas e dos sentidos semânticos em uma comunidade linguística particular e distanciada do contexto, por exemplo, aticizante:

3.3.3. Josefo, *Guerra dos Judeus* 1.399

στρατεύσας οὖν Οὐάρρων καθαίρει τε τῶν ἀνδρῶν τὴν γῆν καὶ ἀφαιρεῖται Ζηνόδωρον ἣν ὕστερον Καῖσαρ ὡς **μὴ γένοιτο** πάλιν ὁρμητήριον τοῖς λῃσταῖς ἐπὶ τὴν Δαμασκόν Ἡρώδῃ δίδωσιν κατέστησεν δὲ αὐτὸν καὶ Συρίας ὅλης ἐπίτροπον ἔτι δεκάτῳ πάλιν ἐλθὼν εἰς τὴν ἐπαρχίαν ὡς μηδὲν ἐξεῖναι δίχα τῆς ἐκείνου συμβουλίας τοῖς ἐπιτρόποις διοικεῖν[297]	Varro, portanto, fez uma expedição contra eles, e limpou a terra daqueles homens, e a tirou de Zenodorus. César também concedeu em seguida a Herodes, para que **não pudesse** novamente voltar a ser uma base de ataque para os ladrões que tinham vindo contra Damasco. Ele também fez dele um procurador de toda a Síria, e isto no décimo ano depois, quando ele voltou àquela província; e isso foi tão estabelecido que os outros procuradores não podiam fazer nada na administração sem o seu conselho.

---

296. FLÁVIO JOSEFO; NIESE, B., (Ed.), Flavii Iosephi opera. Guerra dos Judeus 1.168.
297. FLÁVIO JOSEFO; NIESE, B., (Ed.), Flavii Iosephi opera. Guerra dos Judeus 1.399.

Novamente aqui Josefo usa a conjunção ὡς em um sentido final. Μὴ γένοιτο perde seu sentido desiderativo e enfático, perdendo seu valor potencial próprio do modo optativo para assumir um sentido subjuntivo.

3.3.4. Josefo, *Guerra dos Judeus* 1.611

οἱ μὲν οὖν προμηθέστεροι τῶν φίλων συνεβούλευον μὴ πρότερον ἐμπίπτειν τῷ πατρὶ πρὶν πυθέσθαι σαφῶς δι᾽ ἃς αἰτίας ἐξέβαλεν αὐτοῦ τὴν μητέρα δεδιέναι γάρ **μή** ποτε προσθήκη **γένοιτο** τῶν κατ᾽ ἐκείνης διαβολῶν[298]	Aqueles, portanto, de seus amigos que eram os mais atenciosos, não o aconselharam a ir a seu pai, até que ele soube quais eram as ocasiões pelas quais sua mãe tinha sido expulsa, porque eles estavam com medo de **que** ele **pudesse** estar envolvido nas calúnias que tinham sido lançadas sobre ela.

O acréscimo, entre μή e γένοιτο, de ποτε προσθήκη, constitui uma construção que deixa o agente da passiva em posição enfática, assemelhado ao uso do agente da passiva nas construções da Septuaginta. A posição deslocada da partícula γάρ mostra outra peculiaridade das construções sintáticas de Josefo, que desconhece/não utiliza o valor desiderativo da construção μὴ γένοιτο.

3.3.5. Josefo, *Guerra dos Judeus* 3.90

καὶ πάλιν αἱ σάλπιγγες ὑποσημαίνουσιν παρεσκευάσθαι οἱ δ᾽ ἐν τάχει τοῖς τε ὀρεῦσιν καὶ τοῖς ὑποζυγίοις ἐπιθέντες τὴν ἀποσκευὴν ἑστᾶσιν ὥσπερ ἐφ᾽ ὕσπληγος ἐξορμᾶν ἕτοιμοι ὑποπιμπρᾶσίν τε ἤδη τὴν παρεμβολὴν ὡς αὐτοῖς μὲν ὂν ῥᾴδιον ἐκεῖ πάλιν τειχίσασθαι **μὴ γένοιτο** δ᾽ ἐκεῖνό ποτε τοῖς πολεμίοις χρήσιμον[299]	então, as trombetas soam novamente, para ordenar que se preparassem para a marcha; então eles colocaram suas bagagens rapidamente sobre suas mulas e outras bestas de carga, e permaneceram, como no local de partida, prontas para marchar; quando também eles incendiaram seu acampamento, por um lado eles fizeram porque seria fácil para eles erigirem outro acampamento, por outro isto **não poderia** ser útil para seus inimigos.

---

298. FLÁVIO JOSEFO; NIESE, B. (Ed.), Flavii Iosephi opera, Guerra dos Judeus 1.611.
299. FLÁVIO JOSEFO; NIESE, B. (Ed.), Flavii Iosephi opera, Guerra dos Judeus 3.90.

O uso de Josefo do verbo no infinitivo τειχίσασθαι, seguido de μὴ γένοιτο faz do verbo optativo uma modalidade cristalizada, mas com sentido indicativo e, por isso, a oração principal. Tal utilização está bem distante dos usos que foram mostrados acima, especialmente na oratória.

3.4. O uso de μὴ γένοιτο no biógrafo Plutarco

As biografias de Plutarco formam um capítulo particular no uso da expressão μὴ γένοιτο. Plutarco, nascido no ano 40 d.C. em Queroneia, viajou para Alexandria, Acaia (como embaixador), Delfos (com Amônio quando Nero estava na Grécia) e Roma. Plutarco atuou também em outras cidades do norte da Itália com Mestrius Florus, através do qual ele ou seu pai receberam a cidadania, uma vez que seu nome romano era Mestrius Plutarchus.[300] Plutarco casou-se provavelmente jovem, e teve filhos e filhas. Ele escreveu as *Vidas paralelas de gregos e romanos*: quarenta e quatro biografias dispostas em pares; as *Vidas dos Césares*, das quais somente as obras dedicadas a Galba e Oto são supérstites; as biografias de Artaxerxes e Arato; e as *Moralia*, setenta e oito obras sobre tópicos morais, políticos, filosóficos ou científicos em forma de ensaio ou diálogo. Plutarco faz uso da expressão μὴ γένοιτο em *Licurgo* e *Pirro*.

3.4.1. Plutarco, *Licurgo* 20.6

ἕτερος δέ τις ἰδὼν ἐν ἀποχωρήσει θακεύοντας ἐπὶ δίφρων ἀνθρώπους, 'μὴ γένοιτο,' εἶπεν, 'ἐνταῦθα καθίσαι ὅθεν οὐκ ἔστιν ὑπεξαναστῆναι πρεσβυτέρῳ.' τὸ μὲν οὖν τῶν ἀποφθεγμάτων εἶδος ἦν τοιοῦτον ὥστε καὶ λέγειν τινὰς οὐκ ἀτόπως ὅτι μᾶλλόν ἐστι τὸ φιλοσοφεῖν ἢ τὸ φιλογυμναστεῖν λακωνίζειν.[301]	Outro, vendo homens sentados em bancos em um aposento disse: "**De modo algum** que eu me sente onde não posso dar lugar a um ancião". O caráter de seus apotegmas, então, justificava a observação de que o amor à sabedoria, em vez do amor ao exercício físico, era a característica especial de um espartano.

O uso de μὴ γένοιτο em Licurgo 20.6 é semelhante àquele notado em Paulo e nos oradores gregos. Fazendo alusão a uma fala de Licurgo, Plutarco coloca em seus lábios o desiderativo análogo a "de modo nenhum", "que não possa acontecer", indicando uma rejeição forte. Porém, tal uso difere ao uso da tragédia, por

---

300. EASTERLING, P. E.; KNOX, B. M. W., Cambridge History of Classical Literature, p. 868.
301. PLUTARCO; PERRIN, B. (Ed.), Plutarch's Lives. With an English Translation by. Plutarco, Licurgo 20.6.

exemplo, por não ser uma alternativa ruim entre duas possíveis de acontecer, mas a rejeição de uma possibilidade no âmbito da argumentação em torno de uma ideia. Também é digno de nota que o texto não apresenta a expressão em contexto de súplica religiosa. Percebe-se também a ausência, na fórmula, do pronome relativo neutro ὅ que geralmente acompanha μὴ γένοιτο nos textos em que o sentido é desiderativo – e como pode ser visto a seguir, tal parece uma particularidade do uso de μὴ γένοιτο em Plutarco.

3.4.2. Plutarco, *Pirro* 27.5

ἡ δὲ Χιλωνίς, ἐκποδὼν οὖσα καθ' ἑαυτὴν, βρόχον εἶχεν ἐνημμένον, ὅπως ἐπὶ τῷ Κλεωνύμῳ **μὴ γένοιτο** τῆς πόλεως ἁλούσης.[302]	Quanto a Chilonis, ela se retirou do resto, e manteve um cabresto no pescoço, para que **não pudesse acontecer** que sobre Cleônimo a cidade fosse tomada.

O uso de μὴ γένοιτο em *Pirro* 27.5 utiliza o sentido narrativo da construção. Distante do uso desiderativo, aqui temos uma oração subordinada iniciada com a conjunção ὅπως dando a ideia de finalidade, portanto, este é um uso do optativo oblíquo, no caso em que o optativo pode vir em lugar, seja do indicativo, seja do subjuntivo, sem acompanhamento de partícula.

3.5. O uso de μὴ γένοιτο no sátiro Luciano de Samósata

A sátira grega na Antiguidade tardia é representada por Luciano de Samósata. Ele nasceu provavelmente em 125 d.C. em Samósata (a moderna Samsat). Foi um autor de carreira longa e produtiva, que começou em Antioquia ou na Jônia, e em seguida, Gália (talvez apenas Cisalpina), Acaia, Macedônia e Trácia.[303]

Setenta e uma peças em prosa escrevem sobrevivem, além de uma falsa tragédia em iambo e outros metros, uma coleção de epigramas, quatro obras em prosa com declamações sofistas, cinco peças epidíticas, dezessete peças narrativas ou argumentativas em forma epistolar ou panfletária e trinta e seis diálogos.[304]

---

302. PLUTARCO; PERRIN, B. (Ed.), Plutarch's Lives. With an English Translation by. Plutarco, Pirro 27.5.
303. LUCIANO DE SAMÓSATA; MAGUEIJO, C. (Trad.), Luciano vol. 1, p. 13-21.
304. EASTERLING, P. E.; KNOX, B. M. W., Cambridge History of Classical Literature, p. 872-873.

3.5.1. Luciano, *Contemplantes* 12

Σόλων	Sólon:
μὴ γένοιτο μὲν οὕτω ταῦτα· φαίνῃ δ' οὖν ἀμείνω τοῦ χρυσοῦ τὸν σίδηρον ὁμολογῶν.[305]	**Que não possa acontecer** assim essas coisas: Portanto, pareces admitir que o ferro é mais valioso que o ouro.

Contemplantes 12 apresenta o uso de μὴ γένοιτο no início da sentença, acompanhado de οὕτω ταῦτα ("assim essas coisas"), indicando o desiderativo para uma série de eventos (demarcados pelo uso do neutro plural). A rejeição tem relação com a argumentação que segue, logicamente falsa, em um caráter aforístico:[306] para admitir que as coisas sejam como se indica, é necessário admitir igualmente que "o ferro é mais valioso que o ouro", o que é claramente um equívoco no bojo da argumentação. O uso enfático demarca o caráter hiperbólico do discurso, o que provoca o efeito cômico do mesmo. Um uso muito similar ao de Paulo em que a expressão aparece no início e abre a exposição acerca do motivo da rejeição.

3.5.2. Luciano, *De Mercede conductis* 14

| ὁ δὲ ἀκκισάμενος καί, 'ἄπαγε, παρὰ σοῦ δὲ ἐγώ;' καί, 'Ἡράκλεις, **μὴ γένοιτο**,' ὑπειπὼν τέλος ἐπείσθη, καὶ ἄπεισί σοι πλατὺ ἐγχανών.[307] | Ele, fingindo: "Vamos lá, eu mesmo [receber] da tua parte?", e ainda: "Por Héracles, **que não possa acontecer**"; finalmente lá se deixa convencer e sai rindo de ti com gargalhadas. |

O uso de μὴ γένοιτο em *De mercede conductis* 14 retorna ao discurso, à reprodução em contexto literário do discurso oral, com o desiderativo análogo à "de modo nenhum" e "que não possa acontecer", indicando uma rejeição forte. Além disso, a menção a Héracles aponta para o teor súplice da frase. O contexto súplice da utilização de μὴ γένοιτο também aparece no texto que segue.

---

305. LUCIANO; HARMON, A. M. (Ed.), Works. With an English Translation by. A. M. Harmon. Cambridge. Luciano, Contemplantes 12.

306. Aforismo é uma máxima ou sentença que traz alguma regra ou princípio moral.

307. LUCIANO; HARMON, A. M. (Ed.), Works. With an English Translation by. Luciano, De Mercede 14.

3.5.3. Luciano, *Pseudologista* 23

| φιλῆσαι δὲ σε ἐπὶ τούτοις **μὴ γένοιτο**, ὦ ἀλεξίκακε.[308] | **Que não possa acontecer**[309] beijar-te depois dessas coisas, ó preservador de males. |

A referência a μὴ γένοιτο em *Pseudologista* 23 é seguido do vocativo, sendo, portanto, uma fala súplice dirigida ao ser divino mencionado por seu epíteto. A rejeição, desiderativa, embutida numa petição, com a expressão μὴ γένοιτο apenas (sem o suporte do pronome relativo), também pode ser notada no uso do texto a seguir.

3.5.4. Luciano, *Abdicatus* 32

| τί δ᾽ ἄν, ὅπερ **μὴ γένοιτο**, αὖθις ἡ νόσος ἐπανέλθῃ; φιλεῖ γάρ πως τὰ τοιαῦτα ἐρεθιζόμενα παλινδρομεῖν. τί με πρᾶξαι δεήσει; θεραπεύσω μὲν εὖ ἴσθι καὶ τότε καὶ οὔ ποτε λείψω τὴν τάξιν ἣν τοὺς παῖδας ἔταξεν ἡ φύσις, οὐδὲ τοῦ γένους τὸ ἐπ᾽ ἐμαυτῷ ἐπιλήσομαι.[310] | Caso a doença volte, **que não possa acontecer**, o que, pois, fazer? Pois, na verdade, este tipo de males, quando excitados, voltam novamente. O que eu deverei fazer? Cuidarei, fica sabendo, tratar-te-ei, e nunca abandonarei o posto que a natureza assignou aos filhos, nem me esquecerei, de minha parte, da minha família. |

A rejeição da possibilidade de que uma doença viesse a ocorrer provoca o recurso ao μὴ γένοιτο em *Abdicatus* 32. O contexto interrogativo, intercalado que a hipótese questionada é indesejada pelo interlocutor, mostra mais um modelo de construção da expressão, ainda em sentido desiderativo e enfático. Nota-se, porém, no exemplo que segue, que o pronome relativo acompanhado pela partícula de reforço -περ, é uma evidência do reforço na construção frasal e no sentido desiderativo da mesma:

---

308. LUCIANO; HARMON, A. M. (Ed.), Works. With an English Translation by. Luciano, Pseudologista 23.
309. Invertemos a ordem na tradução para preservar a ideia do original.
310. LUCIANO; HARMON, A. M. (Ed.), Works. With an English Translation by. Luciano, Abdicatus 32.

3.5.5. Luciano, *Saturnalia* 2.18

| ἢν δέ ποτε – ὅπερ **μὴ γένοιτο** – κα-θαιρεθῇ, ἀποτρόπαιον οἷα πείσονται.[311] | Ou, porém – **que não aconteça** –, for derrubada a coluna, que os deuses as livrem do que está para lhes acontecer. |

O uso de μὴ γένοιτο em Saturnalia 2.18 continua sendo no contexto discursivo que emula a fala e representa o desiderativo na negação forte, típica de Paulo e dos oradores gregos. Pode-se destacar, porém, que a expressão está no âmbito da súplica ou da alusão à súplica feita aos deuses, reforçando a possibilidade de utilização da expressão em contexto de "fala sagrada". Outro exemplo de uso análogo está no texto que segue (também com μὴ γένοιτο sem pronome relativo).

3.5.6. Luciano, *Diálogo dos deuses* 1.2

| Προμηθεύς
μὴ γένοιτο, ὦ Ζεῦ. πλὴν τοιοῦτό γε ἡ μῖξις αὐτῆς ἀπειλεῖ.[312] | Prometeu
Que não possa acontecer, ó Zeus, a relação com ele é uma ameaça algo parecida com isso. |

A fala de Prometeu em *Diálogo dos deuses* 12 reforça a utilização de μὴ γένοιτο em Luciano em um contexto de reprodução sob a escrita de recursos advindos da oralidade, em especial, os que representam o desiderativo negativo.

3.6. O uso de μὴ γένοιτο na *Epístola de Barnabé*

A Epístola de Barnabé foi citada pelos primeiros Padres da Igreja como um trabalho advindo do companheiro de Paulo. Porém, evidências internas demonstram que o autor não foi o Barnabé do Livro de Atos. Como o escritor em nenhum lugar da epístola nomeou a si mesmo, ele permanece anônimo. Aparentemente, a tradição da Igreja em algum momento do século II aplicou o nome de Barnabé à carta por várias razões.

A primeira razão é que a Epístola de Barnabé foi escrita nos arredores de Alexandria por volta de 130 d.C. Nesse ponto, a opinião acadêmica é essencialmente unânime. Os Pais da Igreja anteriores ao Concílio de Niceia evidenciam que em Alexandria a Epístola recebeu sua primeira e melhor aceitação. Além

---

311. LUCIANO; JACOBITZ, K. (Ed.), Luciani Samosatensis Opera, Vol III. Luciano, Saturnalia 2.18.
312. LUCIANO; JACOBITZ. K. (Ed.), Luciani Samosatensis Opera, Vol III. Luciano, Diálogo dos deuses 1.2.

disso, o uso extensivo da alegoria pelo autor, que era tão típico do pensamento alexandrino, evidencia o lugar de redação ou o espaço de produção e circulação da Epístola.³¹³

O tema da esperança e a necessidade de fundamentos para a fé trazem à lume a questão do uso de μὴ γένοιτο em um contexto desiderativo, mas não súplice:

| Ἐπὶ λίθον οὖν ἡμῶν ἡ ἐλπίς **μὴ γένοιτο** ἀλλ᾽ ἐπεὶ ἐν ἰσχύϊ τέθεικεν τὴν σάρκα αὐτοῦ ὁ κύριος λέγει γάρ καὶ ἔθηκέ με ὡς στερεὰν πέτραν³¹⁴ | Nossa esperança, então, está sobre uma pedra? **De jeito nenhum!** Mas a língua é usada... enquanto Ele colocou sua carne como uma fundação... com poder; porque Ele diz: "E Ele me colocou como uma rocha firme". |

A construção da Epístola de Barnabé segue a orientação geral da utilização desiderativa, com a exceção de que o discurso envolve uma pergunta e a resposta com a construção μὴ γένοιτο, e não mais a expressão intercalando duas partes de uma mesma sentença interrogativa. Um uso similar ao de Paulo, que após a negação enfática de uma pergunta retórica, abre a argumentação aqui iniciada pela adversativa ἀλλά. A ausência do pronome relativo é uma marca da Epístola de Barnabé e dos autores que seguem, pseudepígrafos.

3.7. O uso de μὴ γένοιτο em Epíteto

Epíteto nasceu por volta de 50 em Hierápolis e morreu em torno de 130 d.C. em Nicópolis, sendo um representante do estoicismo, movimento filosófico iniciado em torno de 300 a.C. por Zenão de Citium.

A filosofia de Epíteto é conhecida através do trabalho de um de seus alunos, Flávio Arriano, que escreveu os *Discursos* após a morte de seu mestre, entre os anos 130-160 d.C. Portanto, a obra citada abaixo não é composição literária de Epíteto, mas de Arriano, seu publicista.³¹⁵

---

313. EHRMAN. B. D., The Apostolic Fathers, p. 6-8; RHODES, J. N., The Epistle of Barnabas and the Deuteronomic Tradition, p. 8-14.
314. EPÍSTOLA DE BARNABÉ; LAKE, K. (Ed.), The Apostolic Fathers, vol 1.
315. EPÍTETO; GARCÍA, P. O. (Trad.), Disertaciones por Arriano, p. 7-12.

3.7.1. Epíteto, *Discursos*, 1.10.7-13

τί οὖν; ἐγὼ λέγω, ὅτι ἄπρακτόν ἐστι τὸ ζῷον; **μὴ γένοιτο**. ἀλλὰ διὰ τί ἡμεῖς οὐκ ἐσμὲν πρακτικοί; εὐθὺς ἐγὼ πρῶτος, ὅταν ἡμέρα γένηται, μικρὰ ὑπομιμνῄσκομαι, τίνα ἐπαναγνῶναί με δεῖ. εἶτα εὐθὺς ἐμαυτῷ· 'τί δέ μοι καὶ μέλει πῶς ὁ δεῖνα ἀναγνῷ; πρῶτόν ἐστιν, ἵνα ἐγὼ κοιμηθῶ.'[316]	E o quê? Eu digo que o ser vivo deve estar em uma atividade? **De jeito nenhum!** Mas por que não estamos ativos? E eu, o primeiro, quando é feito durante o dia, passo um pouco da lição que tenho para explicar. E ao ponto eu digo para mim mesmo: "E como eu me importo com a explicação de Fulano? Primeira coisa, com o fim que eu durma".

A utilização de μὴ γένοιτο aqui segue a posição intercalada, desiderativa, mas não acompanhada de pronome relativo neutro singular. Porém, a tradução por "de modo nenhum" é uma alternativa semanticamente apropriada para a tradução eventual "que não aconteça", recorrente nos textos citados acima.

Epíteto utiliza a expressão τί οὖν; e a primeira pessoa do singular. Aqui μὴ γένοιτο não encerra a argumentação, antes serve como um marcador enfático adversativo e a argumentação continua com ἀλλὰ.

3.7.2. Epíteto, *Discursos* 1.10-13

ἀλλὰ τί λέγει ὁ Ζεύς; 'Ἐπίκτητε, εἰ οἷόν τε ἦν, καὶ τὸ σωμάτιον ἄν σου καὶ τὸ κτησίδιον ἐποίησα ἐλεύθερον καὶ ἀπαραπόδιστον. νῦν δέ, μή σε λανθανέτω, τοῦτο οὐκ ἔστιν σόν, ἀλλὰ πηλὸς κομψῶς πεφυραμένος. ἐπεὶ δὲ τοῦτο οὐκ ἠδυνάμην, ἐδώκαμέν σοι μέρος τι ἡμέτερον, τὴν δύναμιν ταύτην τὴν ὁρμητικήν τε καὶ ἀφορμητικὴν καὶ ὀρεκτικήν τε καὶ ἐκκλιτικὴν καὶ ἁπλῶς τὴν χρηστικὴν ταῖς φαντασίαις, ἧς ἐπιμελούμενος καὶ ἐν ᾗ τὰ σαυτοῦ τιθέμενος οὐδέποτε κωλυθήσῃ, οὐδέποτ' ἐμποδισθήσῃ, οὐ στενάξεις, οὐ μέμψῃ, οὐ κολακεύσεις οὐδένα. τί οὖν; μή τι μικρά σοι φαίνεται ταῦτα;' '**μὴ γένοιτο**.' 'ἀρκεῖ οὖν αὐτοῖς;' 'εὔχομαι † δὲ τοῖς θεοῖς.'[317]	Mas o que Zeus diz? Se tivesse sido possível, eu teria feito teu pequeno corpo e tu o farias livre e desimpedido. Mas, na realidade, não se esqueça, não é teu: é a argila habilmente amassada e, como não pude fazer isso, deite uma parte de nós mesmos, a capacidade de impulso e repulsão, de desejo e rejeição e, em poucas palavras, para atendê-lo nas apresentações; se tu cuidas dela e figura nela para teu bem, tu nunca encontrarás obstáculos ou tropeçarás, tu não serás aborrecido, tu não reprovarás ou lisonjearás ninguém. O quê? Será que ainda não parece uma coisa pequena? "**De jeito nenhum!**" "Isso é o suficiente para ti?" Então eu pergunto aos deuses.

---

316. EPÍTETO; SCHENKL, H. (Ed.). Epicteti Dissertationes ab Arriano digestae. Epictetus.

317. EPÍTETO; SCHENKL, H. (Ed.). Epicteti Dissertationes ab Arriano digestae. Epictetus.

Neste exemplo vemos duas perguntas em sequência, uma após a outra, sendo a primeira, mais uma vez, iniciada por τί οὖν; ("o que, pois?"). Após a resposta negativa, mais uma pergunta é levantada, no entanto, esta não parece ser, como em Paulo: uma pergunta que sirva para demonstrar a causa da negação com μὴ γένοιτο. De qualquer forma, vemos aqui, que μὴ γένοιτο, mesmo sem o pronome relativo, serve a uma interrupção no fluxo das ideias, postas agora na forma de perguntas.

3.7.3. Epíteto, *Discursos*, 1.5.6-10

Καταλαμβάνεις ὅτι ἐγρήγορας; 'οὔ,' φησίν· 'οὐδὲ γάρ, ὅταν ἐν τοῖς ὕπνοις φαντάζωμαι, ὅτι ἐγρήγορα.' οὐδὲν οὖν διαφέρει αὕτη ἡ φαντασία ἐκείνης; 'οὐδέν.' ἔτι τούτῳ διαλέγομαι; καὶ ποῖον αὐτῷ πῦρ ἢ ποῖον σίδηρον προσαγάγω, ἵν' αἴσθηται ὅτι νενέκρωται; αἰσθανόμενος οὐ προσποιεῖται· ἔτι χείρων ἐστὶ τοῦ νεκροῦ. μάχην οὗτος οὐ συνορᾷ· κακῶς ἔχει. συνορῶν οὗτος οὐ κινεῖται οὐδὲ προκόπτει· ἔτι ἀθλιώτερον ἔχει. ἐκτέτμηται τὸ αἰδῆμον αὐτοῦ καὶ ἐντρεπτικὸν καὶ τὸ λογικὸν οὐκ ἀποτέτμηται, ἀλλ᾽ ἀποτεθηρίωται. ταύτην ἐγὼ δύναμιν εἴπω; **μὴ γένοιτο**, εἰ μὴ καὶ τὴν τῶν κιναίδων, καθ᾽ ἣν πᾶν τὸ ἐπελθὸν ἐν μέσῳ καὶ ποιοῦσι καὶ λέγουσι[318]	Tu tens a certeza de estar acordado? "Não", ele responde, "não mais do que quando em sonhos eu imagino que estou acordado". "Então não há diferença entre essa representação e aquela?" "Não." E continuarei falando com ele? E que fogo ou ferro vou aplicar a ele para perceber que ele é necrosado? Está percebendo e fingindo que não! É ainda pior que um cadáver. Ele não vê a contradição: está errado. Mas o outro, vendo-o, não se move nem lucra: é ainda pior. Ele mutilou o sentido de respeito e senso moral, e a faculdade de raciocinar não o tem mutilado, mas ele a tem embrutecida. E eu chamarei isso de fortaleza? **De modo algum**, a menos que você tenha que chamar também aquela atitude de libertina, pela qual eles fazem e dizem em público tudo o que vem à mente.

Uma marca característica dos discursos de Epíteto é a longa sequência de perguntas que são a base da sua argumentação. Similar ao uso paulino, especialmente em Romanos. Cabe observar que Paulo, raramente usa a primeira pessoa do singular para formular suas perguntas (exceto em Rm 11,1.11). Ele as elabora de forma impessoal ou na primeira pessoa do plural, abrindo o questionamento, por exemplo, com a expressão, Τί οὖν ἐροῦμεν; ("Que diremos, pois?").

---

318. EPÍTETO; SCHENKL, H. (Ed.). Epicteti Dissertationes ab Arriano digestae. Epictetus.

3.7.4. Epíteto, *Discursos*, 1.12.10-11

ἐλεύθερος γάρ ἐστιν, ᾧ γίνεται πάντα κατὰ προαίρεσιν καὶ ὃν οὐδεὶς δύναται κωλῦσαι. τί οὖν; ἀπόνοιά ἐστιν ἡ ἐλευθερία; **μὴ γένοιτο**. μανία γὰρ καὶ ἐλευθερία εἰς ταὐτὸν οὐκ ἔρχεται. 'ἀλλ' ἐγὼ θέλω πᾶν τὸ δοκοῦν μοι ἀποβαίνειν, κἂν ὁπωσοῦν δοκῇ.'[319]	Pois ele é livre para quem tudo acontece de acordo com a sua vontade e a quem ninguém pode colocar obstáculos. E então, o quê? A liberdade é a ausência da razão? **De modo nenhum!** Bem, loucura e liberdade não andam juntas. Mas eu quero que tudo o que acontece comigo aconteça comigo e como me ocorre.

Algo imporante a ser destacado nos discursos de Epíteto é que nem sempre se espera que as perguntas postas deverão ser respondidas negativamente. Mesmo aquelas que são respondidas enfaticamente com μὴ γένοιτο.

3.7.5. Epíteto, *Discursos*, 1,19.7-9

τί οὖν ἐστι τὸ ταράσσον καὶ καταπλῆττον τοὺς πολλούς; ὁ τύραννος καὶ οἱ δορυφόροι; πόθεν; **μὴ γένοιτο**: οὐκ ἐνδέχεται τὸ φύσει ἐλεύθερον ὑπ' ἄλλου τινὸς ταραχθῆναι ἢ κωλυθῆναι πλὴν ὑφ' ἑαυτοῦ. ἀλλὰ τὰ δόγματα αὐτὸν ταράσσει. ὅταν γὰρ ὁ τύραννος εἴπῃ τινὶ 'δήσω σου τὸ σκέλος,' ὁ μὲν τὸ σκέλος τετιμηκὼς λέγει 'μή: ἐλέησον,' ὁ δὲ τὴν προαίρεσιν τὴν ἑαυτοῦ λέγει 'εἴ σοι λυσιτελέστερον φαίνεται, δῆσον.' 'οὐκ ἐπιστρέφῃ;' 'οὐκ ἐπιστρέφομαι.' 'ἐγώ σοι δείξω ὅτι κύριός εἰμι.'[320]	Então, o que é que perturba e atordoa o vulgar? O tirano e seus guardas? Respondo: **De modo nenhum!** O que é livre por natureza não admite perturbações ou impedimentos de nenhum outro que não de si mesmo. Mas ele está perturbado por suas opiniões. Quando o tirano diz a alguém: "Eu vou amarrar tua perna", aquele que estima sua perna diz: "NÃO, tenha compaixão!". Mas aquele que estima sua vontade diz: "Se parece mais recompensador, liberte-se. Você não muda de ideia? -Não mudo de ideia. Eu vou te mostrar que sou seu dono.

Mais um exemplo do uso característico de Epíteto: após uma sequência de perguntas, temos uma respondida com a negativa enfática **μὴ γένοιτο** que interrom-

---

319. EPÍTETO; SCHENKL, H. (Ed.). Epicteti Dissertationes ab Arriano digestae. Epictetus.
320. EPÍTETO; SCHENKL, H. (Ed.). Epicteti Dissertationes ab Arriano digestae. Epictetus.

pe o fluxo da argumentação. Em seguida, no entanto, não temos mais perguntas, ao contrário temos a continuação da argumentação.

3.7.6. Epíteto, *Discursos*, 1.26.5-7

| καὶ τοῦτον ἀπολογισμὸν ἔδει φέρειν πρὸς τοὺς γονεῖς τοὺς ἀγανακτοῦντας ἐπὶ τῷ φιλοσοφεῖν τὰ τέκνα. 'οὐκοῦν ἁμαρτάνω, πάτερ, καὶ οὐκ οἶδα τὸ ἐπιβάλλον ἐμαυτῷ καὶ προσῆκον: εἰ μὲν οὐδὲ μαθητόν ἐστιν οὐδὲ διδακτόν, τί μοι ἐγκαλεῖς; εἰ δὲ διδακτόν, δίδασκε: εἰ δὲ σὺ μὴ δύνασαι, ἄφες με μαθεῖν παρὰ τῶν λεγόντων εἰδέναι. ἐπεὶ τί δοκεῖς; ὅτι θέλων περιπίπτω κακῷ καὶ ἀποτυγχάνω τοῦ ἀγαθοῦ; **μὴ γένοιτο**. τί οὖν ἐστι τὸ αἴτιον τοῦ ἁμαρτάνειν με; ἡ ἄγνοια. οὐ θέλεις οὖν ἀποθῶμαι τὴν ἄγνοιαν; τίνα πώποτε ὀργὴν ἐδίδαξε τὰ κυβερνητικά, τὰ μουσικά; τὰ βιωτικὰ οὖν διὰ τὴν ὀργήν σου δοκεῖς ὅτι μαθήσομαι;'[321] | E seria conveniente oferecer essa desculpa aos pais que se levantam porque seus filhos filosofam. "Então eu estou errado, pai, e eu não sei o que me preocupa e o que me convém. Se não for possível aprendê-lo ou ensiná-lo, por que tu me censuras? E se for possível ensiná-lo, ensine-o para mim. E se tu não puderes, deixes-me aprender com aqueles que dizem que sabem. Porque o que tu achas? O que eu vou dar no mal e não obtenho o bem de propósito? **De modo nenhum!** Qual é a causa de eu estar errado? A ignorância. Tu não queres que eu ignore a ignorância? Quem tem a raiva ensinou a arte de pilotar ou música? E tu achas que eu vou aprender a arte de viver graças à sua raiva? Mas isso só pode ser dito por alguém que tenha essa intenção. |

Mais uma vez temos uma longa sequência de perguntas. Neste caso, no entanto, **μὴ γένοιτο** acaba servindo como uma pausa no fluxo de questionamentos que continua após a resposta negativa enfática.

3.7.7. Epíteto, *Discursos*, 1.29.9

| ὑμεῖς οὖν οἱ φιλόσοφοι διδάσκετε καταφρονεῖν τῶν βασιλέων; — **μὴ γένοιτο**. τίς ἡμῶν διδάσκει ἀντιποιεῖσθαι πρὸς αὐτούς, ὧν ἐκεῖνοι ἔχουσιν ἐξουσίαν;[322] | Então vós, filósofos, ensinam a desprezar os reis? **De modo nenhum!** Quem de nós ensina a se opor a eles no que eles têm poder? |

---

321. EPÍTETO; SCHENKL, H. (Ed.). Epicteti Dissertationes ab Arriano digestae. Epictetus.

322. EPÍTETO; SCHENKL, H. (Ed.). Epicteti Dissertationes ab Arriano digestae. Epictetus.

Além da sequência de perguntas interrompida por μὴ γένοιτο, gostaríamos de destacar que neste caso, Epíteto dialoga com interlocutores hipotéticos, os filósofos, usando a segunda pessoa do plural, o que o aproxima de Paulo.

3.7.8. Epíteto, *Discursos*, 2.8.1-2

ὁ θεὸς ὠφέλιμος· ἀλλὰ καὶ τἀγαθὸν ὠφέλιμον. εἰκὸς οὖν, ὅπου ἡ οὐσία τοῦ θεοῦ, ἐκεῖ εἶναι καὶ τὴν τοῦ ἀγαθοῦ. τίς οὖν οὐσία θεοῦ; σάρξ; **μὴ γένοιτο**. ἀγρός; **μὴ γένοιτο**. φήμη; **μὴ γένοιτο**. νοῦς, ἐπιστήμη, λόγος ὀρθός.[323]	A divindade é útil: Mas bom também é útil. Portanto, é claro que, onde a essência da divindade é encontrada, há também a da bondade. Então, qual é a essência da divindade? A carne? **De maneira nenhuma!** Um campo? **De maneira nenhuma!** A fama? **De maneira nenhuma!** A mente, a ciência, o pensamento correto.

Este é um caso bem interessante, pois podemos observar uma sequência rápida de perguntas e respostas com μὴ γένοιτο, o que não havíamos observado antes em lugar algum. Por fim, o filósofo mesmo apresenta a resposta que julga ser correta: "a mente, a ciência, o pensamento correto".

3.7.9. Epíteto, *Discursos*, 3.7.4

ἀρνησαμένου δ' ἐκείνου καὶ εἰπόντος **Μὴ γένοιτο**· οὐ προσήκει περὶ τὸ κράτιστον ἐσπουδακέναι; — πάντων μάλιστα προσήκει. — τί οὖν κρεῖσσον ἔχομεν τῆς σαρκός; — τὴν ψυχήν, ἔφη. — ἀγαθὰ δὲ τὰ τοῦ κρατίστου κρείττονά ἐστιν ἢ τὰ τοῦ φαυλοτέρου;[324]	O outro negou e respondeu: - **De jeito nenhum.** Não é melhor lutar pelo mais excelente? É a melhor de todas as coisas. Nesse caso, o que temos superior à carne? A alma disse: Mas as coisas boas ou são melhores do que é mais poderoso ou o são diante do que nos falta mais.

Aqui a expressão não está diretamente respondendo a uma pergunta, mas temos um discurso indireto, ou seja, um contexto em que um diálogo está sendo narrado. Mesmo assim, na narrativa, μὴ γένοιτο vem em resposta a uma pergunta.

---

323. EPÍTETO; SCHENKL, H. (Ed.). Epicteti Dissertationes ab Arriano digestae. Epictetus.
324. EPÍTETO; SCHENKL, H. (Ed.). Epicteti Dissertationes ab Arriano digestae. Epictetus.

3.7.10. Epíteto, *Discursos*, 3.17.1-4

ὅταν τῇ προνοίᾳ ἐγκαλῇς, ἐπιστράφηθι καὶ γνώσῃ, ὅτι κατὰ λόγον γέγονεν. 'ναί, ἀλλ᾽ ὁ ἄδικος πλέον ἔχει.' ἐν τίνι; ἐν ἀργυρίῳ: πρὸς γὰρ τοῦτό σου κρείττων ἐστίν, ὅτι κολακεύει, ἀναισχυντεῖ, ἀγρυπνεῖ. τί θαυμαστόν; ἀλλ᾽ ἐκεῖνο βλέπε, εἰ ἐν τῷ πιστὸς εἶναι πλέον σου ἔχει, εἰ ἐν τῷ αἰδήμων. οὐ γὰρ εὑρήσεις: ἀλλ᾽ ὅπου κρείττων, ἐκεῖ σαυτὸν εὑρήσεις πλέον ἔχοντα. κἀγώ ποτ᾽ εἶπόν τινι ἀγανακτοῦντι, ὅτι Φιλόστοργος εὐτυχεῖ, Ἤθελες ἂν σὺ μετὰ Σούρα κοιμᾶσθαι; — '**μὴ γένοιτο**,' φησίν.[325]	Quando você está reivindicando a providência, reflita e você perceberá que o assunto aconteceu de acordo com a razão. "Sim, mas o injusto ganha mais". Em quê? Em dinheiro. De fato, em que ele é superior a você, porque ele bajula, ele não tem vergonha, ele passa pelo sono. O que você está perdendo? Mas veja se fica mais do que você em ser leal, em ser respeitoso. Você encontrará não. Mas no que você é superior, você vai descobrir que ele fica mais. Eu lhe disse uma vez que estava com raiva porque Filostorgo estava indo bem: - Você gostaria de dormir com Soura? – **De jeito nenhum**! Ele disse.

Pudemos observar que nos *Discursos* de Epíteto, a expressão μὴ γένοιτο é apresentada em sua forma estereotipada como uma negação enfática e categórica no discurso, sempre como resposta a uma pergunta.

Nesta obra, a expressão não aparece em nenhuma ocasião com artigo ou pronome relativo. Serve muitas vezes como transição para o argumento a seguir, como em Paulo, outras não. É importante dizer também que fica claro o uso da expressão em um contexto discursivo e como elemento de persuasão.

Considerando todos os autores apresentados, podemos observar que mesmo que haja uma ligeira mudança na forma de utilização (precedido ou não de artigo ou pronome), o sentido enfático de desejo negativo permanece o mesmo.

---

325. EPÍTETO; SCHENKL, H. (Ed.). Epicteti Dissertationes ab Arriano digestae. Epictetus.

Capítulo 4 | O uso de μὴ γένοιτο nas Sagradas Escrituras

Continuando nossa investigação acerca do uso paulino da expressão μὴ γένοιτο passaremos agora a analisar as ocorrências nas Sagradas Escrituras. Em primeiro lugar analisaremos todas as ocorrências da expressão μὴ γένοιτο no texto grego do Antigo Testamento (Septuaginta) e, em seguida, nos textos do Novo Testamento: as ocorrências paulinas (à exceção de Gálatas que apresentaremos no Capítulo 6) e a única ocorrência em Lucas.

4.1. O uso de μὴ γένοιτο na Septuaginta

Na Septuaginta, γένοιτο geralmente[326] traduz אָמֵן que em hebraico é uma partícula adverbial cujo sentido básico é "verdadeiramente", sendo, portanto, uma afirmação enfática, muitas vezes usada, tanto na LXX quanto no NT de forma transliterada. Por outro lado, μὴ γένοιτο sempre traduz na LXX (Gn 44,7.17; Js 22,29; 24,16 e 1Rs 20,3) a interjeição hebraica חָלִילָה, derivada da raiz verbal חלל, cujo sentido principal é "profanar", ou "ser profanado".[327] Esta interjeição pode, então, significar "abominável para mim",[328] "profano", "reprovável", "longe (de mim)", "não permita Deus", "que tal não aconteça",[329] uma "exclamação de repulsa",[330] um "marcador de discurso de ênfase adversativa".[331]

---

326. Aqui está a lista de todas as aparições de אָמֵן em que sua tradução no grego é γένοιτο: Nm 5,22; Dt 27,15.16.17.18.19.20.21.22.23.24.25.26; 1Rs 1.36; Sl 41,14; 72.19; 89,53; 106(105),48; Is 25,1; Jr 11,5; 28,6; Observa-se que na obra do cronista usa-se a transliteração direta para o grego: αμην (1Cr 16.36; Ne 5,13; 8,6).

327. GESENIUS, W.; TREGELLES, S. P., Gesenius' Hebrew and Chaldee lexicon to the Old Testament Scriptures, p. 280.

328. FITZMYER, J. A., The Gospel According to Luke, p. 1285.

329. STRONG, J., Léxico Hebraico, Aramaico e Grego de Strong.

330. GESENIUS, W.; TREGELLES, S. P., Gesenius' Hebrew and Chaldee lexicon to the Old Testament Scriptures, p. 280.

331. SWANSON, J., Dictionary of Biblical Languages with Semantic Domains.

Na Septuaginta o termo hebraico חָלִילָה também aparece traduzido pelo advérbio μηδαμῶς[332] ("de modo nenhum", "certamente que não");[333] ἵλεώς μοι () ("tem compaixão de mim", como aparece em 2Sm 20.20; 23.17; 1Cro 11,19)[334] e μή μοι εἴη[335] com uso do optativo de εἰμί ("que eu não seja").

4.1.1. Gn 44,7.17

Este capítulo do livro de Gênesis trata do episódio da taça de José na bolsa de Benjamim. É um texto narrativo que conta a história de José e seus irmãos, os filhos de Israel. Após virem da região de Canaã com seu irmão Benjamin, os filhos de Jacó encontram José que lhes prepara um banquete (Gn 43,16.31). Nesse banquete José fica sabendo que seu pai está vivo (Gn 43,27-28) e vê a seu irmão mais novo, Benjamin, filho de sua mãe (Gn 43,29). Após a refeição, José arquiteta um plano para reter seu irmão: manda seu intendente colocar no saco de trigo de Benjamin sua taça de ouro, para assim o incriminar e mantê-lo consigo.

Quando estavam saindo da cidade, o intendente de José vai em direção dos seus irmãos e os acusa de terem roubado a taça de adivinhação e assim eles respondem:

Gn 44,7 (LXX)[336]

| οἱ δὲ εἶπον αὐτῷ ἵνα τί λαλεῖ ὁ κύριος κατὰ τὰ ῥήματα ταῦτα **μὴ γένοιτο** τοῖς παισίν σου ποιῆσαι κατὰ τὸ ῥῆμα τοῦτο. | eles disseram para ele: com que finalidade o senhor fala conforme estas palavras? **Que não aconteça** aos teus filhos o fazer conforme esta palavra. |

Gn 44,17 (BHS)[337]

| וַיֹּאמְרוּ אֵלָיו לָמָּה יְדַבֵּר אֲדֹנִי כַּדְּבָרִים הָאֵלֶּה חָלִילָה לַעֲבָדֶיךָ מֵעֲשׂוֹת כַּדָּבָר הַזֶּה׃ | disseram para ele: por que, meu senhor, diz conforme estas palavras? **Abominável** [seria] para teus servos fazer tal coisa. |

---

332. 1Sm 2,30; 12,23; 20,2.9; 22,15; 24,7; 26:11.

333. LIDDELL, H. G. & SCOTT, R. A Greek–English Lexicon: "μηδαμῶς". Termo atestado no Novo Testamento em At 10,14;11,8.

334. FRIBERG, T.; FRIBERG, B.; MILLER, N. F., Analytical lexicon of the Greek New Testament, "ἵλεώς": atributo de Deus, gracioso, misericordioso; aparece em Mt 16,22.

335. Jó 27,5.; uso similar encontramos em At 8,20, mas utilizado com o pronome na segunda pessoa.

336. Os textos da Septuaginta são todos da edição RAHLFS, A. (Ed.), Septuaginta.

337. Os textos da Bíblia Hebraica são todos da edição KITTEL, R. (Ed.), Biblia Hebraica Stuttgartensia.

A ocorrência de μὴ γένοιτο em Gn 44,7 aponta para o caráter discursivo, adversativo e desiderativo da expressão. É uma negação enfática: de modo algum eles seriam ladrões, isto seria algo abominável. A versão do texto na Septuaginta usa a expressão μὴ γένοιτο que traduz a interjeição hebraica חָלִילָה ("coisa repreensível", "aquilo que é profano"). Isso reforça o valor interjetivo da expressão μὴ γένοιτο e o sentido de uma expressão de repulsa.[338] Vale destacar que mesmo em um contexto narrativo, a expressão aparece em um diálogo após uma pergunta.

Gn 44,17 (LXX)

| εἶπεν δὲ Ιωσηφ **μή** μοι **γένοιτο** ποιῆσαι τὸ ῥῆμα τοῦτο ὁ ἄνθρωπος παρ᾽ ᾧ εὑρέθη τὸ κόνδυ αὐτὸς ἔσται μου παῖς ὑμεῖς δὲ ἀνάβητε μετὰ σωτηρίας πρὸς τὸν πατέρα ὑμῶν. | Disse José: **que não aconteça a mim** essa palavra; o homem junto ao que foi achado o copo, ele será meu servo; vós subis com paz até o vosso pai. |

Agora a expressão é dita por José quando Judá propõe que todos, e não apenas Benjamim se tornem escravos pelo suposto roubo da taça. Aqui a expressão vem separada pelo pronome μοι, mas o sentido do optativo é claramente desiderativo, vem carregado de ênfase, especialmente por traduzir חָלִילָה.

Gn 44,17 (BHS)

| וַיֹּאמֶר חָלִילָה לִּי מֵעֲשׂוֹת זֹאת הָאִישׁ אֲשֶׁר נִמְצָא הַגָּבִיעַ בְּיָדוֹ הוּא יִהְיֶה־לִּי עָבֶד וְאַתֶּם עֲלוּ לְשָׁלוֹם אֶל־אֲבִיכֶם׃ פ | E disse: **abominável para mim [seria] fazer isto**. O homem em que foi encontrado o copo na mão dele, tornará para mim um escravo, e vós subi em paz para vosso pai. |

4.1.2. Js 22,29

Ao término da carreira de Josué, após a conquista das terras, as tribos de Rúben, Gad e a meia tribo de Manassés, após terem pelejado junto a seus irmãos, retornam às suas porções de terra, aquém do Jordão (Js 22,1-8). Ao retornarem decidem entre si erigir um grande altar a Javé na margem do Jordão do lado da terra de Canaã (Js 22,9-10).

---

338. GESENIUS, W.; TREGELLES, S. P., Gesenius' Hebrew and Chaldee lexicon to the Old Testament Scriptures, p. 280.

As demais tribos souberam do acontecido, e, com medo de que seus irmãos estivessem construindo um altar concorrente, se reúnem em Silo para marcharem contra eles (Js 22,12). Antes, no entanto, que se empenhassem na guerra, enviaram embaixadores aos filhos de Rúben, Gad e Manassés (Js 22,13), pedindo-lhes explicações (Js 22,16-20). O versículo seguinte faz parte da resposta dada aos israelitas por parte das tribos de Rúben, Gad e Benjammin.

Js 22,29 (LXX)

μὴ γένοιτο οὖν ἡμᾶς ἀποστραφῆναι ἀπὸ κυρίου ἐν ταῖς σήμερον ἡμέραις ἀποστῆναι ἀπὸ κυρίου ὥστε οἰκοδομῆσαι ἡμᾶς θυσιαστήριον τοῖς καρπώμασιν καὶ ταῖς θυσίαις σαλαμιν καὶ τῇ θυσίᾳ τοῦ σωτηρίου πλὴν τοῦ θυσιαστηρίου κυρίου ὅ ἐστιν ἐναντίον τῆς σκηνῆς αὐτοῦ.	**Que não aconteça**, em efeito, a nós nos rebelarmos contra o Senhor nesses dias atuais para deixar de seguir o Senhor com o propósito de nós edificarmos um altar para holocausto e para sacrifícios pacíficos e para sacrifícios de salvação fora do altar do Senhor, que está diante da sua tenda.

Js 22,29 (BHS)

חָלִילָה לָּנוּ מִמֶּנּוּ לִמְרֹד בַּיהוָה וְלָשׁוּב הַיּוֹם מֵאַחֲרֵי יְהוָה לִבְנוֹת מִזְבֵּחַ לְעֹלָה לְמִנְחָה וּלְזָבַח מִלְּבַד מִזְבַּח יְהוָה אֱלֹהֵינוּ אֲשֶׁר לִפְנֵי מִשְׁכָּנוֹ׃ פ	**Longe de nós** nos rebelarmos contra o SENHOR e deixarmos de seguir o Senhor, para construir um altar para holocausto, oferta ou sacrifício afora o altar do SENHOR, nosso Deus, que está diante do seu tabernáculo.

Vale destacar que aqui temos um contexto narrativo ritual. O embate travado é quanto à edificação de um altar transjordânico, concorrente ao altar de Silo. Conforme observa Butler,[339] a natureza cúltica e ritual deste texto sugere que o mesmo tem sua origem em círculos sacerdotais. Μὴ γένοιτο traduz חָלִילָה, e aqui não estamos falando apenas de um uso desiderativo, mas principalmente no sentido de uma repulsa: seria abominável a Javé que fosse construído um altar concorrente ao de Silo. No hebraico temos וְעַל הַחֲלִילָה ("abominável para nós"; "longe de nós") e no grego, μὴ γένοιτο οὖν ἡμᾶς ("que não aconteça a nós, então", "longe de nós, então", "de modo algum, em efeito").

---

339. BUTLER, T. C., Joshua, p. 243.

4.1.3. Js 24,16

O texto em questão também está situado ao final da carreira de Josué como líder do povo de Israel. O capítulo 24 nos narra o episódio da Assembleia de Siquém, onde Josué reúne todo o povo e sua liderança e após lembrar-lhes todos os grandes feitos de Javé em favor do seu povo, desde a vocação de Abraão, passando pela libertação do Egito, até a conquista da terra prometida (Js 24,1-13).

Josué, em seguida, exorta o povo a buscar Javé em fidelidade, e após se posicionar favorável a Javé, em detrimento dos deuses estrangeiros, questiona o povo acerca de quem iriam seguir (Js 24,14-15), e assim o povo responde:

Js 24,16 (LXX)

| καὶ ἀποκριθεὶς ὁ λαὸς εἶπεν **μὴ γένοιτο** ἡμῖν καταλιπεῖν κύριον ὥστε λατρεύειν θεοῖς ἑτέροις | E o povo, depois de ser interpelado, disse: **De modo algum** seja para nós o abandonar o Senhor para servir a outros deuses. |

Js 24,16 (BHS)

| וַיַּעַן הָעָם וַיֹּאמֶר **חָלִילָה** לָּנוּ מֵעֲזֹב אֶת־יְהוָה לַעֲבֹד אֱלֹהִים אֲחֵרִים׃ | Respondeu, o povo, dizendo: **longe de nós** abandonarmos o SENHOR para servirmos outros deuses. |

Mais uma vez no hebraico temos וְנֹל הָלִילָה ("abominável para nós"; "longe de nós"), por outro lado, no grego, após μὴ γένοιτο temos a forma do pronome pessoal do caso reto no caso dativo, ἡμῖν, ao invés do acusativo ἡμᾶς como no exemplo anterior. Neste texto narrativo a expressão μὴ γένοιτο novamente aparece em um discurso e se apresenta como uma expressão de repulsa e caráter adversativo.

4.1.4. 1Rs 21,3

Este texto está situado no espisódio da vinha de Nabote. O rei Acabe, orientado por sua mulher Jezabel, vai até Nabote, proprietário de uma vinha ao lado do palácio real, e exige que a vinha lhe seja vendida (1Rs 21,1-2). A resposta de Nabote vem como a seguir:

1Rs 20,3 (LXX)

καὶ εἶπεν Ναβουθαι πρὸς Αχααβ **μή μοι γένοιτο** παρὰ θεοῦ μου δοῦναι κληρονομίαν πατέρων μου σοί	E disse Nabote para Acabe: **De modo algum**, para mim, junto ao meu Deus, dar a herança dos meus pais para ti.

1Rs 21,3 (BHS)

וַיֹּאמֶר נָבוֹת אֶל־אַחְאָב **חָלִילָה** לִּי מֵיהוָה מִתִּתִּי אֶת־נַחֲלַת אֲבֹתַי לָךְ:	E disse Nabote a Acab: **Longe de mim**, pelo SENHOR, dar a herança dos meus pais a ti.

O uso de חָלִילָה no hebraico e seu correspondente **μή μοι γένοιτο**, sugere que vender a terra desta forma seria uma profanação e que, portanto, este ato deveria ser evitado a qualquer custo. Isto se devia ao fato de a legislação sacerdotal considerar que a terra era de YHWH e que, portanto, não seria direito de Nabote vendê-la (Lv 25.23-28; Nm 36,7).[340] O uso de **μή μοι γένοιτο** no discurso de Nabote explicita o caráter desiderativo enfático da expressão.

4.1.5. 1Mc 9,10

Este capítulo começa sua narrativa com a batalha de Beerzet e a morte de Judas Macabeu (1Mc 9,1-18). Demétrio, um dos filhos de Seleuco, havia se tornado rei dos selêucidas. Nicanor, seu general, havia sido enviado em batalha contra os judeus, e após zombar e ameaçar o templo (1Mc 7,33-38), trava uma batalha contra Judas Macabeu e seus homens. Nicanor perde e morre em Bet Horon (1Mc 7,39-50).

1Mc 9,1 retoma a narrativa interrompida em 1Mc 7,50: quando Demétrio toma ciência de que seu general havia sucumbido, envia Báquides, governador da Transeufratênia, e Alcimo, o ímpio, aspirante ao cargo de sumo sacerdote, em batalha contra Judas e seu exército. Muitos dos homens de Judas desertaram, mesmo assim, em ato heróico, ele conclama os oitocentos que ficaram a irem lutar com ele. Alguns tentaram dissuadi-lo, e sua resposta foi:

---

340. COGAN, M., I Kings, p. 477-478.

1Mc 9,10 (LXX)

καὶ εἶπεν Ιουδας **μὴ γένοιτο** ποιῆσαι τὸ πρᾶγμα τοῦτο φυγεῖν ἀπ' αὐτῶν καὶ εἰ ἤγγικεν ὁ καιρὸς ἡμῶν καὶ ἀποθάνωμεν ἐν ἀνδρείᾳ χάριν τῶν ἀδελφῶν ἡμῶν καὶ μὴ καταλίπωμεν αἰτίαν τῇ δόξῃ ἡμῶν	E disse Judas: **De modo algum** fazer essa coisa de fugir deles e se o tempo se aproxima de nós então morramos com coragem, graças a nossos irmãos e não deixemos motivo para a nossa glória.

Mais uma vez μὴ γένοιτο é usado em um texto narrativo em um contexto discursivo. Judas Macabeu nega de forma enfática a possibilidade de se pôr em retirada. A expressão é usada aqui também como expressão de repulsa. Em seu comentário, Goldstein[341] cita os versículos 2Sm 23,17 e 1Cor 11,19 como sendo similares a 1Mc 9,10, mas é importante notar, que o tradutor grego não utiliza μὴ γένοιτο nestes versículos e sim a forma adjetival ἵλεώς μοι ("longe de mim").

4.1.6. 1Mc 13,5

O contexto é similar ao da passagem anterior. Nesse caso, Simão assume a liderança do povo, e ao saber que Trifão havia reunido um exército, profere um discurso ao povo em que faz menção ao zelo de sua família, pela causa de Israel, e se propõe, a igualmente, ter a mesma dedicação:

1Mc 13,5 (LXX)

καὶ νῦν **μή μοι γένοιτο** φείσασθαί μου τῆς ψυχῆς ἐν παντὶ καιρῷ θλίψεως οὐ γάρ εἰμι κρείσσων τῶν ἀδελφῶν μου	E agora, **de modo algum** poupar a minha vida em todo o tempo de tribulação, pois não sou melhor do que meus irmãos.

4.2. O uso de *μή γένοιτο* no Novo Testamento

Antes mesmo de passarmos à análise da expressão μὴ γένοιτο no NT achamos válido observar que há 68 optativos no Novo Testamento grego, distribuídos em 63 versos,[342] sendo 12 deles εἴη, forma da terceira pessoa do singular do opta-

---

341. GOLDSTEIN, J. A., I Maccabees, p. 374.

342. Os textos são: Mc 1,11; Lc 1,29.38.62; 3,15; 6,11; 8,9; 9,46; 15,26; 16,36; 20,16; 22,23; Jo 13,24; At 5,24; 8,20.31; 10,17; 17,11.18. 27(2x); 20,16; 21,33; 24,19; 25,16(2x); 25,20; 26,29; 27,12.39; Rm 3,4.6.31, 6,2.15; 7,7.13;

tivo do verbo εἰμί. A forma de γίνομαι no optativo antecedida pela partícula μή aparece em situações comunicativas diversas[343] como veremos em detalhes adiante. Desde já vale destacar que apenas uma vez μὴ γένοιτο aparece no NT fora da literatura paulina. Paulo se utiliza da expressão principalmente quando faz uso do estilo diatríbico, especialmente em Romanos.

4.2.1. 1Cor 6,15

O capítulo 6 de 1Coríntios começa tratando da relação dos cristãos de Corinto com o mundo em que vivem.[344] Em primeiro lugar Paulo trata da submissão das rixas da comunidade à arbitragem da cidade. Na sequência, Paulo apresenta uma lista de vícios[345] (1Cor 6,9-10), ou seja, todas as coisas que deveriam ser, de fato, alvo da arbitragem da comunidade. Assim, ele dá a direção acerca de qual deva ser a opinião e, por conseguinte, a deliberação da igreja de Corinto em relação às práticas cotidianas que continuam existindo entre membros da comunidade, mesmo após sua adesão à fé em Cristo. Após falar sobre a incapacidade da igreja coríntia em julgar suas próprias questões, são introduzidos neste capítulo temas relacionados às leis dietéticas (1Cor 6,13) e à moral sexual (1Cor 6,15).

Em geral, os autores[346] concordam que aqui em 1Cor 6, Paulo utiliza o estilo diatríbico[347] para construir sua argumentação, como é demonstrado pelo artigo de Thomaz de Aquino.[348] Em primeiro lugar ele se apoia nas conclusões de Bultmann[349] e, em segundo lugar, busca comparar o referido texto com o Ἀρριανοῦ

9,14;11,1.11; 15,5.13; 1Cor 6,15; 14,10; 15,37; Gl 2,17; 3,21; 6,14; 1Ts 3,11;12(2x); 5,23(2x); 2Ts 2,17(2x); 3,5; 3,16; 2Tm 1,16; 1,18; 4,16; Fm 1,20; Hb 13,21; 1Pd 1,2; 3,14.17; 2Pd 1,2; Jd 2.9.

343. Lc 20,16, Rm 3,4.6.31; 6,2.15; 7,7.13; 9,14; 11,1.11; 1Co 6,15; Gl 2,17; 3,21 e 6,14.

344. CONZELMANN, H., 1Corinthians, p. 104.

345. Conforme observa THOMAZ DE AQUINO, J. P., 1Coríntios 6,12-20 e o estilo diatríbico, p. 37-55, p. 51, a utilização de listas de vícios é muito comum também no estilo diatríbico. Entre os capítulos 5 e 6, Paulo nos apresenta duas listas, 1Cor 5,9-11 e 1Cor 6,9b-11, que formam uma inclusão para 1Cor 5,12-6,9a.

346. CONZELMANN, H., 1Corinthians, p. 104; HAYS, R. B., First Corinthians, p. 101; FITZMYER, J. A., First Corinthiansp. 261.

347. Berger afirma que apesar da diatribe estar ligada à argumentação, elas não são coisas idênticas, pois na diatribe, geralmente verficam-se alguns elementos distintivos como apostrofar e adjetivar o ouvinte (ex: "tu, miserável"), presumir a opinião do mesmo (ex: "e agora dirás..."), dirigir-lhe perguntas (ex: "não vês que..."), fazer admoestações retóricas ("lembra-te de..."). Berger destaca ainda que o mestre, o autor da diatribe, costuma dar destaque a si mesmo, e vale ainda dizer que, na diatribe, o autor e quem dirige a conversa são a mesma pessoa, e o interlocutor tem caráter indefinido. Cf. BERGER, K., As formas literárias do Novo Testamento, p. 104.

348. THOMAZ DE AQUINO, J. P., 1Coríntios 6,12-20 e o estilo diatríbico, p. 37-55.

349. BULTMANN, R., Der Stil der paulinischen Predigt und die kynisch-stoische Diatribe.

τῶν Ἐπικτήτου Διατριβῶν (As diatribes de Epíteto por Arriano),[350] uma vez que esta obra seria "uma das melhores representantes do estilo diatríbico".[351] Para Bultmann, os elementos diatríbicos de 1Cor 6,12-20 são: o uso de οὐκ οἴδατε ("não vês"; 1Cor 6,15), o uso do verbo φησίν ("diz"; 1Cor 6,16), o paralelismo antitético (1Cor 6,12-16) e as perguntas dispostas paralelamente (1Cor 6,15s).[352] No que se refere à comparação com a obra de Epíteto, vale dizer que Paulo também se utiliza de diálogos vivos, imaginários, com um interlocutor que se opõe a seus ensinos chegando a conclusões falsas. Estas conclusões, no entanto, são rechaçadas pelo Mestre (autor da diatribe), geralmente utilizando-se de μὴ γένοιτο ("de modo algum") ou ἀλλὰ ("mas").[353]

1Cor 6,15[354]

οὐκ οἴδατε ὅτι τὰ σώματα ὑμῶν μέλη Χριστοῦ ἐστιν; ἄρας οὖν τὰ μέλη τοῦ Χριστοῦ ποιήσω πόρνης μέλη; **μὴ γένοιτο**	Não vês que os nossos corpos são membros de Cristo? Em efeito, depois de tomar os membros de Cristo, fariam-nos membros de uma prostituta? **De modo algum!**

Podemos segmentar este versículo em 3 partes:[355]

15a	**οὐκ οἴδατε** ὅτι τὰ σώματα ὑμῶν μέλη Χριστοῦ ἐστιν	Esta frase inciada por οὐκ οἴδατε apresenta a razão para a rejeição em forma de pergunta retórica. O argumento é que "nossos corpos são membros de Cristo".

---

350. OLDFATHER, W. A., Epictetus.

351. THOMAZ DE AQUINO, J. P., 1Cortíntios 6,12-20 e o estilo diatríbico, p. 47.

352. BULTMANN, R., Der Stil der paulinischen Predigt und die kynisch-stoische Diatribe, p. 65-77. Apud THOMAZ DE AQUINO, J. P., 1Cortíntios 6,12-20 e o estilo diatríbico, p. 46.

353. THOMAZ DE AQUINO, J. P., 1Cortíntios 6,12-20 e o estilo diatríbico, p. 48.

354. Os textos do Novo Testamento são todos da edição E. NESTLE; K. ALAND (Ed.), Novum Testamentum Graece, Ed. XXVIII.

355. THOMAZ DE AQUINO, J. P., 1Cortíntios 6,12-20 e o estilo diatríbico, p. 51.

15b	ἄρας οὖν τὰ μέλη τοῦ Χριστοῦ ποιήσω πόρνης μέλη;	Mais uma pergunta retórica apresentando uma falsa conclusão, isto é, tomar os membros de Cristo e fazê-los membros de uma prostituta.
15c	**μὴ γένοιτο**	Conclusão falsa é rechaçada com esta negação enfática. Em seguida no v.16 Paulo continuará sua argumentação apresentando os motivos para a rejeição da falsa conclusão.

4.2.2. Rm 3,4.6.31

O capítulo 3 da carta de Paulo aos Romanos passa a tratar da questão da universalidade do pecado,[356] uma vez que nos capítulos anteriores ele havia abordado o tema do pecado em suas modalidades étnicas. No primeiro capítulo (Rm 1,17-32) Paulo menciona as peculiaridades do pecado dos gentios (τὰ ἔθνη), indicando como ele é praticado e suas consequências. No segundo capítulo (Rm 2,1-29), o assunto é o pecado dos judeus (οἱ Ἰουδαῖος): em especial, as peculiaridades da transgressão cometida por eles e como isso os iguala aos gentios diante de Deus (Rm 2,25). A condição pecaminosa que une todos os homens, judeus e gentios, é explorada no terceiro capítulo. A argumentação de Paulo nos versos 4, 6 e 31 de Rm 3 recorre à fórmula μὴ γένοιτο, como segue:

Rm 3,4

μὴ γένοιτο· γινέσθω δὲ ὁ θεὸς ἀληθής, πᾶς δὲ ἄνθρωπος ψεύστης, καθὼς γέγραπται· ὅπως ἂν δικαιωθῇς ἐν τοῖς λόγοις σου καὶ νικήσεις ἐν τῷ κρίνεσθαί σε	**De modo algum!** Seja Deus verdadeiro, todo homem, mentiroso, conforme está escrito: para que sejas justificado nas tuas palavras e venças quando fores julgado.

---

356. Moo fala do "reino universal do pecado", ao se referir a Romanos 1,18-3,20. MOO, D. J., The Epistle to the Romans, p. 91.

Rm 3,6

μὴ γένοιτο· ἐπεὶ πῶς κρινεῖ ὁ θεὸς τὸν κόσμον;	**De modo algum:** como, pois, Deus julgaria o mundo?

Os dois versículos acima fazem parte da mesma perícope (Rm 3,1-8) em que Paulo trata da fidelidade e da justiça de Deus. Moo considera este texto obscuro devido à série rápida de perguntas e respostas apresentadas por Paulo.[357] A dúvida que Moo se coloca é: "quais pontos são as declarações falsas que Paulo rejeita e qual o ensino correto que ele está defendendo?"[358] Stowers[359] já havia destacado que:

> Objeções e conclusões falsas são fenômenos intimamente relacionados na diatribe. Uma objeção levanta um problema, contradiz ou se opõe a algo na linha de argumentação do autor. Uma conclusão falsa é indicada quando o próprio autor ou um interlocutor declara uma falsa inferência deduzida da posição do autor. Conclusões falsas são geralmente declaradas retoricamente e geralmente implicam uma objeção. Objeções e conclusões falsas são muitas vezes as mesmas ou muito semelhantes na forma. Essas observações básicas também se aplicam ao uso de Paulo desses dispositivos em Romanos.

É possível observar em Rm 3,1-9 este movimento de objeções e rejeições. Aqui estão agrupadas várias objeções, as demais estão espalhadas entre os capítulos 3 e 11, conforme destaca Stowers.[360] Temos a primeira objeção em Rm 3,1 (começando com Τί οὖν: "qual, pois...?") em que Paulo faz a pergunta do conservador judeu:[361] Τί οὖν τὸ περισσὸν τοῦ Ἰουδαίου; (Rm 3,1: "Qual, pois, a vantagem do judeu?) em seguida temos outra objeção (começando com ἤ): ἤ τίς ἡ ὠφέλεια τῆς περιτομῆς; (Rm 3,1: "Ou qual a utilidade da circuncisão?"), ou seja, o que sobraria da eleição de Israel?[362]

---

357. MOO, D. J., The Epistle to the Romans, p. 177-178.

358. MOO, D. J., The Epistle to the Romans, p. 178.

359. STOWERS, S. K., The Diatribe and Paul's letter to the Romans. p. 119.

360. Rm 3,31; 6,1.15; 7,7,13; 9,14.19; 11,1.11.19; STOWERS, S. K., The Diatribe and Paul's letter to the Romans. Scholar Press, 1981, p. 119.

361. DABOURNE, W., Purpose and Cause in Pauline Exegesis: Romans 1.16-4.25 and a New Approach to the Letters, p. 137.

362. STOWERS, S. K., The Diatribe and Paul's letter to the Romans, p. 119; DABOURNE, W., Purpose and Cause in Pauline Exegesis, p. 137.

O v.2 traz a resposta do próprio Paulo πολὺ κατὰ πάντα τρόπον (Rm 3,2: "muita, por todas as maneiras"), e a razão para esta resposta é apresentada a seguir iniciando com a expressão πρῶτον μὲν γὰρ ("principalmente porque").³⁶³ Com esta resposta Paulo muda o foco da Aliança no Sinai para toda a Palavra de Deus destinada a Israel, seja a lei, a promessa ou a Profecia.³⁶⁴

No versículo seguinte, Paulo apresenta mais uma objeção, ou uma falsa conclusão, em forma de pergunta, iniciada por τί γάρ; ("e daí?"). Esta objeção está relacionada à tese de Rm 2,17-29.³⁶⁵ Paulo quer demonstrar que a fidelidade de Deus reside simplesmente em seu compromisso de cumprir os termos da Aliança com Israel, enquanto que a falta de Israel está em sua incapacidade de cumprir sua parte na Aliança.³⁶⁶

A esta objeção, Paulo responde com μὴ γένοιτο, uma negação enfática. Aqui, μὴ γένοιτο serve para introduzir a razão da negação de Paulo, ou seja, não está no fim, mas no início de uma nova argumentação. Além de μὴ γένοιτο, para dar mais força ao seu argumento, Paulo faz uma citação das Escrituras (καθὼς γέγραπται; "conforme está escrito"), a partir do Sl 51,6b, sustentando a fidelidade de Deus apesar da fraqueza humana. O Salmo 51 é a confissão de Davi por seu pecado com Betsabeia, e o v.6b "é uma cláusula de propósito na qual Davi expressa a intenção de sua confissão (v. 5) ou de seu pecado (v. 6a)".³⁶⁷ Neste diálogo entre Paulo e um judeu fictício está a Torá, que faz mediação como a voz divina que deve ser sempre considerada.

Paulo introduz uma pergunta retórica iniciada por εἰ δὲ ("se, no entanto") na forma de uma questão com τί ἐροῦμεν ("que diremos"): "εἰ δὲ ἡ ἀδικία ἡμῶν θεοῦ δικαιοσύνην συνίστησιν, τί ἐροῦμεν;" (Rm 3,5a: "se, no entanto, a nossa injustiça destaca a justiça de Deus, que diremos?") e continua com outra pergunta retórica iniciada por μὴ que requererá uma resposta na negativa: "μὴ ἄδικος ὁ θεὸς ὁ ἐπιφέρων τὴν ὀργήν;" (Rm 3,5b: "não é Deus injusto infligindo sua ira?"). Ao dizer κατὰ ἄνθρωπον λέγω (Rm 3,5b: "como homem falo"), Paulo parece revelar um estado de espírito hesitante, "Ele oscila entre declarar seus pensamentos como objeções e simples questões retóricas".³⁶⁸

---

363. STOWERS, S. K., The Diatribe and Paul's letter to the Romans, p. 119.
364. DABOURNE, W., Purpose and Cause in Pauline Exegesis, p. 137.
365. STOWERS, S. K., The Diatribe and Paul's letter to the Romans, p. 119.
366. MOO, D. J., The Epistle to the Romans, p. 184.
367. MOO, D. J., The Epistle to the Romans, p. 187.
368. STOWERS, S. K., The Diatribe and Paul's letter to the Romans, p. 120.

A resposta a estas perguntas é uma veemente rejeição: μὴ γένοιτο! E a razão para tal é apresentada na forma de uma outra pergunta retórica iniciada por ἐπεὶ ("sendo assim"): "ἐπεὶ πῶς κρινεῖ ὁ θεὸς τὸν κόσμον;" (Rm 3,6: "Sendo assim, como Deus julgará o mundo?"). Ao responder com mais uma pergunta retórica Paulo parece estar querendo "extrair as consequências absurdas e claramente impossíveis da suposição declarada no v.5".[369] Obviamente Deus não é injusto, "o juiz de todo o mundo é justo, e a justiça de Deus inclui infligir ira aos pecadores".[370]

Paulo continua com seu diálogo fictício até o v.9. Seu objetivo é refutar de uma vez por todas as calúnias dos conservadores judeus que chegavam a afirmar que, por causa da pregação da fé, Paulo estaria ensinando que se deveria fazer o mal para que o bem pudesse vir (Rm 3,8). No v.9 temos uma transição: haveria vantagem para o judeu (Rm 3,9)? Paulo responde que de nenhuma forma, agora, não usando μὴ γένοιτο ("de modo nenhum"), mas οὐ πάντως ("de nenhuma maneira"): foi provado que todos são passíveis de julgamento, judeus ou gregos, (Rm 3,10-20), mas a justiça de Deus se revela, e pela fé em Cristo Jesus, todos são "gratuitamente justificados" (Rm 3,24).

A partir do v.27 Paulo vai levantar a questão do orgulho (ostentação, vanglória) dos judeus. À luz da ação de Deus em Cristo, onde está o motivo de orgulho? Está excluído! (Rm 3,27).[371] Se o judeu afirma que há um só Deus, precisará reconhecer que o argumento é válido, ou seja, o único Deus é Deus tanto dos circuncisos, que são justificados pela fé, quanto dos incircuncisos, que, da mesma maneira, são justificados (Rm 3,29).[372] Daí decorre a última pergunta retórica, na forma de uma falsa conclusão neste capítulo:

Rm 3,31

| νόμον οὖν καταργοῦμεν διὰ τῆς πίστεως; **μὴ γένοιτο**· ἀλλὰ νόμον ἱστάνομεν. | Em efeito, a lei é anulada através da fé? **De modo algum:** mas confirmamos a lei. |

Tal conclusão, uma *reductio ad absurdum*[373] da argumentação precedente, é sumariamente negada, μὴ γένοιτο, seguida de uma contra-afirmação iniciada

---

369. MOO, D. J., The Epistle to the Romans, p. 191.
370. DABOURNE, W., Purpose and Cause in Pauline Exegesis, p. 138.
371. DABOURNE, W., Purpose and Cause in Pauline Exegesis, p. 153.
372. DABOURNE, W., Purpose and Cause in Pauline Exegesis, p. 154.
373. GONZAGA, W., A Verdade do Evangelho, p. 377 (n. 794): "A expressão latina *reductio ad absurdum* pode ser traduzida por *argumento absurdo*, que revela a absurdidade da proposição colocada e, conse-

pela adversativa ἀλλά ("mas"; "ao contrário"): ἀλλὰ νόμον ἱστάνομεν (Rm 3,31: "ao contrário, confirmamos a lei).[374] Vimos que as questões, rejeições e correções são indicações da capacidade retórica de Paulo, que prevê interlocutores em um debate e assume, na carta, os argumentos dos mesmos, refutando-os para evidenciar que pensou nas questões que poderiam ser formuladas diante de suas posições a respeito do pecado, da justiça, da fé e da justificação.

4.2.3. Rm 6,2.15

Rm 6 é dedicado ao assunto do pecado, mas agora sem as inclinações étnicas de Rm 1,18–3,31.[375] A construção argumentativa do texto se dá mediante a diatribe e entimemas,[376] e com isso, surgem perguntas retóricas na formulação do texto. Podemos segmentar este capítulo em pelo menos duas perícopes, a primeira Rm 6,1-14 e a segunda Rm 6,15-23.[377]

Rm 6,2

μὴ γένοιτο. οἵτινες ἀπεθάνομεν τῇ ἁμαρτίᾳ, πῶς ἔτι ζήσομεν ἐν αὐτῇ;	**De modo algum!** Nós, aqueles que morremos para o pecado, como ainda viveremos nele?

Paulo dá início à sua argumentação formulando uma falsa conclusão[378] na forma de pergunta, inciando por "Τί οὖν": "Τί οὖν ἐροῦμεν; ἐπιμένωμεν τῇ ἁμαρτίᾳ, ἵνα ἡ χάρις πλεονάσῃ;" (Rm 6,1: "Portanto, que diremos? Permaneceremos no pecado para que a graça superabunde?).

Mais uma vez esta pergunta retórica é respondida com um veemente μὴ γένοιτο, demonstrando que esta posição seria totalmente absurda. Mais uma vez a razão para a negação é apresentada na forma de uma pergunta: οἵτινες

---

quentemente, a resposta obtida não pode ser outra coisa senão uma coisa *absurda*, visto que não corresponde à verdade. A própria expressão refere-se a uma argumentação que mostra a falsidade de uma proposição, apresentando a conclusão insensata a que conduziria necessariamente o argumento."

374. STOWERS, S. K., The Diatribe and Paul's letter to the Romans, p. 156.

375. BELL, R. H., No One Seeks for God: An Exegetical and Theological Study of Romans 1.18–3.20.

376. Entimema é uma figura lógica de uma dedução em que uma ou várias premissas foram omitidas.

377. Concorda com esta divisão a BÍBLIA DE JERUSALÉM; JEWETT, R.; KOTANSKY, R. D., Romans; MOO, D. J., The Epistle to the Romans.

378. Paulo passa a incluir seus ouvintes de uma forma amigável e não denunciatória, na mudança ao estilo diatríbico. Como em Rm 3,5;7,7;9,14 esta pergunta estabelece uma falsa inferência que poderia ser tirada do argumento anterior. JEWETT, R.; KOTANSKY, R. D., Romans, p. 394.

ἀπεθάνομεν τῇ ἁμαρτίᾳ, πῶς ἔτι ζήσομεν ἐν αὐτῇ; (Rm 6,2: "Nós, aqueles que morremos para o pecado, como ainda viveremos nele?").

Na visão de Moo, Paulo se utiliza da linguagem de transferência de "Reino", para sugerir que é inconcebível alguém sugerir que o crente deveria "permanecer no pecado". Fomos tirados de debaixo da tirania do pecado (Rm 6,12) e transferidos para o domínio de Deus (Rm 6,13) a quem devemo-nos oferecer como ressuscitados, e nossos membros como armas de justiça a seu serviço. Mas essa transferência teria sido tão radical, que pode prevalecer a ideia de passar da morte para a vida (figura do batismo).[379]

Rm 6,15

Τί οὖν; ἁμαρτήσωμεν, ὅτι οὐκ ἐσμὲν ὑπὸ νόμον ἀλλ᾽ ὑπὸ χάριν; **μὴ γένοιτο**.	O que [faremos], então? Pecaremos, porque não estamos sob a lei, mas sob a graça? **De modo algum!**

A mesma estrutura aparece em Rm 6,15, em que Paulo dá início à sua argumentação com uma pergunta retórica, neste caso iniciando com "Τί οὖν;" ("que, pois?"), que é respondida com μὴ γένοιτο, seguida da razão para a negação da proposição, iniciada por οὐκ οἴδατε ("não vês?"; Rm 6,16) e uma pergunta.[380] Vale destacar que as perguntas retóricas constituem hipóteses relacionadas a condutas coletivas que incluem o interlocutor fictício (os verbos estão em primeira pessoa do plural).

Conforme Elliott, a afirmação οὐ γάρ ἐστε ὑπὸ νόμον ἀλλ᾽ ὑπὸ χάριν. (Rm 6,14: "pois não estais sob lei, ao contrário, sob graça"), forma uma transição para a argumentação da seção de Rm 6,15-23 que introduz um tema sobre o qual Paulo irá se debruçar até Rm 8,13: a problemática relação entre lei e graça. Nas palavras do autor:[381]

> As expressões constituem uma relação entre duas esferas de domínio mutuamente exclusivas que determinam, de forma abrangente, a existência humana. O reino "sob a lei" é o reino em que o pecado (não a lei) reina (6,14). É a oposição pecado vs. graça e justiça que torna a perspectiva de continuar no pecado no reino "não sob a lei" inaceitável. Essa relação de incompati-

---
379. MOO, D. J., The Epistle to the Romans, p. 354.
380. STOWERS, S. K., The Diatribe and Paul's letter to the Romans, p. 121.
381. ELLIOTT, N., The rhetoric of Romans, p. 240.

bilidade é elaborada nos versos seguintes (6,15-7,6). Uma existência fora da esfera da lei (οὐ... ὑπὸ νόμον) não pode envolver continuar em pecado (6,15), porque tal existência só é possível dentro do domínio da graça. Paulo apela para o elitizado conhecimento da audiência (οὐκ οἴδατε: "vocês deveriam saber"[382]) que a existência humana é inescapavelmente determinada por um "domínio" (6,16).[383]

4.2.4. Rm 7,7.13

O capítulo 7 da carta aos Romanos ainda continua a abordar o tema do pecado, e sua relação com a lei e a graça. A primeira seção, Rm 7,1-6, contém o ponto principal que Paulo quer tratar neste capítulo: "a morte rompe com a escravidão da lei".[384] Paulo dá o exemplo da mulher casada que passa a estar desobrigada para casar novamente caso o marido morra (Rm 7,3). Portanto, aqueles que morrem com Cristo, sofrem uma morte que rompe com a escravidão do pecado, tornando possível um novo relacionamento com Cristo, contrastando a situação das pessoas que vivem "no pecado" com aquelas que foram libertadas da lei e servem em "novidade de espírito".[385]

Na seção seguinte (Rm 7,7-13), Paulo trata do papel que a lei exerce sobre a vida humana e sua relação com o pecado. Se em Rm 7,1-6 Paulo demonstrou que com a morte de Cristo, os seres humanos foram libertados da escravidão do pecado, nesta seção, ele vai demonstrar porque a lei não é um dos poderes escravizantes.[386]

Rm 7,7

| Τί οὖν ἐροῦμεν; ὁ νόμος ἁμαρτία; **μὴ γένοιτο**· ἀλλὰ τὴν ἁμαρτίαν οὐκ ἔγνων εἰ μὴ διὰ νόμου· τήν τε γὰρ ἐπιθυμίαν οὐκ ᾔδειν εἰ μὴ ὁ νόμος ἔλεγεν· οὐκ ἐπιθυμήσεις. | O que, em efeito, diremos? A lei é pecado? **De modo algum!** Mas o pecado não conheci senão por meio da lei, e, pois, a cobiça não veria se a lei não dissesse: não cobiçarás! |

---

382. Literalmente: "ou não sabeis", como vimos, expressão muito utilizada na diatribe, inclusive Paulo, para apresentar a razão para a rejeição da objeção.
383. ELLIOTT, N., The rhetoric of Romans, p. 240.
384. MOO, D. J., The Epistle to the Romans, p. 410.
385. MOO, D. J., The Epistle to the Romans, p. 410-411.
386. FITZMYER, J. A., Romans, p. 462–463.

Pela argumentação anterior, poderia-se concluir que Paulo estivesse se colocando numa posição contrária à lei.[387] Daí surge a necessidade de ele começar a próxima seção com uma falsa conclusão em forma de pergunta iniciando com "Τί οὖν ἐροῦμεν;" ("que diremos, pois?"; assim como em Rm 6,1). A falsa conclusão seria, portanto, afirmar que a lei é pecado. A resposta vem com o enfático μὴ γένοιτο, seguido de uma afirmação, a razão para resposta negativa, iniciada com ἀλλὰ ("mas").[388]

É interessante notar que em Rm 7,7-13, Paulo alterna para a primeira pessoa do singular. Como observa Fitzmeyer, Paulo poderia ter usado outros termos, como ἄνθρωπος ("ser humano"), τίς ("alguém") ou até ἡμεῖς ("nós"), mas preferiu usar ἐγώ ("eu").[389] Ele também passa a usar os verbos no aoristo e não mais no presente, o que leva alguns afirmarem que estes versos teriam um caráter apologético à lei, uma espécie de confissão.[390]

A argumentação prossegue afirmando que a lei não é pecado, mas ela é um instrumento que traz à luz o conhecimento do pecado, como qualquer outra lei, uma vez que algo só passa a ser errado na medida em que uma lei o proíbe.[391] Uma síntese da argumentação paulina nos vv. 7-12 seria: "a lei é boa; o pecado é feito 'manifesto' pela lei; e o pecado opera através da lei para produzir a morte".[392]

---

387. "O fato de que Paulo pode colocar a questão com tanta nitidez (a lei = pecado!) é uma clara indicação e medida de até que ponto os vv. 1-6 parecem consignar a lei unicamente à época antiga, igualmente abominável como seus parceiros, pecado e morte". DUNN, J. D. G., Romans 1 a 8, p. 378.

388. STOWERS, S. K., The Diatribe and Paul's letter to the Romans, p. 121.

389. FITZMYER, J. A., Romans, p. 463. Esta mudança apresenta um problema exegético: em que sentido o Ego deve ser interpretado nesta passagem? Segundo Fitzmyer, isto tem sido interpretado em cinco diferentes sentidos: 1) autobiograficamente: Paulo estaria tratando de sua própria experiência passada; 2) psicologicamente: ego pode ser entendido como um jovem judeu, deixando a infância e passando para a juventude, assumindo, em consequência, as demandas da lei mosaica; 3) como Adão: o pai da raça humana, confrontado com mandamento de Gn 2,16-17; 4) como um cristão: seria Paulo tratando da sua própria experiência como cristão diante das suas novas obrigações como convertido e; 5) numa dimensão histórico-cósmica: Paulo estaria usando uma figura de linguagem para dramatizar numa forma íntima e pessoal a experiência comum a todo ser humano não regenerado que se depara com a lei. FITZMYER, J. A., Romans, p. 463-465. JEWETT, R.; KOTANSKY, R. D., Romans, p. 441-443. Destacam também a possibilidade do uso da προσωποποιία nesta passagem, que é um recurso da retórica grega em que é permitido um personagem fictício, ou um "tipo", falar em primeira pessoa para trazer um efeito emocional ao argumento, esta hipótese, segundo os autores, foi desenvolvida por Stowers, Jean-Noël Aletti, e Jean-Baptiste Édart.

390. FITZMYER, J. A., Romans, p. 463.

391. JEWETT, R.; KOTANSKY, R. D., Romans, p. 447.

392. MOO, D. J., The Epistle to the Romans, p. 451.

Rm 7,13

Τὸ οὖν ἀγαθὸν ἐμοὶ ἐγένετο θάνατος; **μὴ γένοιτο**· ἀλλ᾽ ἡ ἁμαρτία, ἵνα φανῇ ἁμαρτία, διὰ τοῦ ἀγαθοῦ μοι κατεργαζομένη θάνατον, ἵνα γένηται καθ᾽ ὑπερβολὴν ἁμαρτωλὸς ἡ ἁμαρτία διὰ τῆς ἐντολῆς.	Uma coisa boa, em efeito, tornou-se para mim uma morte? **De modo algum!** Mas o pecado, para que se revelasse pecado, por meio de uma coisa boa, produziu morte, para que se tornasse, conforme uma medida abundante, o pecado, um cometimento de pecado por meio do mandamento.

Pode-se dizer que Rm 7,13 funciona como uma ponte entre o que Paulo já disse nos v.1-12 e o que dirá nos v.14-25. Mais uma vez ele segue a mesma estrutura ao estilo diatríbico: apresenta uma pergunta iniciada com τὸ οὖν, responde com μὴ γένοιτο, e apresenta a razão para tal com uma adversativa forte ἀλλὰ (e não com outra pergunta). Como a lei, uma coisa boa (Rm 7,12) poderia ser a fonte da morte?[393] Vale lembrar que vimos no capítulo anterior deste trabalho que esta construção de ἀλλὰ seguida de μὴ γένοιτο também é encontrada na Epístola de Barnabé.

Paulo retorna ao tema do relacionamento entre a lei, o pecado e a morte, mas agora ele avança introduzindo mais um elemento nesta relação: o *Ego*.[394] Isto será explicado com mais detalhes nos v.14-25: pela razão o Ego reconhece que a lei é boa (Rm 7,16), mas quando o ego atua na direção oposta ao que é reconhecidamente bom (Rm 7,19), não é o Ego quem atua, mas o pecado que habita nele (Rm 7,21). Deste círculo vicioso só Cristo pode libertar, pois traz a lei do Espírito da Vida que libertou da lei do pecado e da morte (Rm 8,1).

4.2.5. Rm 9,14

Nos versículos anteriores, Rm 9,6-13, Paulo tratou do tema da verdadeira descendência de Abraão, sua argumentação central é a de que não é toda a σπέρμα Ἀβραὰμ (Rm 9,7: "descendência de Abraão") que é feita τέκνα τοῦ θεοῦ (Rm 9,8: "filhos de Deus"), mas aqueles da promessa, ou seja, por meio da eleição soberana de Deus, como Deus escolheu Jacó e odiou Esaú (Rm 9,13).

Desta afirmação alguém poderia concluir, falsamente, que Deus seria injusto. Mais uma vez Paulo retorna ao estilo diatríbico, levantando, na forma de uma

---

393. MOO, D. J., The Epistle to the Romans, 452.
394. MOO, D. J., The Epistle to the Romans, 452.

pergunta retórica iniciada por "τί οὖν ἐροῦμεν;" ("que diremos, pois?"), como temos em Rm 4,1; 6,1; 7,7; 8,31; 9,14; 9,30. À pergunta que segue espera-se uma resposta negativa, uma vez que ela é iniciada com a partícula μή. Dunn propõe a seguinte tradução: "não há injustiça com Deus, há?",[395] a esta pergunta Paulo responde com μὴ γένοιτο! Em seguida apresenta a razão em forma de citação Ex 33,19 iniciada por γὰρ (Rm 9,15).[396]

Rm 9,14

Τί οὖν ἐροῦμεν; μὴ ἀδικία παρὰ τῷ θεῷ; **μὴ γένοιτο**.	O que, em efeito, diremos? Que [há] injustiça da parte de Deus? **De modo algum!**

Novamente Deus está sendo examinado. Mais uma vez a questão é a sua justiça. A pergunta que Paulo levanta é: teria Deus agido contra o que é certo ao escolher e rejeitar indivíduos à parte de seus próprios méritos ou fé?[397] Segundo Paulo, de forma nenhuma pode haver injustiça em Deus, no que se refere à livre escolha (eleição) de um em detrimento de outro, dada a sua soberania (Rm 9,15.18). Nas palavras de Jewett e Kotansky:

> Se a justiça/retidão é o tema de Romanos (1,17) e se a essência da rebelião humana contra Deus é entendida como "injustiça" (1,18.29; 2,8; 3,5) então, admitir qualquer comportamento injusto da parte de Deus é inaceitável. A questão não é apenas a de colocar os padrões humanos contra o divino, mas sim se o propósito divino de eleição para a salvação é justo e reto. Como Paulo continua a mostrar, a justiça divina é primariamente uma questão de misericórdia.[398]

4.2.6. Rm 11,1.11

No capítulo 10 a argumentação de Paulo vai na linha de que os judeus são indesculpáveis uma vez que ouviram acerca da justiça de Deus, por meio, inclusive, de Moisés e dos Profetas, mas optaram por não se sujeitaram à justiça de Deus (Rm 10,3).

---

395. JDUNN, D. G., Romans 1 a 8, p. 551.
396. STOWERS, S. K., The Diatribe and Paul's letter to the Romans, p. 121.
397. MOO, D. J., The Epistle to the Romans, 591.
398. JEWETT, R.; R. D. KOTANSKY, Romans, p. 581.

Rm 11,1

Λέγω οὖν, μὴ ἀπώσατο ὁ θεὸς τὸν λαὸν αὐτοῦ; **μὴ γένοιτο**· καὶ γὰρ ἐγὼ Ἰσραηλίτης εἰμί, ἐκ σπέρματος Ἀβραάμ, φυλῆς Βενιαμίν.	Em efeito, falo: não teria Deus rejeitado o seu povo? **De modo algum!** Pois também eu mesmo sou israelita, proveniente da semente de Abraão, da tribo de Benjamim.

A pergunta (como falsa conclusão) poderia surgir também pela afirmação feita em Rm 10,21 de que Deus teria estendido as mãos "a um povo desobediente e rebelde".[399] Diferente dos outros textos, Paulo utiliza suas próprias palavras, para introduzir sua pergunta retórica: Λέγω οὖν ("Digo, pois").[400] Mas continua no mesmo estilo ao formular a próxima questão iniciando por μὴ, como dito anteriormente, pergunta neste formato aguarda respostas negativas, que vem em seguida de forma enfática: μὴ γένοιτο.

A razão para a negativa é a própria experiência de Paulo, iniciada com a expressão καὶ γὰρ ("pois também").[401] Para Paulo é inconcebível a ideia de Deus ter abandonado seu povo, pois Deus continua fiel à sua Palavra, e tem manifestado sua contínua preocupação com o seu povo ao preservar um remanescente de verdadeiros crentes.[402] Nas palavras de Moo:

> há um remanescente, um penhor da fidelidade contínua de Deus a Israel e às promessas que ele fez a seu povo. Portanto, 11,1-10 funciona como uma transição entre a discussão de Paulo sobre o passado e o presente de Israel (9,6-10,21) e seu futuro (11,11-32).[403]

Rm 11,11

Λέγω οὖν, μὴ ἔπταισαν ἵνα πέσωσιν; **μὴ γένοιτο**· ἀλλὰ τῷ αὐτῶν παραπτώματι ἡ σωτηρία τοῖς ἔθνεσιν εἰς τὸ παραζηλῶσαι αὐτούς.	Em efeito, falo: não teriam tropeçado para que caíssem? **De modo algum!** Mas a salvação para os gentios [aconteceu] por causa da transgressão deles, para a provocar ciúmes neles.

---

399. MOO, D. J., The Epistle to the Romans, 671.
400. STOWERS, S. K., The Diatribe and Paul's letter to the Romans, p. 121.
401. STOWERS, S. K., The Diatribe and Paul's letter to the Romans, p. 121.
402. MOO, D. J., The Epistle to the Romans, 672.
403. MOO, D. J., The Epistle to the Romans, 672.

Paulo abre este parágrafo da mesma forma que no v.1:[404] Λέγω οὖν, seguido de uma pergunta inciada por μὴ. A razão para a resposta negativa, μὴ γένοιτο, em com a adversativa ἀλλὰ e uma alusão a Dt 32,21.[405] O v.11 serviria como esta ponte na argumentação, a partir de agora Paulo passa a tratar do futuro.

Há um trocadilho entre dois verbos: "tropeçar" (πταίω) e "cair" (πίπτω). A imagem seria de alguém que tropeça numa pedra mas não cai com o rosto no chão.[406] A pergunta levantada por Paulo seria, portanto, se Deus pretendia a destruição final (queda) de Israel.[407] Paulo crê que isso seja inconcebível (μὴ γένοιτο), em contraste a esta suposição (ἀλλὰ), "o pecado de Israel é o ponto de partida de um processo que levará de volta a bênção para ele",[408] sendo que o momento atual seria um estágio intermediário em que a salvação chega aos gentios (por causa da transgressão de Israel; Rm 11,19).[409] Jewett e Kotansky também apoiam esta ideia de que a resistência judaica fornece tempo para a pregação aos gentios, e coloca a questão dentro do pensamento apocalíptico:

> A ideia da resistência judaica, que oferece uma oportunidade para o evangelho ser pregado aos gentios, baseia-se na premissa de um cenário apocalíptico. No final dos tempos, todo o Israel será salvo (11,26), mas isso não pode ocorrer até que "a plenitude dos gentios" seja alcançada (11,25). Contando a partir desse clímax apocalíptico, Paulo infere que a atual resistência dos judeus contra o evangelho fornece tempo para a missão aos gentios. Este é o raciocínio por trás do projeto missionário espanhol, que esta carta procura avançar, pois se o evangelho pode ser levado ao fim do mundo conhecido, a conversão de Israel pode ocorrer e a parousia pode vir como prometida.[410]

---

404. Tanto na expressão de abertura Λέγω οὖν e na pergunta negativa iniciada com μὴ, quanto no uso do mesmo tempo verbal (aoristo): Rm 11,1: Λέγω οὖν, μὴ ἀπώσατο ("digo, portanto: não teria rejeitado...?") // Rm 11,11: Λέγω οὖν, μὴ ἔπταισαν (digo, pois: não teriam tropeçado...?"). JEWETT, R.; KOTANSKY, R. D., Romans, p. 672.

405. STOWERS, S. K., The Diatribe and Paul's letter to the Romans, p. 122.

406. JEWETT, R.; KOTANSKY, R. D., Romans, p. 672-673.

407. JEWETT, R.; KOTANSKY, R. D., Romans, p. 673: "O verbo πταίω que aparece aqui pela única vez nas cartas paulinas tem o sentido básico de "tropeçar" ou "colidir com", e às vezes carrega o sentido figurado de cometer erros [...] O termo mais comum nas cartas paulinas é πίπτω ("queda"), que aparece em 1Coríntios 10,12 em referência à 'apostasia de Deus e de Cristo' que também implicava separação da comunidade de fé. Encontramos a mesma conotação em Rm 11,22 e 14,4, que são seguidos de perto em outros escritos cristãos primitivos (Hb 4,11; Ap 2,5). Embora existam sobreposições semânticas entre esses termos, a formulação de Paulo transmite a ideia de uma progressão, tropeçar para cair, no qual o último tem a conotação de "cair para não mais subir".

408. MOO, D. J., The Epistle to the Romans, 687.

409. MOO, D. J., The Epistle to the Romans, 687.

410. JEWETT, R.; KOTANSKY, R. D., Romans, p. 674.

4.2.7. Lc 20,16

Passamos neste momento à análise da única ocorrência de μὴ γένοιτο fora da literatura Paulina. A expressão aparece ao final da parábola dos "vinhateiros homicidas"[411] como parte narrativa da reação dos ouvintes diante da Palavra de Jesus do que o senhor da vinha faria aos agricultores.

Lc 20,16

ἐλεύσεται καὶ ἀπολέσει τοὺς γεωργοὺς τούτους καὶ δώσει τὸν ἀμπελῶνα ἄλλοις. ἀκούσαντες δὲ εἶπαν· **μὴ γένοιτο**.	Virá e destruirá esses agricultores e dará a vinha para outros. Depois de ouvirem disseram: **que não possa acontecer!**

Como visto anteriormente, μὴ γένοιτο aparece com frequência nas Cartas de Paulo, especialmente Romanos, em sua quase totalidade como resposta a perguntas retóricas no estilo diatríbico. Na LXX, também temos μὴ γένοιτο, como tradução da interjeição hebraica חָלִילָה, "uma abominação para mim/nós".[412] Além de ser rara na LXX μὴ γένοιτο nunca aparece como uma sentença independente, como neste versículo.[413] O sentido aqui é claramente desiderativo.

Os textos paralelos de Lc 20,16 (Mc 12,1-12 e Mt 21,36-43) não apresentam esta reação dos ouvintes e, apesar de Lucas seguir o texto marcano, só ele acrescenta esta exclamação.[414] Bovon afirma que não se sabe ao certo quem seriam, na narrativa, estes que esboçaram a reação: seriam os chefes dos sacerdotes, os escribas e os anciãos, que forma introduzidos no diálogo com Jesus logo em Lc 20,1? Ou seria o povo, a quem Jesus passa a se dirigir em Lc 20,9? Este autor propõe que os que respondem "tal não aconteça!" são os religiosos que entenderam que a imagem dos vinhateiros estava sendo associada diretamente a eles.[415]

Por outro lado, tem que se destacar o fato de que na sequência narrativa, a parábola é dirigida ao povo, e que após a exclamação Jesus lhes dirige uma pergunta: qual o sentido[416] do que está escrito: "a pedra que os edificadores tinham rejeitado tornou-se a pedra angular"? Esta citação do Sl 118(117),22 tal-

---

411. Título dado pelos editores da Bíblia de Jerusalém, para a perícope Lc 20,9-26.
412. FITZMYER, J. A., The Gospel According to Luke, p. 1285.
413. PLUMMER, A., A critical and exegetical commentary on the Gospel according to S. Luke, p. 461.
414. J. NOLLAND, Luke 18:35–24:53, p. 952.
415. BOVON, F., Luke 3: A Commentary on the Gospel of Luke 19:28–24:53, p. 42.
416. Em Marcos e Mateus a pergunta de Jesus é: "nunca lestes nas Escrituras"?

vez seja a chave para compreendermos μὴ γένοιτο como sendo uma fala do povo, pois uma vez que este salmo faz referência ao rito anual de reintronização do rei, nos lembra que no plano divino está a rejeição e a humilhação. Como bem observa Green, "povo foi rápido em aclamar Jesus como Rei (Lc 19,38), mas, [...], parecem não entender que, na economia divina, o status régio envolve a humilhação e a morte".[417] Esta parábola de Jesus seria uma admoestação ao povo para que todos aceitassem aquele que seria rejeitado pelos líderes de Jerusalém (os vinhateiros homicidas).[418]

---

417. JGREEN, B., The Gospel of Luke, p. 708-709.
418. GREEN, J. B., The Gospel of Luke, p. 709.

Capítulo 5 | O uso de μὴ γένοιτο em Gálatas

O objetivo deste capítulo é fazer uma análise dos versículos de Gálatas em que Paulo faz uso de μὴ γένοιτο. Situamos o versículo em seu contexto imediato (perícope), traduzimos as perícopes correspondentes, apresentamos uma análise semântica dos principais termos e, por fim, elaboramos uma síntese teológica explicitando o uso e o sentido da expressão μὴ γένοιτο em cada versículo.

5.1. O uso de *μὴ γένοιτο* em Gl 2,17

5.1.1. Texto e contexto de Gl 2,17

No capítulo 2 de Gálatas, temos narrados dois episódios extremamente importantes para a história do cristianismo: a "Assembleia de Jerusalém" (Gl 2,1-10) e o "Incidente de Antioquia" (Gl 2,11-14;15-21). No primeiro episódio, vemos que os líderes cristãos haviam chegado a um consenso: Paulo e Barnabé pregariam aos incircuncisos, e as "colunas", Tiago, Cefas e João, pregariam aos da circuncisão: as mãos estendidas eram o sinal de que a liberdade da lei fora concedida às comunidades gentílicas (Gl 2,9).[419]

No entanto, como bem observa Gonzaga,[420] o problema estava solucionado apenas em parte: os gentios-cristãos estavam desobrigados da observância das leis judaicas, mas e quanto aos judeus-cristãos, como eles deveriam proceder? A solu-

---

419. Seguindo Gonzaga, escolhemos a seção do "Incidente de Antioquia" também em duas partes: Gl 2,11-14 que trata da oposição de Paulo a Pedro, e Gl 2,15-21 que trata da argumentação paulina da justificação pela fé e não pelas obras. GONZAGA, W., A Verdade do Evangelho, p. 310. Esta segunda parte, Betz chama de "Propositio" da Carta aos Gálatas. BETZ, H. D., Galatians, p.16-23.

420. GONZAGA, W., A Verdade do Evangelho, p. 313-314.

ção fora posta à prova em Antioquia, uma comunidade mista, onde a mesa comum se tornou um desafio à nova experiência de fé.

Parece que inicialmente havia uma convivência pacífica entre gentios e judeus em Antioquia, tanto que Pedro participava da comunhão com os gentios (Gl 2,12) antes que alguns da parte de Tiago, membros da comunidade judaico-cristã de Jerusalém, tivessem chegado.[421] A partir da chegada destes, Pedro, e também Barnabé, passaram a viver apartados, com medo dos circuncisos (Gl 2,12). Paulo, então, teve que reagir para repreender Pedro diante de todos em prol da "Verdade do Evangelho" (Gl 2,14).

Após narrar estes fatos em Gálatas, Paulo passa a apresentar seu argumento teológico acerca do tema: a justificação pela fé. Conforme observa Longenecker, os intérpretes de Gálatas têm debatido acerca da função desta passagem na Carta, seria esta passagem um resumo daquilo que Paulo teria dito a Pedro ou seria um resumo do argumento teológico de Paulo aos Gálatas?[422] Betz afirma que a questão tem permanecido sem solução, mas que muitos pesquisadores assumem uma posição intermediária e propõem "que Paulo se dirige a Cefas formalmente, e aos gálatas materialmente".[423]

Betz propõe que esta passagem é a *propositio* da Carta, que está entre a *narratio* e a *probatio*.[424] Em sua visão, "a função da proposição é dupla: ela resume o conteúdo legal da *narratio*, por esboçar o caso, e fornece uma transição fácil para a *probatio*".[425] Assim, Gl 2,15-21 serve tanto a um resumo de Gl 2,1-14 quanto a uma introdução a Gl 3,1-4,11. Na perspectiva de Longenecker:

> a tese de Betz também dá orientação sobre como a linguagem comprimida da *propositio* de Paulo deve ser tratada. Pois se a *probatio* contém as provas ou argumentos introduzidos pela *propositio*, então devemos olhar para a *probatio* de Paulo em Gl 3,1-4,11 para uma compreensão de como desempacotar os termos da proposição de Gl 2,15-21.[426]

---

421. GONZAGA, W., A Verdade do Evangelho, p. 314.

422. LONGENECKER, R. N., Galatians, p. 80.

423. BETZ, H. D., Galatians, p. 114.

424. Betz se apoia nas obras de Quintiliano, na anônima *Rhetorica ad Herennium* e na obra de Cícero, *De inventione*. BETZ, H. D., Galatians, p. 114.; LONGENECKER, R. N., Galatians, p. 80.

425. BETZ, H. D., Galatians, p. 114.

426. LONGENECKER, R. N., Galatians, p. 81.

5.1.2. Tradução de Gl 2,15-21

15	a	Ἡμεῖς φύσει Ἰουδαῖοι καὶ οὐκ ἐξ ἐθνῶν ἁμαρτωλοί·	Nós, de natureza judaica e não pecadores dentre gentios,
16	b	εἰδότες [δὲ] ὅτι οὐ δικαιοῦται ἄνθρωπος ἐξ ἔργων νόμου ἐὰν μὴ διὰ πίστεως Ἰησοῦ Χριστοῦ,	sabendo, no entanto, que um homem não é justificado pelas obras da lei, exceto[427] através da fé em Jesus Cristo,
16	c	καὶ ἡμεῖς εἰς Χριστὸν Ἰησοῦν ἐπιστεύσαμεν,	e nós em Cristo Jesus cremos
16	d	ἵνα δικαιωθῶμεν ἐκ πίστεως Χριστοῦ καὶ οὐκ ἐξ ἔργων νόμου,	a fim de que fôssemos justificados pela fé de Cristo e não pelas obras da lei,
16	e	ὅτι ἐξ ἔργων νόμου οὐ δικαιωθήσεται πᾶσα σάρξ.	porque, pelas obras da lei, carne alguma será justificada.
17	a	εἰ δὲ ζητοῦντες δικαιωθῆναι ἐν Χριστῷ	Mas se, procurando ser justificados em Cristo,
17	b	εὑρέθημεν καὶ αὐτοὶ ἁμαρτωλοί,	encontramos a nós mesmos pecadores,
17	c	ἆρα Χριστὸς ἁμαρτίας διάκονος; **μὴ γένοιτο.**	acaso[428] seria Cristo servo do pecado? De jeito nenhum!
18	a	εἰ γὰρ ἃ κατέλυσα ταῦτα πάλιν οἰκοδομῶ,	Se, pois, as coisas que destruí novamente edifico,
18	b	παραβάτην ἐμαυτὸν συνιστάνω.	a mim mesmo me constituo transgressor.
19	a	ἐγὼ γὰρ διὰ νόμου νόμῳ ἀπέθανον, ἵνα θεῷ ζήσω.	Eu, portanto, através da lei, para a lei morri, a fim de que eu viva para Deus.
19	b	Χριστῷ συνεσταύρωμαι,	Com Cristo fui crucificado,
20	a	ζῶ δὲ οὐκέτι ἐγώ, ζῇ δὲ ἐν ἐμοὶ Χριστός·.	mas vivo, não mais eu, mas Cristo vive em mim.

---

427. "ἐὰν μὴ" BLASS, F.; DEBRUNNER, A., A Greek Grammar of the New Testament, p. 191.

428. A partícula interrogativa ἆρα é usada para dar ênfase, de uso raro, apenas em Paulo e Lucas. BLASS, F.; DEBRUNNER, A., A Greek Grammar of the New Testament, p. 226.

20	b	ὃ δὲ νῦν ζῶ ἐν σαρκί, ἐν πίστει ζῶ τῇ τοῦ υἱοῦ τοῦ θεοῦ τοῦ ἀγαπήσαντός με.	Mas, agora, o que vivo na carne, vivo na fé no filho de Deus que me amou.
20	c	καὶ παραδόντος ἑαυτὸν ὑπὲρ ἐμοῦ.	e tem se entregado a si mesmo por mim.
21	a	Οὐκ ἀθετῶ τὴν χάριν τοῦ θεοῦ·	Não rejeito a graça de Deus.
21	b	εἰ γὰρ διὰ νόμου δικαιοσύνη, ἄρα Χριστὸς δωρεὰν ἀπέθανεν.	Se, portanto, a justiça é através da lei, então Cristo morreu em vão.

5.1.3. Análise Semântica de Gl 2,15-21

ἔθνος (v.15)

Na LXX o termo λαός é usado na maioria das vezes para traduzir o termo hebraico עַם, como temo em Gn 19,4, enquanto que ἔθνος traduz גוי. Na Bíblia Hebraica עַם geralmente é usado para se referir ao povo santo, enquanto גוי (em seu plural, גוים) aos povos estrangeiros. Há uma tendência de se usar o plural ἔθνη para se referir aos gentios, ou seja, àqueles que não pertencem ao povo escolhido.[429]

Da perspectiva do AT, esta divisão entre povo eleito e demais povos é feita por ordenança divina (Gn 11; Dt 32,8).[430] No profetismo, as "nações" efetuam um papel importante como agentes da ira de Deus (Os 8,10), e ao passo que também estão debaixo desta ira (Is 8,9), serão salvas ao final. No contexto pós-exílico, o termo também passou a ser usado como referência aos estrangeiros habitantes de Judá (Ed 10,2; Ne 10,31), assumindo, portanto, um sentido pejorativo.[431]

No NT, o termo ἔθνος é usado algumas vezes no sentido geral, significando qualquer povo (At 10,22; 1Pd 2,9). Em outras passagens parece assumir um sentido ambíguo, em que o povo de Israel poderia ou não estar incluído, como em Gl 3,8 (em que há uma citação a Gn 12,3, mas vale dizer que no texto de Gê-

---

429. SCHMIDT, K. L., "ἔθνος", p. 364.

430. MARTYN, J. L., Galatians, p. 248: "Nova é a mensagem, sutil, mas aguda, que ele comunica com a expressão "por natureza". Pois não há tradição judaica em que se diz que os judeus são quem são como resultado de um processo natural. De fato, não pode ser um acidente que não haja equivalente hebraico para a palavra "natureza" (physis)".

431. SCHMIDT, K. L., "ἔθνος", p. 365.

nesis a palavra usada é φυλή - "tribo, clã"). Porém, em outras diversas passagens, muitas delas citações do AT, ἔθνη assume o sentido técnico e se refere aos gentios, como em Gl 2,15.[432]

Betz afirma que a expressão ἐθνῶν ἁμαρτωλοί ("pecadores dos gentios"), usada por Paulo, pressupõe o pensamento judaico de que os pecadores gentios devem ser distinguidos dos pecadores judeus. Os pecadores judeus, são aqueles que transgridem a Torá, mas por estarem debaixo da Aliança, poderiam obter perdão através dos diversos tipos de sacrifício, enquanto os pecadores gentios estariam, por definição, fora da Aliança da Torá e, portanto, sem salvação.[433]

ἁμαρτωλός (v.15.17)

A partir dos evangelhos, podemos ver que ἁμαρτωλός ("pecador") poderia servir como um juízo de valor a uma classe de pessoas (Mc 2,16). O sentido básico em grego, e no mundo helenístico, é de alguém que é moralmente ou intelectualmente inferior. Se por um lado, não foi muito usado na literatura grega, por outro lado é bem presente na LXX, especialmente nos Salmos, onde "pecador" é o oposto de "justo", portanto, seria aquele que viola os mandamentos da Aliança.[434]

O conceito se desenvolveu no judaísmo tardio, na medida em que os rabinos passaram a entender que aqueles que tinham a lei, o povo de Israel, eram santos por natureza, enquanto os de fora, os gentios, eram por natureza pecadores. Portanto, os que tinham a lei e a praticavam, estavam afastados do pecado num sentido ético. Por definição, os gentios, não poderiam se tornar justos, eram mesmo considerados pecadores, uma vez que, por decisão histórica, haviam rejeitado a lei.[435]

ἁμαρτία (v.17)

Como judeu, Paulo também tinha a visão de que a lei havia sido dada por Deus a seu povo, mas através da lei, todo o mundo se tornava culpado diante de Deus (Gl 3,10), ou seja, pela lei, vinha o reconhecimento do pecado (Rm 3,19-20). Paulo "não vê a função da lei como a prevenção do pecado, e ele pode até dizer que ela multiplicou o pecado (Rm 5,20). Sua função seria esclarecer acerca do que é pecado".[436]

---

432. SCHMIDT, K. L., "ἔθνος", p. 369.
433. BETZ, H. D., Galatians, p. 115.
434. RENGSTORF, K. H., "ἁμαρτωλός", p. 51.
435. RENGSTORF, K. H., "ἁμαρτωλός", p. 52.
436. MORRIS, L., "Sin, Guilt", p. 878.

Paulo trabalha com a ideia de que pecado é um poder sob o qual toda a humanidade está, tanto judeus quanto gentios, isto ele vai desenvolver especialmente em Rm 1,18-3,20.[437] Dunn observa que a palavra ἁμαρτία aparece em Romanos três vezes mais do que no restante do *corpus paulinum*, e nesta carta Paulo personifica o "pecado", usando o termo no singular, enquanto no restante de suas cartas é mais comum observar o termo no plural "pecados".[438] Esta mesma forma de se referir a ἁμαρτία aparece também em 1Cor 15,56; Gl 2,17 e Gl 3,22, textos que antecipam a maneira usada em Romanos.

διάκονος (v.17)

A ideia básica de διάκονος é a de servo (ministro), como alguém que serve uma refeição, ou alguém que está a serviço de um senhor. Paulo faz o uso do termo em um sentido figurativo de "ministro de um poder espiritual", tanto em 2Cor 11,4 quanto aqui, em Gl 2,17.[439]

δικαιόω (v.16 3x; v.17)

O verbo δικαιόω ("justificar", "declarar justo", "tratar como justo") está relacionado ao substantivo δικαιοσύνη ("justiça"). Estes termos aparecem nos escritos paulinos mais de 100 vezes o que demonstra sua importância na teologia do Apóstolo.[440]

Este verbo é usado na maioria das vezes para descrever a ação divina que alcança o pecador, que passa a ser transformado. Este é um ato de graça em favor do ser humano, que emerge do Deus justo e acontece no âmbito da fé em Jesus Cristo.[441]

Paulo aborda este tema em Gl 2,17; 3,8.24 e o desenvolve de forma muito precisa e profunda em Rm 3,21-31; 4; 5,1.9. Paulo é categórico em sua afirmação acerca da impossibilidade de se alcançar a justificação através da lei (Rm 3,20; 4,11 e Gl 2,16; 3,11).

Durante muito tempo o ensino paulino da justificação foi visto como uma reação contra o judaísmo. Na Reforma Protestante, Lutero "redescobriu" a teologia da justificação pela fé paulina, e colocou-a na perspectiva da sua oposição à igreja medieval: a salvação não poderia ser alcançada por mérito ou boas obras.

---

437. DUNN, J. D. G., The theology of Paul the Apostle, p. 104.
438. DUNN, J. D. G., The theology of Paul the Apostle, p. 111.
439. BEYER, H. W., "διάκονος", p. 154.
440. MCGRATH, A. E., "Justification", p. 830.
441. MCGRATH, A. E., "Justification", p. 831.

Mas Lutero, em sua interpretação, assumiu como verdade que esta era a questão de Paulo contra o judaísmo de seu tempo; então, a partir de Lutero, assumiu-se que Paulo estava em oposição a uma "religião degradada, legalista, e que tornava a salvação dependende do esforço humano".[442] Como observa Dunn:

> Em todo esse tempo, a discussão da justificação pela fé na teologia cristã foi determinada principalmente pelas questões levantadas pela Reforma e o consequente debate entre católicos e protestantes. Os principais debates exegéticos foram se o verbo "justificar" significava "tornar justo" (católico) ou "contar como justo" (protestante), se "justificado" significava transformação ou status, e se "a justiça de Deus" era algo genitivo subjetivo (retidão como uma propriedade ou atividade de Deus) ou genitivo objetivo ("justiça como um presente dado por Deus). [443]

E. P. Sanders[444] e a "Nova Perspectiva"[445] passaram a demonstrar que o judaísmo sempre foi uma religião da graça. A obediência humana aos mandamentos da Aliança deveria acontecer como uma resposta à graça de Deus. A obediência à lei deveria ser entendida não como uma forma de se alcançar a graça, mas de permanecer nela.[446]

---

442. DUNN, J. D. G., The theology of Paul the Apostle, p. 337.

443. DUNN, J. D. G., The theology of Paul the Apostle, p. 337.

444. Em seu trabalho, "Paul and Palestinian Judaism", Sanders traz à luz uma nova compreensão do judaísmo do segundo templo. Sanders argumenta que, diferentemente da leitura tradicional, o judaísmo não buscava a justiça pelas obras como uma forma de receber o favor de Deus. A partir de seus estudos dos textos judaicos ele percebeu que o entendimento destes religiosos era de que Deus havia escolhido o povo de Israel e firmado uma aliança com ele. Não era verdade que os membros da aliança precisassem realizar obras para serem aceitos por Deus, mas deveriam fazê-lo, pois a obediência à lei era sua parte na Aliança e deveriam fazê-lo não para alcançarem a Aliança, mas para se manterem nela. Sanders cunhou o termo "nomismo da aliança". Nas palavras de Sanders: "nomismo de aliança é a visão de que o lugar de alguém no plano de Deus é estabelecido na base do pacto e que o pacto requer como resposta apropriada do homem a obediência aos seus mandamentos, enquanto provê meios de expiação pela transgressão." SANDERS, E. P., Paul and Palestiniam Judaism, p. 75.

445. Após inquietações pessoais em saber contra o que Paulo estava se opondo em sua teologia da "justificação pela fé", J. Dunn, empreende uma pesquisa, e após ter tido contato com a obra de Sanders citada acima, outros trabalhos e *insights* pessoais, Dunn começa a interpretar Paulo de uma perspectiva diferente, basicamente, não que sua teologia da justificação pela fé se opunha às obras meritórias dos judeus, mas principalmente ao orgulho do povo judeu por se considerar o povo exclusivo de Deus por meio de sua Aliança e querer preservar as suas marcas distintivas, como circuncisão, leis dietéticas e de comunhão, como se apresenta no caso da comunhão da mesa em Antioquia narrado em Gl 2. DUNN, J. D. G., A Nova Perspectiva sobre Paulo.

446. DUNN, J. D. G., The theology of Paul the Apostle, p. 338.

Para a "Nova Perspectiva", o ensino paulino da justificação pela fé surge dentro da missão aos gentios, como uma resposta à pergunta de como os gentios poderiam ser aceitáveis a Deus da mesma maneira que os judeus.[447]

Para entender isso é preciso compreender melhor o conceito de "justiça de Deus". Justiça, no conceito hebraico, tem a ver com relacionamento e não um ideal. Justiça de Deus significaria o cumprimento, por sua parte, das obrigações que ele mesmo assumiu ao criar a humanidade e ao eleger Israel a partir do chamado de Abraão. Assim, a justiça de Deus pode ser entendida como sua fidelidade ao seu povo.[448]

Portanto, a Justiça de Deus para Paulo seria o seu poder de Salvação, e δικαιόω deve ser entendido não como "tornar justo" ou "considerar justo", mas como ambos, uma vez que Deus age para manter sua aliança, mesmo que seu parceiro no pacto continue falhando.[449]

νόμος (v.19.21)

O sentido tradicional é de que νόμος (lei), para Paulo, é a lei do AT. No entanto, o uso que Paulo faz do termo não é uniforme. Por exemplo, em Rm 13,8 νόμος é uma referência ao Decálogo. Já Rm 7,2 o sentido é de uma lei específica que trata do casamento.

A lei representa o desejo revelado de Deus, por isso, é personificada (Rm 3,19; 7,1). A lei exige ação (Rm 2,25): aqueles que agem de acordo com a lei, sem conhecê-la, passam a servir de lei para si mesmos (Rm 2,14), pois não basta apenas ser conhecedor da lei, é preciso praticá-la (Rm 2,12). Por isso é impossível para a lei trazer vida, pois ninguém pode cumpri-la totalmente (Gl 3,21).[450]

A lei nos dá a conhecer o pecado e o proíbe (Rm 7,7), mas o pecado prevalece e gera a morte (Rm 6,23; Rm 7,11).[451] Não é a lei que é má, pelo contrário, ela é santa, justa e boa (Rm 7,12), mas não é capaz de gerar a vida, pois mesmo conhecendo a lei, e querendo efetuar o bem, devido ao pecado que habita no ser humano, ele acaba realizando o mal (Rm 7,18).

Portanto, apenas o que é capaz de livrar o ser humano desta sina do pecado e da morte, é outra lei, a do Espírito da vida, em Cristo Jesus (Rm 8,2).[452] Só atra-

---

447. DUNN, J. D. G., The theology of Paul the Apostle, p. 339.
448. DUNN, J. D. G., The theology of Paul the Apostle, p. 342.
449. DUNN, J. D. G., The theology of Paul the Apostle, p. 344.
450. GUTBROD, W., "νόμος", p. 652.
451. DUNN, J. D. G., The theology of Paul the Apostle, p. 129.
452. MORRIS, L., "Faith", p. 286-287: "A lei não é o caminho para a salvação. A lei mostra que homens e mulheres são pecadores; não traz salvação (2Cor 3,6-16). De fato, Paulo pode falar de 'uma lei da fé', a

vés de Cristo, e de sua morte e ressurreição, é possível morrer para a lei (Rm 7,4; Gl 2,19) e viver para uma nova vida no espírito (Rm 7,6; Gl 2,19).

πιστεύω / πίστις (v.16.20)

Na concepção paulina, fé não é uma disposição psicológica, mas uma possibilidade histórica (Gl 3,2.5) de aceitação da mensagem, e está relacionada com a confissão (Rm 10,9) e implica obediência. A fé é um estado bem como um ato. "Alguém pode tê-la (Rm 14,22), estar nela (2Cor 13,5), e permancer nela (1Cor 16,13; cf. 1Tm 3,8; Rm 5,2)".[453]

A fé é um elemento central na nova relação do ser humano com Deus. Salvação é a justiça de Deus que está intimamente relacionada à fé (Rm 1,16-17). A fé em Cristo é suficiente para a salvação, não há necessidade de suplementação com "as obras da lei", pois isso seria motivo para ostentação pessoal (Gl 6,12). Paulo é enfático: "pelas obras da lei nenhuma carne será justificada" (Gl 2,16).[454] "A fé é o modo de vida daqueles que agora vivem em Cristo"[455] (Gl 2,19-20), e este novo modo de vida gera novas ações, τοῦ ἔργου τῆς πίστεως ("da obra da fé" ; 1Ts 1,3), ou seja, a fé deve ser operosa, deve atuar sim, mas pela liberdade e pelo amor (Gl 5,1.6), e não por glória própria (Gl 5,26).

ἔργων νόμου (v.16)

A visão tradicional de ἔργων νόμου ("obras da lei") é aquela que afirma que a expressão se refere às obras que o ser humano (no caso específico "de Paulo", os judeus) realiza buscando autojustificação.[456] A partir do trabalho de Sanders e Dunn ("a nova perspectiva"), esse termo técnico passa a ser entendido como as obras que o judeu, membro da Aliança, deveria realizar como sua obrigação ("nomismo da Aliança"). Os judeus não entendiam que as "obras" lhes confeririam salvação/justificação, mas que elas eram a marca distintiva do povo eleito diante do mundo.[457]

---

qual ele especificamente opõe a uma lei 'de obras' (Rm 3,27). Pode ser paradoxal falar de 'uma lei da fé', mas a expressão realça algo da forte ênfase de Paulo na centralidade da fé. Se as pessoas vão ver uma 'lei' como o caminho para Deus, então essa lei assume que elas vêm a ele pela fé e não por causa de qualquer mérito próprio."

453. KITTEL, G.; BROMILEY, G. W.; FRIEDRICH, G. (Orgs.), Theological Dictionary of the New Testament, p. 855.

454. MORRIS, L., "Faith", p. 286.

455. MORRIS, L., "Faith", p. 856.

456. G. BERTRAM, Verbete (ἔργον, ἐργάζομαι, ἐργάτης, ἐργασία, ἐνέργεια, ἐνέργεια, ἐνεργέω, ἐνέργημα, εὐεργεσία, εὐεργετέω, εὐεργέτης), p. 651.

457. DUNN, J. D. G., A Nova Perspectiva sobre Paulo, p. 46-47.

σάρξ (v.20)

No sentido grego antigo, σάρξ significa "carne", humana ou de animais, neste último caso ligado à ideia de sacrifício. Na área da medicina pode ter o sentido da parte muscular do corpo humano.[458] Dunn observa que este é um termo muito controvertivo devido à grande variedade de sentido em que é usado pelo Apóstolo, que vai desde o sentido físico/material do corpo humano, até uma força hostil a Deus. Haveria, portanto um espectro de sentidos.[459] Aqui, em Gl 2,16 o sentido de πᾶσα σάρξ ("toda carne") é "toda a humanidade", assim como em Rm 3,20 e 1Cor 1,29, no contexto de que toda a humanidade estaria debaixo do julgamento divino e, por isso, nenhuma pessoa estaria justificada diante de Deus.

5.1.4. Síntese Teológica e o uso de μὴ γένοιτο em Gl 2,17

17	a	εἰ δὲ ζητοῦντες δικαιωθῆναι ἐν Χριστῷ,	Mas se, procurando ser justificados em Cristo,
17	b	εὑρέθημεν καὶ αὐτοὶ ἁμαρτωλοί,	encontramos a nós mesmos pecadores,
17	c	ἆρα Χριστὸς ἁμαρτίας διάκονος; μὴ γένοιτο.	acaso seria Cristo servo do pecado? De jeito nenhum!

Este é um versículo de difícil entendimento e tem desafiado os estudiosos ao longo dos anos.[460] Segmentamos o versículo em 3 partes, que coincide com suas três proposições: (1) "estamos buscando ser justificados por Cristo"; (2) "somos achados pecadores"; e (3) "Cristo é servo do pecado".[461]

---

458. SCHWEIZER, E., "σάρξ", p. 99.

459. DUNN, J. D. G., The theology of Paul the Apostle, p. 64-65: A seguir apresentamos um resumo do espectro de sentidos apresentado por Dunn: de um lado do espectro estaria o uso mais neutro, o corpo físico; ainda se referindo ao físico, têm-se o sentido de fraqueza (Rm 6,19); em algumas passagens essa fraqueza ganha um tom mais intenso em contraste com um modo superior de viver (Gl 1,16; 2,20); em outras passagens esta fraqueza ganha uma conotação moral, como carne, nenhuma pessoa estaria justificada diante de Deus (Rm 3,20; Gl 2,16) e ninguém poderia se gloriar (1Cor 1,29); por fim, ainda de forma mais grave, carne, seria a esfera de todas as ações do pecado; carne como a antítese de πνεῦμα ("espírito"), uma força negativa, não apenas mortal, mas também defeituosa, desqualificante ou destrutiva (Rm 2,28; Gl 3,3; 5,16-17); carne também pode ser caracterizada como uma fonte de hostilidade a Deus (Rm 8,7; 13,14; Gl 5,24); também a frase κατὰ σάρκα ("segundo a carne") reflete também este espectro, uma vez que de um lado pode significar simplesmente o tipo físico (1Cor 10,18) e de outro denota a oposição entre a vida κατὰ σάρκα ("segundo a carne") e a vida κατὰ πνεῦμα ("segundo o espírito").

460. BETZ, H. D., Galatians, p. 119: "esta declaração é extremamente complicada e levanta várias questões, um fato que nenhum comentarista deixa de mencionar".

461. LONGENECKER, R. N., Galatians, p. 89.

O versículo começa com εἰ δὲ, uma partícula condicional seguida de uma adversativa.[462] Continuando seu discurso, Paulo cria uma argumentação hipotética falsa que será refutada posteriormente. Seu argumento é construído com base em duas pressuposições verdadeiras e uma última falsa. Os autores tendem a supor que esta pressuposição falsa seria, na verdade, o real argumento dos seus opositores na Galácia.[463]

A prótase da sentença é formada pelas duas primeiras pressuposições, ambas estão subordinadas à partícula εἰ ("se"). A primeira proposição da prótase ("procurando ser justificados em Cristo") é certamente positiva, uma vez que Paulo já tinha desenvolvido o tema nos v.15-16. A dificuldade na interpretação do versículo reside em saber o que significa a segunda proposição "encontramos a nós mesmos pecadores".[464]

Betz argumenta que a expressão ζητοῦντες δικαιωθῆναι ("procurando ser justificados") quer enfatizar a esperança escatológica, no sentido de que "buscar ser justificado" é o mesmo que "crer em Jesus Cristo" (v.16b), ou seja, se esta busca é feita ἐν Χριστῷ ("em Cristo"), na participação do seu corpo, então, estas pessoas não podem ser consideradas pecadoras no sentido judaico, isto é, pessoas que vivem fora do reino da salvação.[465]

Para Bruce, a argumentação do apóstolo é no sentido de que judeus, como Pedro (e o próprio Paulo), que abandonaram a lei como a base para a justificação, se colocaram no mesmo nível dos "pecadores dentre os gentios" (Gl 2,15). A fé em Cristo implicaria se colocar na mesma condição daqueles que estão fora da Aliança da Torá, estão, "como pecadores, totalmente necessitados da graça justificadora de Deus".[466]

Longenecker vai além na interpretação, sugerindo que Paulo, nesta segunda proposição, está respondendo a seus oponentes na Galácia. Paulo tinha dois problemas nestas comunidades: os judaizantes e os libertinos. Devido ao problema da libertinagem nas comunidades, os judaizantes haviam oferecido o caminho da lei, para que assim os gálatas tivessem um padrão moral de conduta. Ao afirmar εὑρέθημεν καὶ αὐτοὶ ἁμαρτωλοί ("encontramos a nós mesmos pecadores"), Paulo queria dizer que os cristãos, embora buscando padrões éticos para a vida,

---

462. GONZAGA. W., A Verdade do Evangelho, p. 376.

463. BETZ, H. D., Galatians, p. 119; MARTYN, J. L., Galatians, p. 255.; LONGENECKER, R. N., Galatians, p. 89; BRUCE, F. F., The Epistle to the Galatians, p. 140.

464. LONGENECKER, R. N., Galatians, p. 89.

465. BETZ, H. D., Galatians, p. 119-120.

466. BRUCE, F. F., The Epistle to the Galatians: a commentary on Greek text, p. 141.

são mesmo assim pecadores. A prótase, portanto, em suas duas proposições, é verdadeira.[467]

Gonzaga defende que é necessário ler este versículo em relação com o v.15 e com o tema da lei. Ao falar "nós, pecadores", Paulo está apresentando algo novo: antes, os gentios eram considerados pecadores, agora, os judeus-cristãos (inclusive Paulo) o são. Mas isto significa que Cristo seja o ministro do pecado, tornando-os pecadores ou servindo ao pecado? De modo nenhum, mas se agora os judeus-cristãos continuam confiando nas obras da lei, eles mesmos estão abandonando sua posição de justificados e voltando à condição de pecadores.[468]

A partícula ἄρα marca o início da apódose, que carrega a terceira proposição: "Cristo ministro do pecado". É importante destacar que nos manuscritos mais antigos, ($\mathfrak{P}^{46}$, ℵ, A, B, C e D) não havia acentuação, sendo assim, αρα poderia ser entendida tanto como "uma partícula de ligação, ou conclusiva, com um siginificado de 'portanto', ou interrogativa, traduzindo com um 'será?'".[469] Blass e Debrunner destacam que esta é uma partícula de uso raro no NT, apenas Lucas e Paulo fazem uso dela, mas em Gl 2,17 não é ἄρα no sentido declarativo.[470] Esta posição é corroborada ainda mais, pois temos em seguida uma resposta com μὴ γένοιτο.[471]

Preferimos, portanto, a seguinte tradução: "seria, então, Cristo servo do pecado?". Entendemos que a pergunta inciada por ἄρα serve também para apresentar a conclusão lógica das proposições anteriores, na prótase.

A conclusão "Cristo servo do pecado" poderia ser tanto uma construção retórica paulina, quanto o próprio "slogan"[472] dos oponentes de Paulo na Galácia. Na conclusão de Martyn, os opositores de Paulo estão dizendo que, ao relacionar a justificação apenas a Cristo, deixando de lado a observância da lei, "Paulo não se

---

467. LONGENECKER, R. N., Galatians, 89-90.

468. GONZAGA, W., A Verdade do Evangelho, p. 378-380.

469. GONZAGA, W., A Verdade do Evangelho, p. 378-379.

470. BLASS, F.; DEBRUNNER. A., A Greek Grammar of the New Testament, §440(2), p. 226.

471. LONGENECKER, R. N., Galatians, p. 90: "E isso está de acordo com o uso de μὴ γένοιτο em Paulo, que regularmente segue tais perguntas retóricas (Gl 3,21; veja também Rm 3,4.6.31; 6,2. 15; 7,7.13; 9,14; 11,1.11; 1Cor 6,15); note também Gl 6,14 onde a expressão não é usada de maneira absoluta, embora ainda funcione para desencadear um forte contraste; fora das Cartas de Paulo, a expressão ocorre no NT somente em Lucas 20,16, e BULTMANN, R., Der Stil der Paulinischen Predigt, 33, 68, mostrou que esse uso da μὴ negativa com o optativo de γίνομαι era comum na diatribe dos gregos."

472. Galatians, BETZ, H. D., p. 120: "É bastante concebível e até provável que a absurda formulação cristológica em 2,17b venha dos oponentes. Mas o próprio Paulo a adotou e transformou-a em uma autocaricatura que resume o que os oponentes pensam de sua cristologia."

tornou apenas um pecador indistinguível de um gentio. Ele também transformou Cristo em alguém que tolera e até facilita o pecado, em vez de combatê-lo!"[473]

A esta falsa conclusão, Paulo responde com μὴ γένοιτο! Um forte desiderativo de que esta afirmação não pode ser feita. Paulo expressa uma forte repulsa a esta hipotética (ou real) argumentação.

Por fim, no v.18, Paulo usa um argumento retórico de aplicar a si mesmo, através do uso da primeira pessoa do singular, a acusação que ele dirige a outros: "se, pois, as coisas que destruí novamente edifico, a mim mesmo me constituo transgressor" (v.18). Ou seja, para considerar cristãos-gentios como transgressores da lei, no sentido judaico, é necessário que se restabeleça a lei como algo que precisa ser seguido, assim, a pessoa que faz isso, ela mesma se torna a transgressora.[474] Transgredindo a "lei" da graça de Deus, negando a fé em Cristo e a obra d'Ele na Cruz (Gl 2,20-21).

5.2. O uso de *μὴ γένοιτο* em Gl 3,21

5.2.1. Texto e contexto de Gl 3,21

Na perícope anterior (Gl 3,15-18), Paulo apresenta uma argumentação em que estabelece um contraste entre a promessa de Deus e a lei de Moisés. A promessa de Deus é apresentada como um testamento, ou seja, a "última vontade" de Deus, enquanto a lei aparece em um momento posterior, cujo autor não é Deus (pois Paulo faz questão de não explicitar a autoria da lei). Portanto, de forma alguma a lei poderia anular o Testamento feito pelo próprio Deus: a promessa de Deus a Abraão e a sua descendência que inclui os crentes "em Cristo", pela fé, mas que exclui aqueles que são das "obras da lei".[475]

Qual seria, portanto, o propósito da lei? Teria a lei perdido seu papel no judaísmo?[476] É o que Paulo buscará responder na seção em análise (Gl 3,19-22). Este texto é considerado por Betz, em termos da retórica grega, como sendo uma digressão (*digressio*), um excurso que se desvia do assunto principal.[477] Nas palavras de Betz esta digressão "não acrescenta um novo argumento à defesa, mas impede uma conclusão errada a que os leitores possam chegar com base no precedente".[478]

---

473. MARTYN, J. L., Galatians, p. 255.

474. BETZ, H. D. Galatians, p. 121.

475. MARTYN. J. L., Galatians, p. 131.

476. BETZ, H. D., Galatians, p. 162.

477. LONGENECKER, R. N., Galatians, p. 135.

478. BETZ, H. D., Galatians, p. 163.

Paulo vai tratar acerca do propósito da lei, qual sua razão de ser. É importante para ele deixar isso claro uma vez que repetidamente vem falando da inferioridade da lei em relação à promessa e sua incapacidade para justificar o ser humano.[479]

Seguindo Longenecker, podemos estruturar Gl 3,19-25 em três partes: 1) uma primeira pergunta que questiona sobre o propósito e a função da lei mosaica (Gl 3,19-20); 2) uma segunda pergunta que questiona sobre a relação da lei com as promessas de Deus (Gl 3,21); e 3) um parágrafo final sobre a questão debatida nas igrejas da Galácia (Gl 3,22).[480]

5.2.2. Tradução de Gl 3,19-22

19	a	Τί οὖν ὁ νόμος;	Para que, pois, a lei?
19	b	τῶν παραβάσεων χάριν προσετέθη,	foi adicionada em favor das transgressões,
19	c	ἄχρις οὗ ἔλθῃ τὸ σπέρμα ᾧ ἐπήγγελται,	até que tivesse vindo o descendente a quem a promessa fora feita,
19	d	διαταγεὶς δι' ἀγγέλων ἐν χειρὶ μεσίτου.	promulgada através de anjos pela mão de um mediador.
20	a	ὁ δὲ μεσίτης ἑνὸς οὐκ ἔστιν,	Mas o mediador não é de um,
20	b	ὁ δὲ θεὸς εἷς ἐστιν.	mas Deus é um.
21	a	ὁ οὖν νόμος κατὰ τῶν ἐπαγγελιῶν [τοῦ θεοῦ]; **μὴ γένοιτο.**	A lei, porventura, é contra as promessas de Deus? **De jeito nenhum!**
21	b	εἰ γὰρ ἐδόθη νόμος ὁ δυνάμενος ζῳοποιῆσαι,	Porque se tivesse sido dada uma lei capaz de fazer viver,
21	c	ὄντως ἐκ νόμου ἂν ἦν ἡ δικαιοσύνη·	na verdade, a justiça seria [procedente] da lei.
22	a	ἀλλὰ συνέκλεισεν ἡ γραφὴ τὰ πάντα ὑπὸ ἁμαρτίαν,	Por outro lado, a Escritura encerrou todas as coisas debaixo do pecado,
22	b	ἵνα ἡ ἐπαγγελία ἐκ πίστεως Ἰησοῦ Χριστοῦ δοθῇ τοῖς πιστεύουσιν.	a fim de que a promessa da fé em Cristo fosse dada aos que creem.

---

479. BURTON, E. D. W., A critical and exegetical commentary on the Epistle to the Galatians, p. 187.
480. LONGENECKER, Galatians, R. N., p. 137.

5.2.3. Análise Semântica de Gl 3,19-22

σπέρμα (v.19)

O uso desta palavra na literatura grega vai de "semente" (tanto de plantas, quanto de animais), até a ideia de descendência humana, "criança", "descendência", "tribo" etc. Na LXX ocorre muitas vezes com o sentido de "semente", "semear", "produzir", também no uso figurativo, como "posteridade" (Gn 7,3; 9,9). No NT, especialmente nos sinóticos, a palavra aparece muitas vezes no sentido mesmo de "semente" na mão de um "semeador" (Mt 13,24; 27; 37-38), mas também aparece o sentido de prole (Lc 1,55). Paulo usa o termo de várias formas, desde semente de plantas (1Cor 15,38; 2Cor 9,10) e também como referência à descendência de Abraão, sejam os judeus (Rm 4,13ss; 9,7), Cristo (τὸ σπέρμα; Gl 3,16) ou a Igreja (Rm 9,8).[481]

ἐπαγγελία (v.19)

Na literatura grega, a ideia do verbo ἐπαγγέλλομαι ou ἐπαγγέλλω é a de "indicar", "declarar". Se é uma declaração do estado, deve ser entendida como uma "ordem". O judaísmo vai desenvolver a ideia das promessas de Deus que não falham, com ênfase na sua infalibilidadade e interrelação com a lei.[482]

Paulo vai também examinar a relação entre lei e promessa: Deus é capaz de fazer o que Ele promete (Rm 4,21), mas o cumprimento das promessas de Deus deve estar separado do que fazemos (Rm 4,16), não se deve amarrar a promessa à lei, sob a pena de invalidá-la devido à incapacidade do ser humano de observar a lei (Rm 4,13). Se a promessa for dependente da lei ela não é mais promessa (Gl 3,18), a promessa é anterior à lei.[483]

παράβασις (v.19)

O verbo παραβαίνω tem o sentido de "ir ao lado", "ultrapassar", "transgredir". Traz o sentido também de violar os estatutos, contratos, testamentos. A LXX traz o sentido religioso de violar os mandamentos de Deus (Ex 32,8; Dt 9,12; 17,20; Nm 14,41). παράβασις, significa "caminhando para lá e para cá", "passando por cima", "violando" (Sl 101,3 LXX), no NT denota o pecado em relação à lei

---

481. SCHULZ, S., "σπέρμα", p. 1065-1067.
482. SCHULZ, S., "σπέρμα", p. 240.
483. SCHNIEWIND, J.; FRIEDRICH, G., "ἐπαγγελία", p. 241.

(Rm 2,23; 4,15), aqui em Gl 3,19 o sentido é dizer que a lei é dada para demonstrar que as más ações são uma violação da vontade de Deus.[484]

μεσίτης (v.19)

A ideia de um mediador teológico vem com o judaísmo rabínico. A palavra μεσίτης carega a ideia do "negociador", "corretor", "intérprete" e é atribuída a Moisés, como um agente comissionado por Deus, para servir de ponte entre Deus e seu povo. Na apocalíptica a ideia do mediador vem associada ao Messias, mas aquele transcendente (Dn 7,13ss).[485]

Essa passagem de Gl 3,19-22 é muito debatida, Paulo deseja apresentar qual é o propósito da lei: ela vem para levar à fé em Cristo. A lei é promulgada por anjos, através de um mediador (Moisés), que vem não em nome de um, mas de uma pluralidade (os anjos; v.20), a lei, portanto, não vem diretamente de Deus, apesar de ter um papel no plano divino e em sua promessa da fé em Cristo (v.21).[486]

γραφή (v. 22)

O sentido básico da palavra em grego é "escritos", "caracteres escritos", a "arte de escrever", pode também significar "cópia", "desenho". Além disso, na LXX já há o sentido de Escritura Sagrada, como em 1Cr 15,15 e 2Cr 30,5. No NT pode significar uma passagem individual das Escrituras, ou uma citação (Mc 12,10; At 1,16; 8,32.35; Jo 7.38; 13,18; 19,24.). Em Gl 3,8; 22 Paulo está considerando γραφή como toda a Escritura, mas em Gl 4,30 (como em Rm 4,3; 9,17; 10,11) ele tem em mente uma passagem específica.[487]

5.2.4. Síntese Teológica e o uso de μὴ γένοιτο em Gl 3,21

A definição paulina da lei encontrada nos v.19-20 suscita questionamentos acerca de sua relação com as promessas de Deus a Abraão, um tema que já havia sido discutido antes (Gl 3,15-18), mas que pode ter deixado suspeitas de que Paulo estaria separando a lei de Moisés da promessa de Deus a Abraão.[488] À pergunta:

---

484. SCHNEIDER, J., "παράβασις", p. 772-773.
485. OEPKE, A., "μεσίτης", p. 587.
486. OEPKE, A., "μεσίτης", p. 588.
487. SCHRENK, G., "γραφή", p. 129.
488. BETZ, H. D., Galatians, p. 173.

"A lei, porventura é contra as promessas de Deus?" Paulo responde com um μὴ γένοιτο, "definitivamente não"!

21	a	ὁ οὖν νόμος κατὰ τῶν ἐπαγγελιῶν [τοῦ θεοῦ]; **μὴ γένοιτο.**	A lei, porventura, é contra as promessas de Deus? De jeito nenhum!
21	b	εἰ γὰρ ἐδόθη νόμος ὁ δυνάμενος ζῳοποιῆσαι,	Porque se tivesse sido dada uma lei capaz de fazer viver,
21	c	ὄντως ἐκ νόμου ἂν ἦν ἡ δικαιοσύνη·	na verdade, a justiça seria [procedente] da lei.

Como vimos, μὴ γένοιτο em Paulo não é usado como término da argumentação, mas como uma expressão adversativa que tem um papel transicional na argumentação. Paulo passa a apresentar sua argumentação do motivo pelo qual não se poderia afirmar que lei é contra as promessas de Deus. O Apóstolo pretende deixar claro que ele não se opõe à lei de Moisés, mas que tem o objetivo de apresentar qual seria o lugar da lei no plano de Deus.

Ao iniciar com εἰ γὰρ ("se, portanto"), uma sentença condicional, "Paulo convida os gálatas a considerarem momentaneamente o caso em que a lei foi diferente do que de fato é, ou seja, tão potente a ponto de dar vida".[489] Essa, portanto, não é a realidade, a lei não foi capaz de trazer Cristo à vida, quem operou isto foi o Espírito (Rm 8,11), portanto ela também não tem o poder de justificar (Gl 2,21) só o Espírito pode trazer vida e justificação (Gl 5,5).

Não é a lei quem justifica, mas a lei tem um papel importante: como um pedagogo que acompanha uma criança até que ela encontre a maturidade e a autonomia (Gl 3,22-24),[490] a lei tem o papel de, ao encerrar tudo sob o pecado, conduzir a Cristo. Logo, segundo Paulo, o tempo de Cristo é o tempo pleno, de emancipação (Gl 4,4), e a lei serviu de instrução para que as promessas de Deus fossem realizadas em Cristo.

Mais uma vez Paulo usa μὴ γένοιτο como um forte desiderativo. Como um zeloso judeu, consideraria, inclusive, algo abominável chegar-se à conclusão de que a lei seria contrária às promessas de Deus.

---

489. MARTYN, J. L., Galatians, p. 359.

490. MARTYN, J. L., Galatians, p. 358: "Como a promessa foi dita diretamente pelo próprio Deus, e como a lei é o produto de anjos agindo na ausência de Deus, não é a lei um poder contrário à promessa de Deus? os Mestres irão acusá-lo de mergulhar de cabeça no abismo assim significado, por propor uma antítese absoluta entre a promessa dada por Deus e a lei gerada pelos anjos. Ele emite uma negação aguda, portanto, preparando o caminho para os v.22-24, onde ele fala do uso da lei por Deus."

5.3. O uso de μὴ γένοιτο em Gl 6,14

5.3.1. Texto e Contexto de Gl 6,14

Encontramo-nos no final da Carta. Do ponto de vista retórico, o trecho que vai dos v.11-18 é considerado o pós-escrito, escrito de próprio punho, segundo Betz, "um pós-escrito autográfico serve para autenticar a carta, para resumir seus pontos principais, ou para adicionar preocupações que chegaram à mente do remetente após a conclusão da carta",[491] este autor vai além afirmando que do ponto de vista retórico, este pós-escrito serve como uma *peroratio* ou *conclusio*, e portanto, "contém as pistas interpretativas para a compreensão das principais preocupações de Paulo na carta como um todo e deve ser empregado como chave hermenêutica para as intenções do Apóstolo."[492]

Longenecker observa que, as partes finais das Cartas de Paulo têm sido pouco estudadas, mas Gálatas é uma exceção. Entende-se que aqui Paulo resume os conteúdos do corpo da carta, em tópicos desconexos, sem nenhuma preocupação formal do ponto de vista literário.[493] Diferentemente de outras cartas onde ele apresenta as saudações finais e ações de graças, aqui Paulo vai diretamente ao ponto.

5.3.2. Tradução de Gl 6,11-16

11	a	Ἴδετε πηλίκοις ὑμῖν γράμμασιν ἔγραψα τῇ ἐμῇ χειρί.	Vede! Grandes letras vos escrevi com minha própria mão.
12	a	Ὅσοι θέλουσιν εὐπροσωπῆσαι ἐν σαρκί,	Todos aqueles que desejam ostentar-se na carne,
12	b	οὗτοι ἀναγκάζουσιν ὑμᾶς περιτέμνεσθαι,	forçam a vos circuncidar,
12	c	μόνον ἵνα τῷ σταυρῷ τοῦ Χριστοῦ μὴ διώκωνται.	apenas para que não sejam perseguidos por causa da cruz de Cristo.

---

491. BETZ, H. D., Galatians, p. 312.
492. BETZ, H. D., Galatians, p. 313.
493. LONGENECKER, R. N., p. 286.

13	a	οὐδὲ γὰρ οἱ περιτεμνόμενοι αὐτοὶ νόμον φυλάσσουσιν	Pois, nem mesmo os que são circuncidados guardam a lei
13	b	ἀλλὰ θέλουσιν ὑμᾶς περιτέμνεσθαι,	mas desejam que vos circuncideis
13	c	ἵνα ἐν τῇ ὑμετέρᾳ σαρκὶ καυχήσωνται.	a fim de gloriarem-se na vossa carne.
14	a	Ἐμοὶ δὲ **μὴ γένοιτο** καυχᾶσθαι	Por outro lado, **que eu não venha** gloriar-me
14	b	εἰ μὴ ἐν τῷ σταυρῷ τοῦ κυρίου ἡμῶν Ἰησοῦ Χριστοῦ,	a não ser na cruz do nosso Senhor Jesus Cristo,
14	c	δι' οὗ ἐμοὶ κόσμος ἐσταύρωται κἀγὼ κόσμῳ.	através da qual o mundo está crucificado para mim e eu para o mundo.
15	a	οὔτε γὰρ περιτομή τί ἐστιν	Pois, nem é a circuncisão alguma coisa,
15	b	οὔτε ἀκροβυστία	nem a incircuncisão,
15	c	ἀλλὰ καινὴ κτίσις.	mas [o ser] uma nova criatura.
16	a	καὶ ὅσοι τῷ κανόνι τούτῳ στοιχήσουσιν,	E a todos quantos seguirem esta regra,
16	b	εἰρήνη ἐπ' αὐτοὺς καὶ ἔλεος καὶ ἐπὶ τὸν Ἰσραὴλ τοῦ θεοῦ.	paz e misericórdia [sejam] sobre eles e sobre o Israel de Deus.

5.3.3. Análise Semântica de Gl 6,11-16

καυχάομαι (v.14)

O uso grego do termo tem o sentido de vangloriar-se, ostentar, geralmente no sentido negativo, uma vez que filósofos e sátiros tecem críticas contra esta ação. Na LXX este verbo é usado para traduzir diversos termos hebraicos para o auto-gloriar-se que seria a atitude dos ímpios e dos tolos (Sl 52,1; 74,4), há diversos provérbios contra a ostentação (1Rs 20,11; Pv. 25,14).[494] No NT o uso deste verbo é quase exclusivamente paulino. São 37 aparições, sendo apenas 2 fora do *corpus paulinum* (Tg 1,9; 4,16). Podemos afirmar que Paulo faz o uso do verbo de

---

494. BULTMANN, R., "καυχάομαι", p. 423.

duas formas: 1) no sentido de se opôr à jactância dos judeus, gloriando-se apenas em Cristo; e 2) o gloriar-se apostólico: parece paradoxal, mas Paulo pode gloriar-se no fruto do seu apostolado (2Cor 7,4.14), pois é Cristo quem opera nele pela graça (Rm 15,17-18; 1Cor 15,10).[495]

καινὴ κτίσις (v.15)

A palavra κτίσις ("criação") como um substantivo verbal (de κτίζω) pode significar "ato de criação" ("κτίσεως κόσμου"; Rm 1,20), ou como um substantivo concreto significa a pessoa ou coisa criada ("οὔτε τις κτίσις ἑτέρα"; Rm 8,39).[496] A humanidade é criatura, alma vivente ("ψυχὴν ζῶσαν"; 1Cor 15,45), que por princípio não busca a Deus, vive não pelo πνεῦμα ("espírito"), mas pela ψυχή ("mente"): o Evangelho traz uma nova criação (2Cor 5,17; Gl 6,15).[497] καινὴ κτίσις significa uma nova forma de existir. Não é simplesmente uma questão de uma expressão moral através das ações exteriores, mas aponta para uma mudança radical na forma de pensar, agir e enterder o mundo.[498]

5.3.4. Síntese Teológica e o sentido de μὴ γένοιτο em Gl 6,14

A utilização da fórmula μὴ γένοιτο em Gl 6,14 diverge dos usos vistos até aqui. Se nos textos paulinos anteriores, a construção recorrente é a formulação de uma pergunta-hipótese, retórica, seguida do μὴ γένοιτο e de sua explicação, aqui o optativo é utilizado em seu sentido potencial: o desejo de Paulo de que tal coisa (ele vangloriar-se) não possa acontecer.

14	a	Ἐμοὶ δὲ **μὴ γένοιτο** καυχᾶσθαι	Por outro lado, **que eu não venha** gloriar-me
14	b	εἰ μὴ ἐν τῷ σταυρῷ τοῦ κυρίου ἡμῶν Ἰησοῦ Χριστοῦ,	a não ser na cruz do nosso Senhor Jesus Cristo
14	c	δι' οὗ ἐμοὶ κόσμος ἐσταύρωται κἀγὼ κόσμῳ.	através da qual o mundo está crucificado pra mim e eu para o mundo.

---

495. BULTMANN, R., "καυχάομαι", p. 423-424.
496. E. D. W. BURTON, A critical and exegetical commentary on the Epistle to the Galatians, p. 356.
497. W. FOERSTER, "κτίσις", p. 586.
498. E. D. W. BURTON, A critical and exegetical commentary on the Epistle to the Galatians, p. 356.

Ainda assim é possível afirmar que μὴ γένοιτο conserva aqui o seu sentido de repulsa e rejeição forte e indignada, uma vez que Paulo se opõe claramente àqueles que assim estavam agindo entre as igrejas da Galácia. Não há mais pergunta-hipótese, mas a inserção da fórmula no âmbito da argumentação que retoma os temas já tratados: a cruz, a crucificação e a identificação do crente com o caminho de Cristo para a morte (Gl 2.17-20).

A preocupação de Paulo é quanto ao fundamento para o orgulho humano. A frase é um pouco estranha, se por um lado Paulo nega enfaticamente a ação de gloriar-se, por outro, ele afirma que há uma forma correta de gloriar-se.[499] Ele está fazendo uma oposição entre o gloriar-se na carne e o gloriar-se na cruz de Cristo.

O cristão não deve se orgulhar das obras da carne, devido à própria transgressão humana. A circuncisão, por exemplo, não pode ser motivo de orgulho uma vez que quem foi circuncidado não é capaz de cumprir toda lei (Gl 6,13). O crente deve gloriar-se apenas na cruz de nosso Senhor Jesus Cristo (ἐν τῷ σταυρῷ τοῦ κυρίου ἡμῶν Ἰησοῦ Χριστοῦ), pois na cruz, não apenas o Senhor foi crucificado, mas o próprio mundo, ou seja, por causa da cruz de Cristo, este próprio viver mundano foi morto (Gl 2,19), uma nova experiência de vida passa a surgir (Gl 2,20), em que passa confiar apenas na obra de Cristo, pela fé.

---

499. BETZ, H. D., Galatians, p. 317.

Conclusões

Neste trabalho procuramos ter uma maior clareza de como Paulo utiliza a expressão μὴ γένοιτο em Gálatas. Acreditamos ser possível encontrar uma resposta ao analisar não apenas em Epíteto e na diatribe, mas também em autores representativos da cultura helênica, especialmente os oradores, nas Escrituras Sagradas (LXX e NT), bem como nos autores judeus da diáspora, assim como Paulo.

Gálatas, uma carta de autoria reconhecidamente paulina, teve um papel preponderante, ao longo da história da Igreja, no que se refere à definição da relação entre o cristianismo e suas origens judaicas. Paulo escreveu esta carta em luta pela "Verdade do Evangelho" da qual seus destinatários, os "gálatas insensatos", estavam por se desviar. Não é possível afirmar com certeza a localidade das igrejas da Galácia, mas muito provavelmente estes leitores de Paulo eram cristãos de origem gentílica.

Pelo trabalho dos missionários rivais os gálatas estavam passando da liberdade do Espírito às "obras da lei". Os cristãos gálatas estavam sendo convencidos a praticarem as "obras da lei", marcas distintivas daqueles pertencentes ao judaísmo, especialmente a circuncisão. Parece que o objetivo disto era trazer aos gálatas uma orientação moral mais concreta do que aquela de Paulo da vida no Espírito. Para os rivais, as "obras da lei" eram o que poderiam conferir aos gentios-cristãos a plena participação nas promessas da descendência abraâmica.

Esta carta deve ter sido escrita por Paulo de Éfeso em meados da década de 50 d.C (por volta do ano 53). Não acreditamos que ela tenha sido escrita mais cedo, antes da "Assembleia de Jerusalém", como advogam os defensores da Teoria da Galácia do Sul.

Gálatas, de fato, é uma carta. Apesar de não se enquadrar em nenhum tipo específico. Em suas cartas, Paulo se utiliza de várias tradições literárias e formas retóricas para persuadir sua audiência. Por isso a Carta pode ser estudada a partir de diversos pontos de vista e metologias de pesquisa.

Com a finalidade de apresentar sua estrutura literária e assim termos uma melhor compreensão do texto, trouxemos nesta pesquisa algumas propostas de estruturação: retórica grega, temático-literária, e retórica semítica. Cada uma delas contribuindo e elucidando perspectivas diferentes do conteúdo da Carta.

A partir do capítulo 3 pudemos ver quão variados são os testemunhos do uso da expressão μὴ γένοιτο na literatura grega extrabíblica. Fica evidente que sua utilização não fica restrita apenas ao estilo diatríbico como resposta a perguntas retóricas. A expressão assume significados e usos distintos.

Na literatura grega, μὴ γένοιτο geralmente carrega o sentido desiderativo do optativo: o desejo de que algo não venha a acontecer, mas no sentido de uma adversativa forte. Do ponto de vista da forma, o uso mais comum, é quando a expressão vem antecedida do pronome relativo ὅ,[500] mas pode vir também precedida do artigo definido neutro τό.[501] Aparece também em sua forma elementar, sem a presença de um artigo ou pronome,[502] indicando da mesma forma um desejo negativo enfático. O sentido desiderativo pode vir, num discurso, com ênfase súplice[503] quando está associado a um vocativo, às vezes em referência a um deus.[504]

Em um discurso, no seu uso mais comum, μὴ γένοιτο pode encerrar a argumentação indicando que o que foi falado antes definitivamente não é o que se deseja que aconteça.[505] Ainda em contexto discursivo, ao se apresentar duas alternativas, μὴ γένοιτο, em resposta, serve como uma negação enfática, um desejo categórico de que uma delas não deve vir a acontecer, observa-se que neste caso vem precedido do pronome ὅ.[506] Ainda em sentido desiderativo e de negação enfática, μὴ γένοιτο pode ser usada também numa interrupção do fluxo das ideias, para indicar ênfase acerca do que não pode/deve acontecer.

O uso em sentido potencial do optativo também é observado. Quando a expressão indica a possibilidade de que algo não venha a acontecer, tanto numa

---

500. ὃ μὴ γένοιτο: Ésquilo, *Sete contra Tebas* v.1-9; Eurípides, *Heráclidas* 714; Aristófanes, *Lisístrata* v. 146-148; Demóstenes, *Sobre a liberdade dos ródios* 15.21; Demóstenes, *Contra Afóbo I* 27.67; Demóstenes, *Contra Afóbo II* 28.21; Demóstenes, *Para Fórmio* 36.49; Demóstenes, *Contra Aristogiton A* 25.32; Dinarco, *Contra Demóstenes* 1.66; Lísias, *Sobre a propriedade de Aristófanes* 19.38; ὅπερ μὴ γένοιτο: Luciano, *Abdicatus* 32; Luciano, *Saturnalia* 2.18.

501. τὸ μὴ γένοιτο: Heródoto, *Histórias* 5.111.4.

502. μὴ γένοιτο: Aristófanes, *Tesmoforiantes* v. 714.

503. **μὴ γένοιτο + vocativo:** Luciano, *De Mercede conductis* 14; Luciano, *Pseudologista* 23; Luciano, *Diálogo dos deuses* 1.2.

504. μὴ γένοιτο, ὦ Ζεῦ: Luciano, *Diálogo dos deuses* 1.2.

505. ὃ μὴ γένοιτο: Demóstenes, *Contra Aristogiton A* 25.30.

506. ὃ μὴ γένοιτο: Ésquilo, *Sete contra Tebas* v.1-9; Demóstenes, *Contra Aristogiton A* 25.32.

narrativa, quanto num discurso, no entanto, com valor adversativo enfático.[507] No início da frase pode vir antecedido do pronome relativo neutro plural ἃ,[508] ou ainda sucedido de οὕτω ταῦτα,[509] onde, além de expressar uma forte rejeição passa a apresentar a argumentação que se segue.

Quando vem antecedido de εἰ ou ἐάν tem sentido hipotético.[510] No caso em que é antecedido na oração por ἵνα ou ὅπως seu sentido está distante do uso desiderativo, e sugere finalidade de uma ação indicada.[511]

O uso de μὴ γένοιτο interjeição com sentido negativo forte também está presente na literatura grega. Esta rejeição pode se apresentar como uma possibilidade no âmbito da argumentação.[512] Este uso está presente especialmente no contexto literário do discurso oral, em sentido desiderativo negativo enfático, análogo a "de modo nenhum" e "que não possa acontecer", indicando também uma rejeição forte.

Fílon de Alexandria apresenta um uso muito particular e diverso. Não pode ser encontrada a expressão μὴ γένοιτο em sua forma estereotipada. Observamos o uso das duas palavras separadas,[513] às vezes com sentido concessivo através do uso da condicional εἰ antes do grupo.[514] Quando as palavras aparecem unidas elas não trazem o sentido desiderativo e adversativo enfático ("de modo nenhum!"), antes, carregam um sentido diverso, sempre antecedidas da conjunção ὡς.[515] Também é possível observar em Fílon a expressão antecedida de ἵνα, embora as duas palavras ainda estejam pelo pronome demonstrativo.[516] Nos casos em que ele deseja expressar um desejo de que algo não aconteça, ele o faz de maneira atípica: utiliza o advérbio de negação οὐκ em lugar da partícula μή, e ainda a partícula ἂν antes do optativo γένοιτο para indicar claramente seu sentido potencial.[517]

---

507. μὴ γένοιτο: Platão, Górgias 458c; Platão, República 10.616a.

508. ἃ μὴ γένοιτο: Eurípides, Íon 725-734.

509. μὴ γένοιτο οὕτω ταῦτα: Luciano, Contemplantes 12.

510. εἰ μὴ γένοιτο: Pseudo-Apolodoro, Biblioteca 2.4.7; Iseu, Filoctemon 6.7; ἐάν, ὃ μὴ γένοιτο: Demóstenes, Contra Boécio 40.56.

511. ἵνα [...] μὴ γένοιτο: Pausânias, Descrição da Grécia 7.16.6; Demóstenes, Sobre a falsa embaixada 19.160; ὅπως [...] μὴ γένοιτο: Plutarco, Pirro 27.5.

512. μὴ γένοιτο: Plutarco, Licurgo 20.6; Luciano, Pseudologista, 23.

513. μὴ γάρ [...] γένοιτο: Fílon, O Pior ataca o Melhor 1.133; μηδέ [...] γένοιτο: Fílon, Sobre a confusão das línguas 1.116.

514. εἰ μὴ [...] γένοιτο: Fílon, Sobre a mudança dos nomes 1.73; Fílon, Sobre as leis especiais 4.136.

515. ὡς μὴ γένοιτο: Fílon, Sobre Josefo 1.175; Fílon, O Pior ataca o Melhor 1.33.

516. ἵνα μὴ τοῦτο γένοιτο: Fílon, Sobre Abraão 1.215.

517. οὐ γὰρ ἂν γένοιτο: Fílon, Sobre as leis especiais, 1.211; οὐκ ἂν γένοιτό: Fílon, Sobre a migração de Abraão 1.224; Fílon, Sobre Abraão, 1.249.

Em Josefo, assim como em Fílon, podemos observar o uso das palavras separadas na oração, com sentidos diversos especialmente no caso de substituir o indicativo ou o subjuntivo por uma construção com o optativo (oblíquo).[518] Quando Josefo usa a expressão μὴ γένοιτο em sua forma cristalizada, ele o faz, ou utilizando a conjunção ὡς ("como"), em um sentido mais de finalidade ou modo,[519] ou através do uso de um verbo no infinitivo, alterando o sentido potencial do optativo de γίνομαι para um modo indicativo.[520]

Assim como nos oradores greco-romanos, temos nos pseudepígrafos judaicos um uso de μὴ γένοιτο muito similar ao de Paulo. Seja como resposta a uma pergunta da qual se espera uma reposta enfática negativa no âmbito da argumentação,[521] seja na narração de um diálogo.[522] Pode-se observar também um uso no sentido hipotético em que os dois termos da expressão aparecem separados, precedidos da condicional, como em Fílon.[523]

Na literatura cristã primitiva, temos também um exemplo muito similar ao de Paulo, em que após a negação enfática de uma pergunta retórica, se apresenta a causa do argumento através do uso da adversativa ἀλλά ("mas").[524]

Em se tratando das Escrituras Sagradas, em primeiro lugar vimos que μὴ γένοιτο é uma expressão de uso raro na Septuaginta. No caso de Gênesis, Josué e 1Reis, μὴ γένοιτο sempre aparece como tradução de חָלִילָה, interjeição hebraica que traz o sentido de algo abominável, profano, que não deve acontecer.

Em todos os textos da Septuaginta, μὴ γένοιτο aparece na narração do discurso de alguém que expressa um desejo enfático de que tal coisa não aconteça. Apesar da carga semântica de חָלִילָה por trás do texto, no sentido de uma total repulsa pela possibilidade de que algo pudesse vir a acontecer, o uso na Septuaginta é sempre desiderativo. Entendemos ser este um uso diferente de Paulo, tanto em Romanos quanto em 1Coríntios, mas similar ao uso em Lc 20,16, exceto pelo fato de que μὴ γένοιτο na LXX nunca aparece isolado, mas o sentido do texto de Lucas também é desiderativo.

Vimos que, quanto aos textos em 1Coríntios e Romanos, os autores são unânimes em afirmar que o uso paulino da expressão está de acordo com o estilo

---

518. μὴ [...] γένοιτο: Josefo, Antiguidades Judaicas 19.47; ὡς μὴ [...] γένοιτο: Josefo: Guerra dos Judeus 1.168.
519. ὡς μὴ γένοιτο: Josefo, Guerra dos Judeus 1.611; Josefo, Guerra dos Judeus 1.399.
520. τειχίσασθαι μὴ γένοιτο: Josefo, Guerra dos Judeus 3.90.
521. μὴ γένοιτο: Testamento de Jó 38.1.
522. μὴ γένοιτο: José e Asenet 25.8.
523. εἰ μὴ [...] γένοιτο: Aristeas 1.238. Destaca-se que tanto Fílon quanto Aristeas são do contexto alexandrino.
524. μὴ γένοιτο: Epístola de Barnabé 6.3.

diatríbico, especialmente aquele encontrado posteriormente em Epíteto. Alguns elementos são: diálogo com um interlocutor hipotético, sucessão de perguntas e respostas, muitas delas respondidas com negações enfáticas (como μὴ γένοιτο), o uso de algumas expressões típicas, para apresentar a argumentação, tanto própria quanto do opositor (ex.: οὐκ οἴδατε, τί οὖν ἐροῦμεν, ἀλλὰ etc.).

É importante destacar que todas as vezes que a expressão μὴ γένοιτο aparece em 1Coríntios e Romanos, é como resposta a uma pergunta retórica, que, pelo menos em hipótese, poderia ser uma questão levantada pelo interlocutor de Paulo. No que se refere à posição no texto, como já havia antecipado Malherbe, μὴ γένοιτο serve como uma transição. Após o uso da expressão Paulo sempre continua sua argumentação, seja através de novas perguntas,[525] seja através de proposições.[526]

Pudemos ver que, de fato, o uso da expressão μὴ γένοιτο feita por Epíteto apresenta muitas semelhanças com Paulo; isso já havia sido demonstrado por Bultmann, Stowers e Malherbe. No entanto, é preciso considerar que este filósofo é posterior a Paulo, e, se por um lado é válida a comparação para compreender o desenvolvimento do grego helenístico a partir do primeiro século, por outro não nos ajuda muito a entender o sentido da expressão em Paulo.

Além das semelhanças gostaríamos de destacar também as diferenças: as perguntas formuladas por Epíteto nem sempre exigem uma resposta negativa, ao passo que em Paulo isso sempre acontece; do ponto de vista semântico, Epíteto não desenvolve seu pensamento em um contexto religioso, ao passo que Paulo sim, e isto nos ajudará a entender a influência da LXX no sentido da expressão paulina; Epíteto várias vezes se dirige diretamente ao interlocutor na segunda pessoa, enquanto Paulo sempre apresenta suas perguntas de forma impessoal, hipoteticamente.

Portanto, podemos concluir que o uso desta expressão por Paulo certamente remonta ao ambiente do discurso (oral ou escrito que emula a fala) e à persuasão. Vimos como na literatura grega esta expressão carrega um forte sentido desiderativo, apesar de muitas vezes ter sido usado com pronome relativo em textos mais antigos, fica claro que no período helenístico o uso com o pronome vai sendo abandonado, mas o sentido permanece o mesmo.

Μὴ γένοιτο não serve apenas como resposta a perguntas absurdas. Mas é um recurso do orador para dar ênfase ao seu argumento. A expressão serve também para interromper o fluxo de ideias abrindo caminho para a próxima argu-

---

525. 6 ocorrências: 1Cor 6,15; Rm 3,4.6; Rm 6,2.15.

526. 6 ocorrências: Rm 3,31; 7,7.13; 9,14; 11,1.11.

mentação, isso podemos observar não apenas em Epíteto, mas também nos oradores gregos antigos. É o que Paulo faz aqui, a expressão não encerra seu discurso, mas lhe dá a oportunidade de justificar seu argumento a seguir. O versículo seguinte começa com εἰ γάρ ("se, portanto"), que indica que o que vem a seguir é o motivo de Paulo ter respondido negativamente de forma tão enfática.

Não podemos negar a influência sobre Paulo, nem da oratória/retórica grega, muito menos da LXX. Em sua "Biografia Crítica" de Paulo, Murphy-O'Connor[527] destaca a observação de Estrabão no século I, que em sua *Geografia* 14,5,13 afirma que a população de Tarso (cidade natal de Paulo) era ávida por aprender. Nesta cidade havia todos os tipos de escolas retóricas. Μὴ γένοιτο traz consigo também a carga semântica da LXX de afirmar que algo seria abominável. Se observarmos bem, todas as perguntas de Paulo respondidas com μὴ γένοιτο não são simplesmente absurdas, mas seriam heresias se fossem respondidas afirmativamente:

> "A infidelidade deles anulará a fidelidade de Deus?" (Rm 3,3); "Deus é injusto aplicando sua ira?" (Rm 3,5); "a lei é anulada através da fé?" (Rm 3,31); "devemos permanecer no pecado...?" (Rm 6,1); "pecamos porque não estamos mais debaixo da lei, mas da graça? (Rm 6,15); "a lei é pecado?" (Rm 7,7); "uma coisa boa, em efeito, tornou-se para mim uma morte?" (Rm 7.13); "[há] injustiça da parte de Deus?" (Rm 9,14); "não teria Deus rejeitado o seu povo?" (Rm 11,1); "não teriam tropeçado para que caíssem?" (Rm 11,11); "depois de tomar os membros de Cristo, fariam-nos membros de uma prostituta?" (1Cor 6,15); "acaso seria Cristo servo do pecado?" (Gl 2,17); "A lei, porventura, é contra as promessas de Deus?" (Gl 3,21).

Esperamos que este trabalho possa contribuir para esclarecer acerca do uso desta expressão tão rara nas Escrituras Sagradas. Nosso objetivo certamente não foi esgotar o tema, por isso alguns desafios ainda se encontram postos. Entendemos ser necessário, em uma pesquisa futura em nível de doutorado, comparar o uso da expressão também com as ocorrências nas cartas helenísticas em papiro, conteúdo ao qual não tivemos acesso. Além disso, seria importante estudar a expressão a partir da Análise do Discurso e da Retórica, entendendo sua função no texto, e ainda investigar sobre uma possível intertextualidade do uso da expressão com os textos da LXX.

---

527. MURPHY-O'CONNOR, J., Paulo: biografia crítica, p. 49.

Posfácio

Após a leitura da pesquisa *O uso paulino da expressão μὴ γένοιτο em Gálatas. Estudo comparativo, retórico e intertextual*, de Marcelo Ferreira Miguel, damo-nos conta de quão valioso e imprescindível é para o estudante de Teologia Bíblica o estudo e o conhecimento das línguas utilizadas no texto original das Sagradas Escrituras, a fim de que se produza um trabalho excelente.

Estudo aprofundado da expressão em tela, μὴ γένοιτο, que perpassa o grego clássico no teatro de Ésquilo, Eurípides, Aristófanes, na geografia de Pausânias, nos diálogos de Platão e nos discursos de Pseudo-Apolodoro, Demóstenes, Dinarco, Iseu e Lísias; como também o grego *koiné*, presente nos pseudepígrafos do Antigo Testamento, em Fílon, Josefo, Plutarco, Luciano, Epíteto, na Septuaginta e no Novo Testamento, demonstrado nas linhas desta pesquisa.

Conhecimento, também, presente nas entrelinhas e na forma como os capítulos vão sendo descortinados pelo autor da pesquisa, fazendo a "iniciação" do leitor aos universos da *koiné*, do verbo γίνομαι, da nuance contida no modo optativo e do uso da diatribe, "costurando" o conhecimento gramatical e literário com a estrutura da carta aos Gálatas e da retórica grega. A contribuição e o excelente didatismo destes dois momentos da pesquisa já são de assaz pertinência aos trabalhos de teologia bíblica em interdisciplinaridade com as letras clássicas

O caminho cronológico percorrido pelas obras nas quais μὴ γένοιτο se encontra, colore a pesquisa em quantidade e diversidade e baseia solidamente o argumento de que o apóstolo Paulo, leitor destas obras, utiliza-se da força semântica encontrada na referida expressão "para não deixar dúvidas e convencer seus leitores acerca da Verdade" na carta aos Gálatas – o Cristo vivo em Paulo, o Cristo promessa de Deus aos que creem, o Cristo em cuja cruz devemos nos gloriar!

Além da honra pela participação na exposição desta pesquisa *in loco*, que agora é por merecimento publicada, dois sentimentos vêm à tona para expor, sem os quais não poderia encerrar: a alegria de presenciar um escrito exegético-teológico rico no que respeita à interdisciplinaridade e o incentivo a que mais pesquisas como esta, em Novo Testamento, e também no Antigo, surjam em nossos arraiais.

Prof^a.-Dr^a. Alessandra Serra Viegas

Referências bibliográficas

AGOSTINHO, Santo. *Explicação de algumas proposições da carta aos Romanos; Explicação da carta aos Gálatas; Explicação incoada da carta aos Romanos*. Coleção Patrística vol. 25. São Paulo: Paulus, 2009.

AMIR, Y. *The Term Ioudaismos*: A Study in Jewish-Hellenistic Self-Definition. A Journal of Religious Thought and Research in Israel - Immanuel 14, 1982. Disponível em: http://www.etrfi.info/immanuel/14/Immanuel_14_034.pdf. Acesso em 15 de novembro de 2018.

APOLODORO; FRAZER, J. G. (Ed.). *The Library*, with an English Translation by Sir James George Frazer, F.B.A., F.R.S. in 2 Vol. Cambridge, MA: Harvard University Press; London, William Heinemann Ltd. 1921. Apolodoro, 2.4.7. Disponível em: <http://data.perseus.org/citations/urn:cts:greekLit:tlg0548.tlg001.perseus-grc1:2.4.7> Acesso em: 14 out. 2018.

ARISTEAS; PELLETIER, A. (Ed.). *Lettre d'Aristée a Philocrate*: introduction, texte critique, traduction et notes. Paris: Les Éditions du Cerf, 1962. Disponível em: <http://digital.slub-dresden.de/werkansicht/dlf/110659/63/> Acessado em: 14 out. 2018.

ARISTÓFANES; HALL, F. W.; GELDART, W. M. (Ed.). *Aristophanes Comoediae*, vol. 2. Oxford: Clarendon Press, 1907. Disponível em: <http://www.perseus.tufts.edu/hopper/>. Acesso em 14 out. 2018.

ARISTÓFANES; OLSON, S. D. (Ed.). *Acharnians (Text and Commentary)*. Oxford/New York: Oxford University Press, 2002.

ARNDT, W.; DANKER, F. W.; BAUER, W. *A Greek-English lexicon of the New Testament and other early Christian literature*. Chicago: University of Chicago Press, 2000.

BAILLY, A. *Dictionaire Grec-Français*. Paris: Hachette, 2000.

BARBAGLIO, G. Gálatas. In: *As Cartas de Paulo (II)*: tradução e comentários. São Paulo: Edições Loyola, 1991. p. 11-114.

BARCLAY, J. M. G. *Paulo e o Dom*. São Paulo: Paulus, 2018.

BAUR, F. C. *Paul the Apostle of Jesus Christ*: His Life and Work, his Epistles and his Doctrine. A Contribution to a Critical History of Primitive Christianity. Vol. 1. London: Williams and Norgate, 1875-1876.

BELL, R. *No One Seeks for God*: An Exegetical and Theological Study of Romans 1.18-3.20. Tübingen: Mohr Siebeck, 1998.

BERGER, K. *As formas literárias do Novo Testamento*. São Paulo: Loyola, 1998.

BETZ, H. D. *Galatians*: A Commentary on Paul's Letter to the Churches in Galatia. Hermeneia. Philadelphia: Fortress Press, 1979.

Bíblia de Jerusalém. São Paulo: Paulus, 2002.

BLASS, F.; DEBRUNNER, A. *A Greek Grammar of the New Testament and Other Early Christian Literature*. Chicago/London: The University of Chicago Press, 1961.

BORING, M. E. *Introdução ao Novo Testamento*: história, literatura, teologia. Vol. 1. Santo André: Academia Cristã; São Paulo: Paulus, 2015.

BOVON, F. *Luke 3*: A Commentary on the Gospel of Luke 19:28–24:53. Minneapolis, MN: Fortress Press, 2012.

BRUCE, F. F. *The Epistle to the Galatians*: a commentary on Greek text. Grand Rapids: William B. Eerdmans Publishing Company, 1982.

BUCHARD, C. Joseph and Aseneth: a new translation and introduction. In: CHARLESWORTH, J. H. (Ed.) *The Old Testament Pseudepigrapha vol. 2*. New York: Doubleday & Co., 1985. p. 177-247.

BULTMANN, R., *Der Stil der paulinischen Predigt und die kynisch-stoische Diatribe*, FRLANT 13. Göttingen: Vandenhoeck & Ruprecht, 1910.

BURTON, E. D. W. *A critical and exegetical commentary on the Epistle to the Galatians*. New York: C. Scribner's Sons, 1920. p. 187.

CHANTRAINE, P. *Dictionnaire étymologique de la langue grecque*. Paris: Klincksieck, 1999.

CÍCERO; WILKINS, A. S. (Ed.). *M. Tulli Ciceronis Rhetorica*. Oxford: Oxford University Press; Oxford Classical Texts, 1902. Disponível em: <http://data.perseus.org/citations/urn:cts:greekLit:tlg0016.tlg001.perseus-grc1:5.111.4>. Acesso em: 06 out. 2018.

COGAN, M. *I Kings*: a new translation with introduction and commentary. The Anchor Yale Bible. Vol. 10. New Haven; London: Yale University Press, 2008.

CONZELMANN, H. *1 Corinthians*: a commentary on the First Epistle to the Corinthians. Hermeneia. Philadelphia: Fortress Press, 1975.

CROM, D. D. *The Letter of Aristeas and the Authority of the Septuagint*. Journal for the Study of the Pseudepigrapha. Vol. 17, no. 2, Jan. 2008, p. 141–160.

CURRAN, J. Flavius Josephus in Rome. In: PASTOR, J.; STERN, P.; MOR, M. (Ed.) *Flavius Josephus: interpretation and history*. London/Boston: Brill, 2011, p. 65-86.

DABOURNE, W. *Purpose and Cause in Pauline Exegesis: Romans 1.16-4.25 and a New Approach to the Letters*. Cambridge: Cambridge University Press, 2004.

DE JONGE, M. The Main Issues in the Study of the Testaments of the Twelve Patriarchs. In: DE JONGE, M. *Jewish Eschatology, Early Christian Christology and the Testaments of the Twelve Patriarchs*: Collected essays of Marinus de Jonge. Leiden: Brill, 1991, p. 147-163.

DEISSMANN, A. *St. Paul*: A Study in Social and Religious History. London; New York; Toronto: Hodder and Stoughton, 1912.

DEMÓSTENES; BUTCHER, S. H. (Ed.). *Demosthenis*: Orationes. Oxonii.e Typographeo Clarendoniano, 1903. Sobre a liberdade dos ródios 15.21. Disponível em: <http://www.perseus.tufts.edu/hopper/>. Acesso em: 14 out 2018.

DIGGLE, J. (Ed.). *Euripidis*: Fabulae. Vol. 1 e 2. Oxford: Clarendon Press, 1984.

DINARCO; BURTT, J. O. (Ed.). *Dinarchus*. Minor Attic Orators in two volumes, 2, with an English translation by J. O. Burtt. Cambridge, MA: Harvard University Press; London: William Heinemann Ltd, 1962. Contra Demóstenes 1.66. Disponível em: <http://data.perseus.org/citations/urn:cts:greekLit:tlg0029.tlg004.perseus-grc1:66> Acesso em: 14 out. 2018.

DION CRISÓSTOMO. *Dionis Prusaensis quem vocant Chrysostomum quae exstant omnia*. Vol. 1 e 2. Berlim: Weidmann, 1893. Disponível em: <http://data.perseus.org/citations/urn:cts:greekLit:tlg0525.tlg001.perseus-grc1:7.16.6>. Acesso em: 14 out. 2018.

DUNN, J. D. G. *Romans 1-8*. Word Biblical Commentary. Vol. 38A. Dallas: Word Books, 1998.

DUNN, J. D. G. *The Epistle to the Galatians*. London: Continuum, 1993.

DUNN, J. D. G. *The theology of Paul the Apostle*. Grand Rapids/Cambridge: Eerdmans, 1998.

DUNN, J. D. G. *The theology of Paul's Letter to the Galatians*. Cambridge: Cambridge University Press, 1994.

DUNN, J. D. G., *The New Perspective on Paul*, Grand Rapids: Eerdmans, 2008.

EASTERLING, P. E.; KNOX, B. M. W. *Cambridge History of Classical Literature*. Vol 1: Greek Literature. Oxford: Oxford University Press, 1985.

ELLIOTT, N. *The rhetoric of Romans*: argumentative constraint and strategy and Paul's dialogue with judaism. Sheffield: JSOT Press, 1990.

EPÍSTOLA DE BARNABÉ; LAKE, K. (Ed.). *The Apostolic Fathers*. Vol 1. London: William Heinemann; New York: The Macmillan Co, 1912. Disponível em: <http://data.perseus.org/citations/urn:cts:greekLit:tlg1216.tlg001.perseus-grc1:6.3> Acesso em: 14 out. 2018.

EPÍTETO; GARCÍA, P. O. (Trad.). *Disertaciones por Arriano*. Madrid: Editorial Gredos, 1993.

EPÍTETO; SCHENKL, H. (Ed.). *Epicteti Dissertationes ab Arriano digestae*. Leipzig: B. G. Teubner, 1916. Disponível em: <http://data.perseus.org/citations/urn:cts:greekLit:tlg0557.tlg001.perseus-grc1:1.1> Acesso em: 14 out. 2018.

ÉSQUILO; SMYTH, H. W. (Ed.). *Aeschylus, with an English translation vol.1*: Seven Against Thebes. London: William Heinemann, 1922-1926. Disponível em: <http://data.perseus.org/citations/urn:cts:greekLit:tlg0085.tlg004.perseus-grc1:1-38>. Acesso em: 14 out. 2018.

ÉSQUILO; TORRANCE, I. (Ed.). *Aeschylus*: Seven against Thebes. New York/London: Bloomsbury, 2007.

EURÍPIDES; KOVACS, D. (Ed.). *Heracles*. Cambridge: Harvard University Press: 1995. Disponível em: <http://data.perseus.org/citations/urn:cts:greekLit:tlg0006.tlg004.perseus-grc1:709-747>. Acesso em: 14 out. 2018.

EURÍPIDES; MURRAY, G. (Ed.). *Euripidis fabulae*: recognovit brevique adnotatione critica instruxit, vol. 2. London: Oxonii, 1902. Disponível em: <http://data.perseus.org/citations/urn:cts:greekLit:tlg0006.tlg010.perseus-grc1:725-773>. Acesso em: 14 out. 2018.

EUSEBIUS PAMPHILUS. *An Ecclesiastical History to the twentieth year of the reign of Constantine, being the 324th of the Christian aera*. Londres: Samuel Bagster and Sons; Paternoster Row, 1842.

FÍLON DE ALEXANDRIA; BORGEN, P.; FUGLSETH, K.; SKARSTEN, R. (Ed.). *The Philo Concordance Database in Greek (PHI)*. Norway: Institute of Education and Culture, School of Professional Studies, Bodø University College, 2005. <BibleWorks, v.10.>.

FINLEY, M. I. *The Greek Historians*: the essence of Herodotus, Thucydides, Xenophon, Polybus. New York: The Viking Press, 1959.

FITZMYER, J. A. *First Corinthians*: A New Translation with Introduction and Commentary. The Anchor Yale Bible vol. 32, New Haven; London: Yale University Press, 2008.

FITZMYER, J. A. *Romans*: a new translation with introduction and commentary. The Anchor Yale Bible vol. 33. New Haven; London: Yale University Press, 2008.

FITZMYER, J. A. *The Gospel According to Luke*: Introduction, Translation and Notes (X–XXIV). The Anchor Yale Bible. New Haven; London: Yale University Press, 2008.

FLÁVIO JOSEFO; NIESE, B. (Ed.). *Flavii Iosephi opera*. Berlin: Weidmann, 1895. Disponível em: <http://www.perseus.tufts.edu/hopper/>.Acesso em: 14 out. 2018.

FLÁVIO JOSEFO. WHISTON, W. (Trad.). The Works of Josephus: enlarged-type edition / illustrated. Grand Rapids: Kregel Publications, 1974.

FORBES, C. Paulo e a Comparação Retórica. In: SAMPLEY, J. P. *Paulo no Mundo Greco-Romano*: um compêndio. São Paulo: Paulus, 2014. pp. 113-146.

FUNG, R. Y. K. *The Epistle to the Galatians*. Grand Rapids: William B. Eerdmans Publishing Company, 1982.

GESENIUS, W.; TREGELLES, S. P. *Gesenius' Hebrew and Chaldee lexicon to the Old Testament Scriptures*. Bellingham, WA: Logos Bible Software, 2003.

GOLDSTEIN, J. A. *I Maccabees*: a new translation with introduction and commentary. The Anchor Yale Bible vol. 41. New Haven; London: Yale University Press, 2008.

GONZAGA, W. A Sagrada Escritura, a alma da Sagrada Teologia. In: FERNANDES, L. A. et al (Org.). *Exegese, teologia e pastoral*: relações, tensões e desafios. Santo André: Academia Cristã; Rio de Janeiro: PUC-Rio, 2015. p. 201-235.

GONZAGA, W. *A Verdade do Evangelho (Gl 2,5.14) e a Autoridade na Igreja*: Gl 2,1-21 na exegese do Vaticano II até os nossos dias: história, balanço e novas perspectivas. Santo André: Academia Cristã, 2014.

GONZAGA, W. O Corpus Paulinum no Cânon do Novo Testamento. *Atualidade Teológica*, 55 (2017), p. 19-41.

GONZAGA, W. O Evangelho da Ternura e a solidariedade de Gl 4,8-20. *Ribla – Revista de Interpretação Bíblica Latino-Americana* (76) 2017, p. 61-86.

GONZAGA, W. *Os Conflitos na Igreja Primitiva entre judaizantes e Gentios em Gl 2*. Santo André: Academia Cristã, 2015.

GREEN, J. B. *The Gospel of Luke*. Grand Rapids, MI: Wm. B. Eerdmans Publishing Co., 1997.

GUTHRIE, D. *Gálatas*: Introdução e Comentário. São Paulo: Vida Nova, 1984.

HADAS, M. *A History of Greek Literature*. New York: Columbia University Press, 1950.

HANSEN, G. W. *Abraham in Galatians*: Epistolary and Rhetorical Contexts. Journal for the studies of the New Testament supplement series, 29. Sheffield: JSOT Press, 1989.

HAWTHORNE, G. F.; MARTIN, R. P.; REID, D. G. (Orgs.). *Dictionary of Paul and his letters*. Downers Grove, IL: InterVarsity Press, 1993.

HAYS, R. B. *First Corinthians*. Louisville, KY: John Knox Press, 1997.

HERÓDOTO. GODLEY, A. D. (Ed.). *Herodotus with an English translation*. London: W. Heinemann; New York: G. P. Putnam's sons, 1921-1925. Disponível em: <http://data.perseus.org/citations/urn:cts:greekLit:tlg0016.tlg001.perseus-grc1:5.111.4>. Acesso em: 14 out. 2018.

HOGETERP, A. L. A. New Testament Greek as Popular Speech: Adolf Deissmann in Retrospect: A Case Study in Luke's Greek. *Zeitschrift für die neutestamentliche Wissenschaft*. (102). Berlin, Boston: De Gruyter, p. 178-200, 2011. Disponível em: < https://www.degruyter.com/view/j/zntw.2011.102.issue-1/issue-files/zntw.2011.102.issue-1.xml>. Acesso em: 24 nov. 2018.

HORN, R. C. Life and Letters in the Papyri. *The Classical Journal*. (17) 1922. Monmouth: The Classical Association of the Middle West South, pp. 487-502, 1922. Disponível em: <https://www.jstor.org/stable/3288489>. Acesso em: 24 nov. 2018.

HORTA, G. N. B. P. *Os Gregos e seu idioma*: curso de iniciação à cultura helênica, vol. 1. Rio de Janeiro: Livraria Acadêmica, 1970.

ISEU; Forster, E. S. (Ed.). *Isaeus with an English translation by Edward Seymour Forster*. Cambridge, MA: Harvard University Press; London: William Heinemann Ltd, 1962. Disponível em: <http://data.perseus.org/citations/urn:cts:greekLit:tlg0017.tlg006.perseus-grc1:7> Acesso em 14 out 2018.

JEWETT, R. *The Agitators and the Galatian Congregation*. New Testament Studies 17. Cambridge: Cambridge University Press, 1970-1971.

JEWETT, R.; KOTANSKY, R. D. *Romans*: A commentary. Minneapolis, MN: Fortress Press, 2006.

JOSÉ E ASENET, C. A. *The Greek Pseudepigrapha (OPG)*. n.p.: OakTree Software, 2008. <BibleWorks, v.10>.

KEMMER, S. *The middle voice*. Amsterdã/Filadélfia: John Benjamins, 1993.

KENNEDY, G. A. *New Testament Interpretation through Rhetorical Criticism*. Chapel Hill: University of North Carolina Press, 1984.

KITTEL, G.; BROMILEY, G. W.; FRIEDRICH, G. (Orgs.) *Theological Dictionary of the New Testament* (electronic ed.). Grand Rapids: Eerdmans, 1964.

KITTEL, R. (Ed.) *Biblia Hebraica Stuttgartensia*. Stuttgart: Deutsche Bibelgesellschaft, 1997.

KNOX, J. *Marcion and the New Testament*: An Essay in the Early History of the Canon. Chicago: University of Chicago Press, 1942.

KRAFT (Ed.), R. A. *Testament of Job*. Missoula, Montana: Scholars Press for the Society of Biblical Literature, 1974.

KÜMMEL, W. G. *Introdução ao Novo Testamento*. São Paulo: Paulus, 1982.

KURYLOWICZ, J. *Origine indoeuropéenne du redoublement attique*. Commentarii Societatis Philologae Polonorum 30, 1927, p. 206-210.

LIDDELL, H. G. & SCOTT, R., *A Greek–English Lexicon*. Revisado por Sir Henry Stuart Jones com a assistência de Roderick McKenzie, com suplemento. Oxford: Clarendon, 1968.

LIMA, M. L. C. *Exegese Bíblica*: teoria e prática. São Paulo: Paulinas, 2014.

LÍSIAS; LAMB, W. R. M. (Ed.) *Lysias with an English translation by W.R.M. Lamb*. Cambridge, MA: Harvard University Press; London: William Heinemann Ltd, 1930. Disponível em: <http://www.perseus.tufts.edu/hopper/>. Acesso em: 14 out. 2018.

LONGENECKER, R. N. *Galatians*. Word Biblical Commentary, vol. 41. Dallas: Word Books Publisher, 1990.

LUCIANO; HARMON, A. M. (Ed.). Works. With an English Translation by. A. M. Harmon. Cambridge, MA: Harvard University Press; London: William Heinemann Ltd., 1915. Disponível em: <http://www.perseus.tufts.edu/hopper/> Acesso em: 14 out. 2018.

LUCIANO; JACOBITZ, K. (Ed.). *Luciani Samosatensis Opera*, vol III. Leipzig, 1896. Disponível em: <http://www.perseus.tufts.edu/hopper/>. Acesso em: 14 out. 2018.

LUCIANO DE SAMÓSATA; MAGUEIJO, C. (Trad.). Luciano, vol. 1. Coimbra: CECH – Classica Digitalia, 2012.

LÜHRMANN, D. *Galatians*. Translated by O.C. Dean Jr. Minneapolis: Fortress, 1992.

LUTHER, M. *A Commentary on St. Paul's Epistle to the Galatians*. London: James Clarke, 1953.

MALHERBE, A. MH ΓΕΝΟΙΤΟ in the Diatribe and Paul. *Harvard Theological Review*. 73(2) (1980), p. 231-244.

MALHERBE, A. MH ΓΕΝΟΙΤΟ in the Diatribe and Paul. In: HOLLADAY, C. R. et. al. (Ed.). *Light from the Gentiles*: Hellenistic Philosophy and Early Christianity - Collected Essays, 1959–2012 by Abraham J. Malherbe, volume 1. Leiden/Boston: Brill, 2014.

MARINCOLA, J. *Authority and Tradition in Ancient Historiography*. Cambridge: Cambridge University Press, 1997.

MARTYN, J. L. *Galatians*: a new translation with introduction and commentary. The Anchor Yale Bible (vol. 33A, p. iv). New Haven; London: Yale University Press, 1997.

MATERA, F. J. *Galatians*. Sacra Pagina Series, vol. 9. Collegeville, Minnesota: Michael Glazier Books, 1992.

MAZZAROLO, I. *Carta de Paulo aos Gálatas*: da libertação da lei à filiação em Jesus Cristo. Rio de Janeiro: Mazzarolo Editor, 2013.

MEEKS, W. A.; FITZGERALD, J. T. (ed.). *The Writings of St. Paul*: Annotated Text, Reception and Criticism. New York: Norton, 1972.

MEYNET, R. *La Lettera ai Galati*. Bologna: Centro Editoriale Dehoniano, 2012.

MEYNET, R. *Rhetorical Analysis*: an introduction to Biblical Rhetoric. Journal for the study of the Old Testament series, 256. Sheffield: Sheffield Academic Press, 1998.

MEYNET, R. *Treatise on Biblical Rhetoric*. International Studies in the History of Rhetoric, vol. 3. Leiden/Boston: Brill, 2012.

MOO, D. J. *The Epistle to the Romans.* Grand Rapids: Eerdmans Publishing, 1996.

MOSSÉ, C. *Regards sur la démocratie athénienne*. Paris: Perrin, 2013.

MURPHY-O'CONNOR, J. *Paulo*: biografia crítica. São Paulo: Edições Loyola, 2015.

NESTLE, E.; ALAND, K. (Ed.). *Novum Testamentum Graece*. Ed. XXVIII. Stuttgart: Deutsche Bibelgesellschaft, 2012.

NIR, R. *Joseph and Aseneth*: A Christian Book. Sheffield: Sheffield University Press, 2012.

NOLLAND, J. *Luke 18:35–24:53.* Word Biblical Commentary vol. 35C. Dallas: Word Books, 1998.

OBERMAN, H. Initia Calvini: The Matrix of Calvin's Reformation. In: NEUSER, W. (Ed.). *Calvinus Sacrae Scripturae Professor*: Calvin as Confessor of Holy Scripture. Grand Rapids: William B. Eerdmans, 1994.

OLYMPIODORUS. JACKSON, R.; LYCOS, K.; TARRANT H. (Trad.). *Olympiodorus's commentary on Plato's Gorgias*, Leiden: Brill, 1998, p. 108.

PARSONS, M. C.; CULY, Martin M.; STIGALL, Joshua J. *Luke*: a handbook on the greek text. Waco: Baylor University Press, 2010.

PAUSANIAS. *Pausaniae Graeciae Descriptio*. 3 Vol. Leipzig: Teubner, 1903.

PLATÃO; BURNET, J. (Ed.). *Platonis Opera*. Oxford University Press, 1903. Disponível em: <http://www.perseus.tufts.edu/hopper/>. Acesso em: 14 out. 2018.

PLUMMER, A. *A critical and exegetical commentary on the Gospel according to S. Luke*. London: T&T Clark International, 1896.

PLUTARCO; PERRIN, B. (Ed.). *Plutarch's Lives*. With an English Translation by. Bernadotte Perrin. Cambridge, MA: Harvard University Press; London: William Heine-

173

mann Ltd, 1914. Plutarco, Licurgo 20.6. Disponível em: <http://www.perseus.tufts.edu/hopper/>. Acesso em: 14 out. 2018.

RAHLFS, A. (Ed.). *Septuaginta*. Stuttgart: Deutsche Bibelgesellschaft, 1979.

RHODES, J. N. *The Epistle of Barnabas and the Deuteronomic Tradition*: Polemics, Paraenesis, and the Legacy of the Golden-calf Incident. Tübingen: Mohr Siebeck, 2004.

ROBERTSON, R. *A Grammar of the Greek New Testament in the Light of Historical Research*. Nashville: Broadman, 1934.

SAMPAIO, B. A. C. *A Noção de κληρονόμος nas Epístolas Paulinas aos Romanos e aos Gálatas*. Tese de Doutorado. Roma: Pontificia Universitas Sanctae Crucis, 2000.

SANDERS, E. P. *Paul and Palestinian Judaism*: a comparison of Patterns of religion. Philadelphia: Fortress Press, 1977.

SANDERS, J. A. *Canon and Community*: A Guide to Canonical Criticism. Philadelphia: Fortress Press, 1984.

SHARP, D. S. *Epictetus and the New Testament*. Londres: Forgotten Books, 2018.

SHUTT, R. J. H. Letter of Aristeas: a new translation and introduction. In: CHARLESWORTH, J. H. (Ed.). *The Old Testament Pseudepigrapha vol. 2*. New York: Doubleday & Co., 1985. p. 7-34.

SILVA, M. *Explorations in exegetical method. Galatians as a test case*. Grand Rapids: Baker, 1996.

SILVA, M. F. S. Eurípides, o mais trágico dos poetas (2). *Boletim de Estudos Clássicos 46*, p. 11-16.

SOMMERSTEIN, A. H. *Aeschylus*. Cambridge, MA: LOEB, 2009.

SPITTLER, R. P. Testament of Job: a new translation and introduction. In: CHARLESWORTH, J. H. (Ed.). *The Old Testament Pseudepigrapha vol. 1*. New York: Doubleday & Co., 1985. p. 829-868.

STOWERS, S. K. *The Diatribe and Paul's letter to the Romans*. Scholar Press, 1981.

STRONG, J. *Léxico Hebraico, Aramaico e Grego de Strong*. Sociedade Bíblica do Brasil, 2002.

SUMNEY, J. L. (ed.). *Reading Paul's Letter to the Romans*. Atlanta: Society of Biblical Literature, 2012.

SWANSON, J. *Dictionary of Biblical Languages with Semantic Domains*: Hebrew (Old Testament). Electronic ed. Oak Harbor: Logos Research Systems, Inc., 1997.

SYME, R. *Ten Studies in Tacitus*. Oxford: Clarendon Press, 1970.

SYME, R. The Senator as Historian. In *Histoire et historiens dans l'Antiquité classique*. Vandoevres-Genève: Fondation Hardt, 1958, p. 187-201.

TESTAMENTO DE JÓ. EVANS, C. A. *The Greek Pseudepigrapha (OPG)*. n.p.: OakTree Software, 2008. <BibleWorks, v.10>.

THOMAZ DE AQUINO, J. P. 1 Coríntios 6,12-20 e o estilo diatríbico. *Fides Reformata*, XV, 1 (2010): 37-55.

TRIVIÑO, J. M. *Obras completas de Filón de Alejandria*. Buenos Aires: Acervo Cultural, 1976.

TRZASKOMA, S. Citation, Organization and Authorial Presence in Ps.-Apollodorus' Bibliotheca. In: S. M. TRZASKOMA & R. S. SMITH (ed.). *Writing Myth: Mythography in the Ancient World*. Leuven: Peeters, 2003, p. 75-94.

TURNER, E. G. *Greek Papyri*: An Introduction. New Jersey: Princeton University Press, 1968.

ULLOA, B. A. N.; LOPES, J. R. Epistolografia paulina: origem e estrutura. *Perspectiva Teológica* 48 (2016), p. 583-604.

VERNANT, J-P.; VIDAL-NAQUET, P. *Mito e tragédia na Grécia Antiga*. São Paulo: Perspectiva, 1999.

VIELHAUER, P. *História da Literatura Cristã Primitiva*: Introdução ao Novo Testamento, aos apócrifos do Novo Testamente e os Pais Apostólicos. Santo André: Academia Cristã, 2015.

VOUGA, F. A Epístola aos Gálatas. In: MARGUERAT, D. (Org.). *Novo Testamento*: história, escritura e teologia. São Paulo: Edições Loyola, 2012, p. 277-296.

VOUGA, F. Cronologia Paulina. In: MARGUERAT, D. (Org.). *Novo Testamento*: história, escritura e teologia. São Paulo: Edições Loyola, 2012, p. 171-180.

VVAA. *Padres Apostólicos*. Coleção Patrística, vol.1, São Paulo: Paulus, 1995.

WATSON, D. F., "Diatribe", In: HAWTHORNE, G. F.; MARTIN, R. P.; REID, D. G. (Orgs.), *Dictionary of Paul and his letters*. Downers Grove, IL: InterVarsity Press, 1993.

YUNIS, H. *Taming Democracy*. Ithaca: Cornell, 1996.

Série Teologia PUC-Rio

- *Rute: uma heroína e mulher forte*
Alessandra Serra Viegas

- *Por uma teologia ficcional: a reescritura bíblica de José Saramago*
Marcio Cappelli Aló Lopes

- *O Novo Êxodo de Isaías em Romanos – Estudo exegético e teológico*
Samuel Brandão de Oliveira

- *A escatologia do amor – A esperança na compreensão trinitária de Deus em Jürgen Moltmann*
Rogério Guimarães de A. Cunha

- *O valor antropológico da Direção Espiritual*
Cristiano Holtz Peixoto

- *Mística Cristã e Literatura Fantástica em C. S. Lewis*
Marcio Simão de Vasconcellos

- *A cristologia existencial de Karl Rahner e de Teresa de Calcutá – Dois místicos do século sem Deus*
Douglas Alves Fontes

- *O sacramento-assembleia – Teologia mistagógica da comunidade celebrante*
Gustavo Correa Cola

- *Crise do sacerdócio e escatologia no séc. V a.C. – A partir da leitura de Ml 2,1-9 e 17–3,5*
Fabio da Silveira Siqueira

- *A formação de discípulos missionários – O kerigma à luz da cruz de Antonio Pagani*
Sueli da Cruz Pereira

- *O uso paulino da expressão μὴ γένοιτο em Gálatas – Estudo comparativo, retórico e intertextual*
Marcelo Ferreira Miguel